Julian Borger

Suche liebevollen Menschen

Mein Vater, sieben Kinder und ihre Flucht vor dem Holocaust

Aus dem Englischen
von Hainer Kober

MOLDEN

Für unsere Mutter, die uns zusammenhielt,
als alles auseinanderbrach.

Inhalt

Die Personen

Die Borgers

Robert „Bobby" Borger, Vater des Verfassers, im Inserat vom 3. August 1938 „als intelligenter Elfjähriger aus guter Wiener Familie" bezeichnet.

Leo Borger, Roberts Vater, besaß in Wien ein Geschäft für Radioapparate und Musikinstrumente. Der überzeugte Sozialdemokrat hatte im Ersten Weltkrieg für Kaiser und Vaterland gekämpft und hoffte nun, sein Kriegsdienst werde seine Familie beschützen.

Erna Borger, „Omi", geborene Barbak, war Roberts Mutter und führte im Geschäft die Bücher. Die Familie ihres Vaters war aus Galizien, der heutigen Westukraine, nach Wien gezogen.

Malvine Schickler, „Malci", geborene Borger, Roberts Tante, war eine überzeugte Kommunistin, die sich vom jüdischen Glauben und dem Familiengeschäft losgesagt hatte, um einen Parteigenossen aus Galizien zu heiraten und sich seiner beiden kleinen Kinder anzunehmen.

Mordechaj Schickler, „Motti", Malcis Stiefsohn, Roberts Cousin. Er war noch ein Säugling, als seine Mutter in eine psychiatrische Anstalt eingeliefert wurde und sich sein Vater wiederverheiratete. Wie seine Eltern wurde er ein linientreuer Kommunist. Als Jugendlicher nahm er den Familiennamen seiner Mutter an – Sorger.

Valerie Borger, „Vally", geborene Kohn, Leos zweite, ebenfalls aus Wien geflohene Frau und Roberts Stiefmutter, deren Mutter und erster Mann im Holocaust ermordet wurden.

Die Kinder in den Annoncen

George Mandler, geborener Georg, der Sohn eines erfolgreichen Lederhändlers in Wien. Er wohnte einen guten Kilometer von Robert Borger entfernt und wurde am 28. Juli 1938 in dem Inserat als vierzehnjähriger „Gymnasiast … mit Englischkenntnissen“ beschrieben.

Gertrude Batscha, „Gerti“, war vierzehn, als es am 29. Juli 1938 in dem Inserat von ihr hieß, sie sei die einzige Tochter eines jüdischen Kaufmanns, „gut erzogen und in allen Haushaltsdingen bewandert“. Später in Israel wurde sie zu Yehudith Segal.

Alice Hess, die vierzehnjährige Tochter von Josefine und Béla Hess, die eine Druckerei in Wien betrieben. Ihr Inserat stand direkt unter demjenigen von Robert Borger und beschrieb sie als „gut erzogen, Jüdin: sehr kinderlieb: kennt sich in Näh- und Haushaltsarbeiten aus“. Ihr späterer Ehename lautete Schoen.

Siegfried und Paula Neumanns Vater war bereits in Dachau ermordet worden, als der sechzehnjährige Siegfried am 10. Oktober 1938 ein Inserat für sich selbst aufgab, in dem er versicherte, er wäre überglücklich, wenn er „eine Stelle als Lehrling oder Au-pair“ bekäme. Die gemeinsame Geschichte schilderte seine Schwester Paula in einem handschriftlichen Erinnerungsbericht.

Gertrude Langer war vierzehn, als ihre Anzeige am 3. August 1938 unter den Annoncen von Robert Borger and Alice Hess mit der Frage erschien: „Gibt es einen Wohltäter, der bereit ist, ein hochbegabtes Mädchen ... als Pflegekind aufzunehmen?" Ihr Vater Karl war ein Wiener Rechtsanwalt, der seine Nachbarn vor den Nazis verbarg, aber ablehnte, sich selbst zu verstecken.

Fred Schwarz, geborener Manfred, Sohn eines anderen Rechtsanwalts, wurde am 3. September 1938 in einem Inserat als ein „gesunder, bescheidener Wiener Bub" von fünfzehn Jahren beschrieben. Von seinem älteren Bruder Frits war keine Rede in der Annonce, doch letztlich entschied die enge Beziehung der Jungen über ihr Schicksal.

Lisbeth Weiss, „Lis", das einzige Kind von Wilhelm und Rudolfine, die das elfjährige Mädchen in der Annonce vom 27. August 1938 als „intelligent und förderungswürdig" bezeichneten und versprachen, „später nachzukommen" und für ihre Ausbildung aufzukommen.

Tuition

FERVENT prayer in great distress.—Who would give a Home to a grammar school scholar aged 13: healthy, clever, very musical. F. B. W., 106/29 Wd. Hauptstrasse, Vienna 5.

I Seek a kind person who will educate my intelligent Boy, aged 11, Viennese of good family. Borger, 5/12 Hintzerstrasse, Vienna 3.

I Look for an au pair for my Girl, aged 14, well educated, Jewess: very fond of children: good sewing, household help. Hess, 126 Gudrunstrasse, Vienna 10.

TWO very modest Sisters, aged 14 and 17, Jews, half orphans, well trained, pray to be accepted as foster children in a very good house. Manheim, 77 Obere Donaustrasse, Vienna 2.

Wanted, immed., Conversation with educated French lady: pay or exchange. P 160, "M/c Guardian."

WILL a Philanthropist take a much-gifted Girl, 14 years old, daughter of an Austrian Jewish lawyer, as foster-child? Kindly write to Dr. Karl Langer, 14 Praterstrasse, Vienna 2.

Die Originale der Inserate, die für meinen Vater und andere Wiener Kinder am 3. August 1938 im *Manchester Guardian* veröffentlicht wurden.

Ich habe das Gefühl, als kämpfte eine Hälfte von mir gegen die andere in dem Wunsch zu vergessen, statt zu erinnern, und mir wird klar, dass das wohl schon mein ganzes Leben lang so geht.

Yehudith Segal (geborene Gertrude Batscha)

Mein Vater Robert Borger, 1966.

Einleitung

Am 15. September 1983 hatte ich einen Zahnarzttermin. Schon seit Kindertagen ging die ganze Familie zu diesem Arzt, um sich die Zähne behandeln zu lassen. Aus Gründen, die mir entfallen sind, war der Mann davon überzeugt, man müsse Betäubungsmittel nach Möglichkeit vermeiden. Einige ungefähre Augenblicke dieses Donnerstagmorgens sind mir im Gedächtnis geblieben: der Heimweg in unserer Hauptstraße, das abnehmende Licht des frühen Herbstes, das hoffnungsvolle Lebensgefühl und die Gewissheit, dass ich niemals wieder zu diesem Zahnarzt gehen müsse. Als ich nach Hause kam und die Tür öffnete, war die Welt zum letzten Mal in Ordnung.

Mum saß am Küchentisch und blickte mich an, als sei sie entsetzt, dass ich nach Hause gekommen war. „Er weiß es noch nicht", sagte sie, und es dauerte einen Augenblick, bis ich merkte, dass sie nicht mit mir sprach. Sie sprach über mich. Ich war der, der noch nicht Bescheid wusste. In diesem Augenblick bemerkte ich den Schatten einer Polizeiuniform im Hintergrund.

Der Polizist war sehr jung und schien angesichts der verzweifelten Frau nicht zu wissen, wie er sich verhalten sollte. Der Besuch bei uns müsse einer seiner ersten Einsätze gewesen sein, sagte Mum Jahre später, als sie sich an diese qualvolle Situation erinnerte. Er war nicht annähernd alt genug für seine Aufgabe: dieser Frau mitzuteilen, dass Robert Borger, ihr Ehemann und Vater ihrer vier Kinder, an diesem Tag tot aufgefunden worden war.

In einem trostlosen Zimmer, fern von zu Hause, hatte sich unser Dad das Leben mit Whisky und Schmerzmitteln genommen. Erst kürzlich habe ich die so banal klingenden Einzelheiten herausgefunden. Er hatte die Tabletten im Schlafzimmer meiner Großmutter gestohlen. Annie McCulloch, eine winzige Frau, die Buttertoffees, Ingwerwein und die Queen liebte, hatte fast mein ganzes Leben lang bei uns gewohnt und war drei Monate zuvor an Atemwegsbeschwerden gestorben, die sie sich durch mäßiges Rauchen und die Vorliebe für Kohlenfeuer zugezogen hatte. Er muss in ihr Zimmer gegangen sein, nachdem ihr Leichnam fortgebracht worden war, und ihre verschreibungspflichtigen Tabletten an sich genommen haben. Sie hießen Distalgesic, der Markenname für ein Kombinationspräparat. Es war an so vielen Suiziden beteiligt, dass man es zwanzig Jahre, nachdem mein Vater so effektiv davon Gebrauch gemacht hatte, vom Markt nahm.

Ungefähr eine Woche wurde er vermisst, bis sein Leichnam gefunden wurde. Wyn, unsere Mum, hatte ihm eröffnet, sie könne sein Verhalten nicht länger ertragen: seine Launen, das morgendliche Gejammer und die unleugbare Tatsache, dass er ein Verhältnis mit einer anderen Frau hatte, obwohl er immer wieder versprach, es zu beenden. Mum hatte gesagt, sie habe genug. Er fragte, ob das ihr letztes Wort sei. Sie bejahte – und er ging aus dem Haus.

Einige Stunden später rief sie mich, meine ältere Schwester Charlotte und die beiden jüngeren Brüder Hugo und Bias (unsere Abkürzung für Tobias) in die Küche, um mit uns zu überlegen, wo er sein könnte.

Vermutlich maßen wir der Aufgabe nicht die nötige Dringlichkeit bei, aber wir wussten auch nicht, was sie wusste: Zehn Jahre zuvor war er schon einmal verschwunden und hatte an einem eisigen Weihnachtsmorgen aus einer Telefonzelle nahe Uxbridge angerufen, um mitzuteilen, dass er eine Überdosis genommen habe. Sie alarmierte den Notruf, aber es war nicht leicht, einen Krankenwagen zu bekommen, da die medizinischen Hilfskräfte streikten.

Wyn ließ uns zu Hause bei Grandma zurück und machte sich auf die Suche. Schließlich spürte sie ihn in einem Krankenhaus auf. Sie brachte ihn nach Hause, trug das Weihnachtsessen auf und führte uns am nächsten Tag zu einem Spaziergang mit Freunden in den Park. Über den Zwischenfall wurde kein Wort mehr verloren.

Dieses Mal gab es keinen Anruf aus einer Telefonzelle, und sie hatte Mühe, ihre wachsende Panik vor uns zu verbergen. Meine Schwester Charlotte und ich erhielten den Auftrag, Bekannte anzurufen und sie zu fragen, ob sie unseren Vater zufällig gesehen hatten. Wir saßen am Küchentisch und überlegten verzweifelt, welche Möglichkeiten es noch gab. Doch trotz der Spur, die er gelegt hatte, kam keiner von uns auf die richtige Antwort.

Einige Monate zuvor hatte er mir mitgeteilt, dass er Mitglied im National Liberal Club, einem konservativen Privatclub in Whitehall, geworden war. Eine Ankündigung, auf die wir mit Erstaunen und Spott reagierten. Er nahm unsere Mum mit, um ihr seine neue politische Heimat zu zeigen, aber sie fand das alles nur trostlos und spießig. Es schien eine absurd großspurige und überflüssige Entscheidung zu sein. Zwar konnten Mitglieder in den Zimmern für annehmbare Preise übernachten, aber mein Vater wohnte doch in London, was hatte das also für einen Sinn?

Die Aufnahmegebühr konnten wir uns kaum leisten. Ich fand es gleichermaßen witzig und befremdend, ohne wirklich zu begreifen, wie traurig es eigentlich war. In der Rückschau betrachtet, gehörte der Schritt wahrscheinlich zur Vorbereitung seines Suizids. Zweifellos fand er, dass es sich gut anhörte, wenn es hieß: „Er starb in seinem Club." Zu einem Zeitpunkt, als er sich höchst bedeutungslos fühlte, versuchte er, als „ein Mann von Bedeutung" abzutreten.

Nachdem er an der Brunel University in London mehr als zwei Jahrzehnte Psychologie gelehrt hatte, sah es so aus, als würde er den Lehrstuhl übernehmen und Professor werden, eine Position, die ihm wohl vorherbestimmt schien, als er, noch keine zwanzig, sein Umfeld mit seinen frühen akademischen Leistungen verblüffte. Doch im letzten Augenblick wurde er übergangen, und die Brunel entschied sich für einen jüngeren Kollegen von einer anderen Universität, der populärwissenschaftliche Bücher geschrieben hatte und häufig im Fernsehen auftrat.

Mein Vater hatte mir erzählt, er werfe sich vor, den Namen dieses Mannes einem Mitglied der Universitätsverwaltung gegenüber erwähnt zu haben, und frage sich nun, ob man, wenn er den Mund gehalten hätte, den Außenseiter ebenfalls aufgefordert hätte, sich zu bewerben. Er versank in Düsternis.

Damals war ich zweiundzwanzig. Ich hatte die Universität verlassen und arbeitete während des Sommers auf einem Abenteuerspielplatz. An einem sonnigen Tag tauchte er unangekündigt auf, setzte sich an einen Picknicktisch und beobachtete die Kinder auf den Klettergerüsten. Ich wusste nicht, was ich davon halten sollte, denn dieser methodische Mann war noch nie für Überraschungen gut gewesen. An so vielen Abenden war ich zu ihm ins Arbeitszimmer gekommen. Er hatte seine Arbeit zur Seite gelegt, um mit mir Schach zu spielen. Die Unterlage war ein behelfsmäßiges Pult, das er aus einer Platte Sperrholz und einem einzigen, mit einem Scharnier versehenen Metallarm gebastelt und auf der Armlehne seines Sessels befestigt hatte. Er war alles andere als gefühlsbetont, und unsere Bindung war gewissermaßen ein Spiegelbild dieser Spiele: der sorgfältigen Platzierung der Schachfiguren und den gelegentlichen Kommentaren über Sinn und Unsinn eines Zugs.

Als er an diesem Tag nach Fulham kam, erschien er mir geschrumpft. Eine Zeit lang saßen wir an einem Picknicktisch und unterhielten uns, aber es ging um nichts Weltbewegendes. Alle Fragen, die ich an ihn hatte, fielen mir erst viel später ein.

In seinem Abschiedsbrief an uns Kinder schrieb er, er sehe keinen anderen „erträglichen Ausweg“, und er sei sich sicher, wir wären auf lange Sicht besser mit einem toten Vater dran als mit einem „einsamen und deprimierten alten Mann“.

Das mit seiner sauberen, gleichmäßigen Handschrift bedeckte Papier verwahrte ich in einem Ordner für alte Dokumente, wo es jahrzehntelang ungeöffnet liegen blieb. Ich musste mich zwingen, es noch einmal zu lesen, um dieses Kapitel schreiben zu können.

„Erbärmlich zu sein, ist die größte Sünde“, schrieb er. Noch heute versetzt dieser Satz meinen Verstand in fieberhafte Tätigkeit, um all die Sünden aufzuzählen, die so viel schlimmer sind. Er fragte sich, ob er uns auf die falsche Arte geliebt und versucht habe, durch uns seine eigenen Defizite wettzumachen, womit er seine übertriebene Fixierung auf akademische Leistung meinte. „Davon abgesehen, gibt es keine Moral“, sagte er.

Er hat noch andere Briefumschläge hinterlassen, unter anderem einen an unsere Mutter gerichteten Abschiedsbrief, der bissig und voller Schuldzuweisungen war, außerdem Kontoauszüge, die unsere prekäre finanzielle Situation belegten. Ersparnisse gab es nicht.

Einige wenige Umschläge waren an ihn adressiert, aber ungeöffnet geblieben. Darin fand meine Mum Bilder von einem kleinen blonden Jungen. Wir hatten einen Halbbruder. Er hieß Alex. Robert hatte jeden Umgang mit ihm verweigert und die Beziehung zu Alex' Mutter abgebrochen – der Frau, mit der er mehr als zehn Jahre eine Affäre gehabt hatte –, nachdem sie darauf bestanden hatte, das Kind zu bekommen. Es überrascht mich noch immer, dass meine Mutter auch weiterhin funktionierte. Sie rief uns zusammen und bestand darauf, dass wir uns mit Alex trafen, den, wie sie betonte, keine Schuld am Zusammenbruch unserer Welt träfe. Also holten wir ihn wenig später in der Wohnung seiner Mutter ab und gingen mit ihm in den Londoner Zoo. Er war ein selbstsicherer Vierjähriger mit einer klaren Vorstellung von dem, was er tun und welche Tiere er sehen wollte. Wir, seine vier Halbgeschwister, überließen uns bereitwillig seiner Führung, wanderten zwischen den Käfigen und Gehegen umher und starrten auf die Tiere, beklommen und erschlagen von der bloßen Fülle all der Dinge, die wir gerade entdeckt hatten.

Meine Brüder und Schwestern verbrachten die Wochen nach dem Tod unseres Dads mit dem aussichtslosen Versuch, Mum zu trösten und sie auf jede erdenkliche Weise abzulenken.

Ich erledigte in der Stadt die praktischen Dinge, auch ein wenig erleichtert, von zu Hause fortzukommen. Die bürokratischen Auswirkungen eines frühzeitigen Todes hielten mich auf Trab – es mussten Formulare ausgefüllt und Fragen beantwortet werden.

Neben Koffern voller Kleidung und Formalitäten im Club, galt es, dem Polizeipräsidium unser Auto zu entwinden und einen Leichnam zu identifizieren. Freiwillig nahm ich alle diese Aufgaben auf mich.

Das Westminster Public Mortuary in der Horseferry Road ist nur ein paar Schritte vom Houses of Parliament entfernt. Soweit ich mich erinnere, muss man einige Stufen hochsteigen, um in eine Art Galerie zu gelangen, in der sich ein langes, schmales Fenster befindet. Nachdem man sich vergewissert hatte, dass ich bereit sei, wurde ein Vorhang zurückgezogen, und da sah ich ihn keine drei Meter entfernt auf einer Bahre liegen, ganz offenkundig er, aber gleichzeitig völlig unkenntlich, nachdem alles Leben erloschen war.

Ich war wie betäubt, aber später dachte ich, dass ich im Vergleich zu meinen Geschwistern das bessere Los gezogen hatte. Es ist wichtig, die Toten noch ein letztes Mal zu sehen, bevor sie für immer verschwinden.

Als Nächstes musste ich seinen Koffer vom Liberal Club abholen, wo ich die Haushälterin traf, die ihn gefunden hatte. Sie war eine kleine Frau mit einem spanischen oder portugiesischen Akzent. Als sie mit mir in einem altertümlichen Holzfahrstuhl in das Stockwerk fuhr, in dem er gestorben war, fing sie zu weinen an. Bemüht, ihr irgendetwas zu sagen, konnte ich nur um Verzeihung bitten.

Als schwierigste Aufgabe erwiesen sich die Anrufe bei Angehörigen und Freunden, um ihnen die Nachricht mitzuteilen. Meine Schwester und ich hatten je eigene Listen. Ich sehe das Blatt Papier mit den hingekritzelten Namen noch genau vor mir auf dem blauen Deckchen neben dem Telefon. Bei jedem Anruf hatte ich Angst, die Leute würden mich fragen, was meinen Vater dazu veranlasst hatte, uns alle im Stich zu lassen, aber keiner tat es.

Der Anruf, den ich bis zuletzt aufsparte, war das Gespräch mit Nancy Bingley, die wir nur als Nans kannten, die walisische Pflegemutter, die meinen Vater von dem Augenblick an, da er als jüdischer Flüchtling aus Nazi-Österreich zu ihr gekommen war, auf seinem Weg vom Jungen zum Mann begleitet hatte. Sie war eine freundliche, stille, großmütterliche Erscheinung in unserem Leben gewesen.

Nans meldete sich am Telefon – und ich haspelte meinen vorbereiteten Text herunter. Am anderen Ende der Leitung hörte ich einen tiefen Atemzug und nach einer langen Pause Nans' feste Stimme: „Robert war das letzte Opfer der Nazis. Zum Schluss haben sie ihn doch noch gekriegt."

Im ersten Augenblick, nachdem diese Worte im Plastikhörer verklungen waren, vermochte ich nichts zu sagen. Sie hatte sie mit jener resignierten Überzeugung vorgebracht, mit der man Selbstverständlichkeiten festhält. Aber wir schrieben das Jahr 1983, fünfundvierzig Jahre waren seit der Flucht meines Vaters aus Wien vergangen. Wir hatten alle angenommen, ihn hätten unmittelbare Sorgen bedrückt, ein Gefühl von Unordnung, Versagen und Enttäuschung. In seinem kurzen Abschiedsbrief war von Hitler und den Nazis keine Rede gewesen. Vielmehr schien ihn zu beschäftigen, welche Erzählung wir, seine Kinder, nach seinem Tod glauben würden: seine oder die unserer Mutter. Uns war das gleich. Wir wussten noch nicht einmal, dass es mehrere Erzählungen gab, und ganz gewiss wollten wir sie nicht hören.

Nans hingegen überblickte einen viel größeren Abschnitt des Lebens, das gerade zu Ende gegangen war. Als sie unseren Vater kennengelernt hatte, war er ein verschreckter Flüchtling von elf Jahren, der gerade in Großbritannien eingetroffen war, und sie hatte den verängstigten Jungen, der sich zusammengekrümmt in dem älter werdenden Mann verbarg, nie aus dem Blick verloren.

Mitte der 1950er-Jahre, als Robert meine Mum kennenlernte – sie waren beide junge Lehrer –, war dieser Junge schon längst verdrängt. Robert sprach nicht über seine Kindheit, genauso wenig wie seine Eltern, Leo und Erna. Wyn lernte, nicht einmal Fragen zu stellen.

Für die beiden war er Bobby, was ich irgendwie anstößig fand. Wir kannten ihn nur als Robert, und es wäre uns unerträglich plump erschienen, diesen ernsthaften, schwermütigen Mann mit einem derartig flapsigen Spitznamen anzureden. Offenbar waren uns eine Menge Dinge unbekannt, die meinen Vater betrafen, und dieses Gefühl, mit einem Fremden zusammengelebt zu haben, nahm in den Monaten nach seinem Tod noch zu.

Ich hatte keine Möglichkeit, in Erfahrung zu bringen, ob Nans mit ihrer instinktiven Reaktion recht hatte. Als wir aufwuchsen, kannten wir die Geschichte unseres Vaters nur in groben Zügen: Mit elf Jahren war er aus Wien geflohen, sieben Monate nachdem Hitler den „Anschluss" Österreichs an das Deutsche Reich vollzogen hatte; Erna hatte ein Visum als Dienstmädchen ergattert und konnte ihn im Zug und auf der Fähre nach England begleiten, durfte aber nicht in Großbritannien mit ihm leben; Leo war später, im März 1939, entkommen und fand schon bald eine Anstellung als Fabrikarbeiter in Shrewsbury. Obwohl es seinen Eltern gelungen war, sich in Sicherheit zu bringen, erlaubten ihnen die Bedingungen ihrer Visa nicht, mit Robert zusammenzuleben, deshalb nahmen Nans und ihr Mann Reg Bingley den Jungen während des Krieges bei sich im walisischen Caernarfon auf.

Abgesehen von dieser dürren Zusammenfassung blieb alles im Dunkeln. Es gab eine Handvoll Einzelheiten, denen zu entnehmen war, was geschehen war, aber nicht, wie es sich zugetragen und angefühlt hatte. Weder er noch meine Großeltern sprachen – von gelegentlichen beiläufigen Bemerkungen abgesehen – über ihre Wiener Vergangenheit. Meine vergeblichen Bemühungen, mehr in Erfahrung zu bringen, wurden freundlich abgewürgt und alles Ungesagte unter einer weichen Decke des Verschweigens verborgen. Und dann hatte unser Vater jede weitere Möglichkeit von Gesprächen an dem Tag abgebrochen, als er für immer aus dem Haus ging.

Allmählich setzte ein Prozess der Versteinerung ein, der den Suizid von einem Gefühl in ein Faktum verwandelte, das mit der Zeit etwas überdeckt, aber immer noch hart und scharfkantig war. Etwa sechs Jahre nach seinem Tod wurde ich von meinem damaligen Chef, einem BBC-Redakteur, der sich gerne mit seiner rücksichtslosen Wahrheitsliebe brüstete, auf dem falschen Fuß erwischt, als er mich vor meinen Kollegen nach meinen Eltern fragte. Verwirrt, sah ich mich außerstande, die Wahrheit zu sagen. Ich hätte die Frage abschmettern und mein Recht auf Privatsphäre geltend machen können, doch stattdessen erfand ich eine wilde Geschichte über einen Raubmord. Dadurch verband ich die Scham und den Kummer über einen Verlust, den ich in mir eingeschlossen hatte, ohne ihn zu verstehen, mit der Furcht, als Lügner entlarvt zu werden.

Hinzu kam noch, dass ich das, was Nans mir erzählt hatte, die ruhige Gewissheit, mit der sie den Grund für den Tod meines Vaters ansprach, einfach beiseiteschob, ohne mich damit auseinanderzusetzen, so wie man ein geerbtes Buch ungelesen ins Bücherregal stellt.

Dabei wäre es zweifellos geblieben, hätte nicht eine zufällige Korrespondenz eine Reihe Entdeckungen ausgelöst, nicht nur über meinen Vater und seine Familie, sondern auch über viele andere Kinder, die zur gleichen Zeit aus Wien flohen.

Im Dezember 2020 schrieb ich eine Geschichte über die flächendeckende Abschiebung westafrikanischer Asylbewerber, vor allem Kameruner, die in den letzten Monaten von Donald Trumps Amtszeit einsetzte. Ich begann mit der emeritierten Juraprofessorin Ruth Hargrove zu korrespondieren, die versuchte, die Abschiebung einiger Kameruner zu verhindern, die mit einiger Wahrscheinlichkeit in den Tod inmitten eines brutalen Bürgerkriegs geschickt wurden.

Am 28. Dezember schrieb mir Ruth: „Wir erleben gerade erneut das gleiche Trauma. Meinem Vater gelang die Flucht aus Wien im Jahr 1938, kurz nachdem die Gestapo begonnen hatte, zu wüten. Die Familie meiner Mutter entkam 1906 den Pogromen von Odessa ... Die Wunden meiner Eltern sind nie verheilt."

Ich antwortete sofort und verwies auf die Übereinstimmung der Erfahrungen unserer Väter, woraufhin wir eine Reihe von E-Mails austauschten, in denen teils von den Erlebnissen unserer Familien unter den Nazis und teils von dem neuesten Stand der Angelegenheiten ihrer afrikanischen Klientinnen und Klienten die Rede war.

Ruth schickte mir einen kurzen, nachdenklichen Essay über das Schicksal von Juden und Kamerunern, in dem sie den Holocaust-Forscher Yehuda Bauer zu Wort kommen ließ, der vorgeschlagen hatte, die ursprünglichen Zehn Gebote auf Moses' Tafeln um drei weitere zu ergänzen: „Du sollst kein Täter sein, du sollst kein Opfer sein und niemals, unter keinen Umständen, ein Zuschauer."

Irgendwann während meiner Korrespondenz mit Ruth wurde ich an etwas erinnert, das mir meine Mutter vor langer Zeit erzählt hatte; es ging um Leo und Erna, die mittels eines Inserats im *Manchester Guardian,* dem Vorläufer des *Guardian,* heimlich ein neues Zuhause für ihren Sohn gesucht hatten, um ihn aus dem von Nazis beherrschten Wien herauszubekommen.

Eigentlich wollte ich mich damit beschäftigen, hatte es dann aber aufgeschoben, weil ich dachte, es würde mich Tage im Archiv des *Guardian* kosten oder sich, schlimmer noch, als Ente erweisen. Als dann die Jahre vergingen, hatte ich nicht mehr daran gedacht.

„Was ist mit dem *Manchester Guardian?*", antwortete Ruth, nachdem ich es erwähnt hatte. „Auf diese Weise ist mein Großvater entkommen."

Ihr Großvater, Oskar Fritsch, hatte in der Gesellschaftsrubrik die Verlobungsanzeige der Tochter eines britischen Parlamentsmitglieds gelesen und erfahren, dass dieser Abgeordnete Feuerwehr-Utensilien sammelte. So fuhr Oskar ungeachtet der Nazi-Patrouillen kreuz und quer durch Wien, sammelte Ausrüstungsstücke der Feuerwehr und schickte sie nach England, angehängt ein Briefchen, in dem er dem Sinn nach schrieb: „Herzlichen Glückwunsch zur Verlobung Ihrer Tochter. Wäre es Ihnen möglich, meinen Sohn zu retten?" Ich antwortete ihr mit einer Kurzversion meiner Familiengeschichte und ihrem unglücklichen Ende.

„Es tut mir so leid um Ihren Vater. Die Menschen denken, ihre Eltern seien ungeschoren davongekommen, nur weil ihnen die Flucht gelungen ist", schrieb Ruth. „Mein Vater hat sich nie erholt von dem, was er durchgemacht hat. Die Diagnose bekamen wir erst, als er in den Achtzigern war und sich einbildete, Ungeziefer auf der Küchenanrichte zu sehen. Mit der Alzheimer-Diagnose erfuhr er auch, dass er unter einer Posttraumischen Belastungsstörung (PTBS) leide."

Ihr achtundachtzigjähriger Vater Peter Fritsch durchlebte in seinem verwirrten Zustand noch einmal den „Anschluss", wobei er wieder in das Deutsche verfiel, das er seit vierundsiebzig Jahren nicht gesprochen hatte, und Ruth bat, „ihn vor den Deutschen zu retten, die ihn holen kamen".

Kurz darauf starb er.

„The PTBS-Diagnose gab der unberechenbaren Gewalt meiner Kindheit endlich einen Namen", schrieb sie. „Hitlers Geschenk wirkt noch immer."

Verblüfft sah ich, wie sehr dieser Bericht der Einschätzung ähnelte, die Nans zwanzig Jahre zuvor über meinen Vater abgegeben hatte; die Botschaft war die gleiche: Oft ist Gewalt nur der Anfang. Zur wahren Geschichte des Krieges gehören auch die Jahre und Jahrzehnte danach, all die Tage, die die traumatisierten und trauernden Überlebenden überstehen müssen, um ihr Leid an die nächste Generation weiterzugeben.

Am 29. Dezember schrieb ich Richard Nelsson, dem Archivar des *Guardian*, in einer E-Mail, was ich aus unserer „Familienüberlieferung" und Ruths Bericht über die Rolle des *Manchester Guardian* erfahren hatte, und meinte, dass sich daraus vielleicht eine Story ergeben könnte. Bereits am folgenden Tag antwortete Richard: Er habe etwas im Archiv gefunden, eine Zeitungsanzeige vom August 1938. „Könnte es das sein?", fragte er. Seine E-Mail hatte einen Anhang.

Ich öffnete ihn auf dem Parkplatz eines Supermarkts im Norden von Virginia. Der Einkauf war im Kofferraum und ich im Begriff, nach Hause zu fahren, schaute aber vorher aufs Handy, um mich zu vergewissern, dass ich in der Redaktion nicht gebraucht wurde. Es war ein Zeitungsausschnitt aus dem *Manchester Guardian* vom 3. August 1938, ein Block von sechs kurzen Annoncen unter der Überschrift „Tuition" (Nachhilfe), in dem etwas ungleichmäßigen und fleckigen Druck der Zeit. Auf der Annonce in der Mitte entdeckte ich unseren Namen.

„Suche liebevollen Menschen, der meinen intelligenten Jungen unterrichtet, 11 Jahre alt, Wiener aus guter Familie. Borger, 5/12 Hintzerstraße, Wien 3."

Auf Leos Dokument erkannte ich die letzte Wiener Adresse meiner Familie. Es gab keinen Zweifel daran, dass es sich bei dem „intelligenten Jungen" um unseren Vater handelte und dass meine Großeltern die Annonce aufgegeben hatten. Ich war überrascht, wie heftig die Gefühle waren, die auch nach so langer Zeit in diesen Worten zum Ausdruck kamen – ein Vater und eine Mutter, die verzweifelt bemüht waren, ihr einziges Kind zu retten, indem sie seine Vorzüge in einer fremden Sprache priesen. Ich fragte mich, wie ich wohl meinen Sohn, ebenfalls ein Einzelkind, beschriebe. Welche Worte würde ich wohl wählen, wenn alles, was ich liebte, von ihnen abhinge? Und wenn ich die richtigen Worte fände und Fremde ihn aufnähmen, würde ich ihn dann jemals wiedersehen?

Wäre ich nicht mit Ruth in Kontakt gekommen, oder hätte sie nicht ihren Vater erwähnt, wäre mir nie eingefallen, Richard gegenüber die Anzeige zu erwähnen. Die ganze Ereignisfolge war so flüchtig und zufällig wie ein Windstoß, der ein lange vergessenes Artefakt freilegt.

In gewisser Weise war das unsere Entstehungsgeschichte und hatte sicherlich damit zu tun, dass ich jetzt hier war – dreiundachtzig Jahre später in Virginia, USA, und für dieselbe Zeitung arbeitete. Schließlich war ich in einem Haushalt aufgewachsen, in dem der *Guardian* täglich präsent und hochgeschätzt war. Es war kein Wunder.

Ein Blick in den alten Zeitungsausschnitt zeigte, dass unsere Familiengeschichte eine von vielen war. An dem Tag, als mein Vater in der Anzeige erschien, standen in der „Tuition"-Rubrik sechs Kinder, deren Leben gerettet werden mussten.

„INBRÜNSTIGES Gebet aus großer Not", hieß es in der ersten Annonce. „Wer würde einem Gymnasiasten von 13 Jahren: gesund, intelligent, sehr musikalisch, ein Zuhause bieten?" Die Eltern, die das Inserat aufgegeben hatten, bezeichneten sich mit den Initialen FBW, wohnhaft in der Wiedner Hauptstraße im fünften Wiener Bezirk.[1]

Manche Substantive in den Inseraten begannen mit Großbuchstaben, wie in der deutschen Rechtschreibung üblich. Offenbar hatten Menschen, die mit dem Englischen nicht sehr vertraut waren, die Annoncen mithilfe von Wörterbüchern formuliert.

In der Anzeige unter der meines Vaters hieß es: „Suche nach einer Au-pair-Stelle für meine Tochter, 14 Jahre, gut erzogen, Jüdin: kennt sich in Näh- und Haushaltsarbeiten aus." Als Familienname war Hess angegeben, aus der Gudrunstraße im zehnten Bezirk.

Darunter hatte jemand namens Manheim aus dem zweiten Bezirk geschrieben: „Zwei sehr bescheidene Schwestern im Alter von 14 und 17, Jüdinnen, Halbwaisen, gut erzogen, wünschen sich verzweifelt, als Pflegekinder aufgenommen zu werden."

Neben diesen Hilferufen aus dem Nazireich hatte eine „gebildete französische Dame" eine Annonce geschaltet, in der sie Konversationsstunden „gegen Bezahlung oder Tausch" anbot. Darunter die letzte Anzeige für ein Wiener Kind, die Tochter eines Dr. Langer: „Gibt es einen Wohltäter, der bereit ist, ein hochbegabtes Mädchen, 14 Jahre alt, Tochter eines jüdisch-österreichischen Rechtsanwalts, als Pflegekind aufzunehmen?"

Das waren nur die Annoncen aus einer einzigen Ausgabe. Auf den Seiten des *Manchester Guardian* wurden solche Anzeigen für eine sehr große Zahl jüdischer Kinder aus Wien aufgegeben. Als ich, beginnend mit dem 12. März 1938, dem Tag des „Anschlusses", das Archiv durchsah, war offensichtlich, wie die Panik in den Rubriken „Nachhilfe" und „Stellengesuche" unaufhaltsam anstieg.

Ursprünglich bezogen sich die Erwähnungen von „Wien" nur auf Tourismus und Oper, doch am 10. März bot sich eine Wiener Frau namens Erna Ball als Haushälterin an; vierzehn Tage später gab Julie Klein eine Annonce auf, in der sie sich als „kultivierte Wiener Dame, jüdisch, angenehme Erscheinung, blond, 35" beschrieb.

In einer Anzeige vom 7. Juni erschien das erste Kind: Gertrude Mandl, ein „junges Wiener Mädchen ... Nicht-Arierin", die „eine Stellung als Haushälterin sucht". Sie war das erste einer ganzen Fluchtwelle von Kindern, die im August, September und Oktober einen Höhepunkt erreichte, bevor sie im November wieder abebbte, als Großbritannien mit den sogenannten Kindertransporten begann. Diese organisierten Massentransporte unbegleiteter Minderjähriger aus Wien, Prag und Berlin brachten in den Monaten vor Kriegsausbruch etwa zehntausend jüdische Kinder nach Großbritannien.

Doch vor den Kindertransporten gehörten Zeitungen zu den ganz wenigen Möglichkeiten, die jüdischen Eltern zur Verfügung standen, um ihre Söhne und Töchter aus dem von den Nazis beherrschten Österreich hinauszubringen. Insgesamt wurde im *Manchester Guardian* für achtzig Kinder geworben, fast alle aus Wien, wobei ihre Vorzüge in aller Kürze beschrieben wurden, um dem begrenzten Platz für einen Shilling pro Zeile Rechnung zu tragen. Sie waren in denselben Straßen zur selben Zeit aufgewachsen. Was ist aus ihnen allen geworden? Ist es ihnen gelungen zu überleben oder blieben die Hilfsappelle ihrer Eltern unbeachtet?

Ich beschloss, ihrer Spur nachzugehen. Nachdem ich auf ihre Namen gestoßen war, erschien es mir undenkbar, nichts zu unternehmen, um etwas über ihr Schicksal zu erfahren. Falls es zu spät war, sie selbst aufzuspüren, so mussten sich zumindest ihre Kinder finden lassen, die vermutlich meiner Altersgruppe angehörten. Gleichzeitig fühlte ich mich verpflichtet, den verwischten Spuren meines Vaters zu folgen, die wir so lange übersehen hatten.

Ich wusste nicht genau, wohin mich die Suche führen würde, und war häufig überrascht von den Geschichten, die sich hinter diesen Drei-Zeilen-Annoncen verbargen. Die Spur führte von dem nicht sehr ergiebigen Archiv in Wien in das Shanghaier Getto; zu einem mutmaßlichen bolschewistischen Spion, der in den 1920er-Jahren aus Frankreich deportiert wurde und dann auf ungeklärte Weise verschwand; einer geheimen österreichischen Zelle in der französischen Résistance und einer Fehleinschätzung, die zu ihrer Vernichtung durch die Gestapo führte; einer Einheit des militärischen US-Nachrichtendienstes, die Reste der SS durch die deutschen Wälder jagte und auf ein Versteck mit Nazi-Geld stieß; einer fantastischen jüdischen Fußballmannschaft, die die weltbesten Teams schlug, bevor sie im Holocaust aus den Seiten der Sportgeschichte gelöscht wurde; einer erstaunlichen Geschichte über Liebe und Überleben, die durch Theresienstadt, Auschwitz-Birkenau und das Chaos der letzten Kriegstage führte. Den Schluss bildete ein Video-Call nach New York, in dem ich einer überlebenden Zeugin die Fragen stellen konnte, die ich meinem Dad hätte stellen sollen.

Bei der Entdeckungsreise in die Vergangenheit meiner Familie war es, als ließe ich ein Video rückwärts laufen, das sich von Generation zu Generation beschleunigte. Aus Farbe wurde Schwarzweiß, aus Städten Dörfern, aus modernen Straßen holprige Sandwege, ich sah jüngere Versionen von Männern und Frauen, die ich nur in ihren letzten Jahren erlebt hatte, und andere Vorfahren, die ich nie kennengelernt hatte, die fremde Sprachen

sprachen und rätselhafte Leben führten, alle in seliger Unwissenheit der Schrecken, die sich rasend schnell näherten.

Hilary Mantel hat einmal gesagt, Geschichte sei das, „was im Sieb zurückbleibt, wenn die Jahrhunderte hindurchgelaufen sind“[2], und genau dieses Empfinden hatte ich bei den Recherchen für dieses Buch. Monatelang durchkämmte ich Hinterlassenschaften und fragte mich, wie sie zusammenpassten, was sie mir über meine Familie mitteilen könnten, wie sie mich und meine Generation, die Kinder der Überlebenden, und unsere Weltsicht geprägt haben könnten. Sie waren schon lange tot, aber noch nicht gegangen. Hin und wieder erwachten sie für einen kurzen Moment wieder zum Leben, traten in der Blüte ihrer Jahre aus der Geschichte heraus, einige als Helden, andere als Opfer, aber alle in einer Weise verwandelt, die für mich vollkommen überraschend war.

Bobby Borger nach seiner Ankunft in England, 1938.

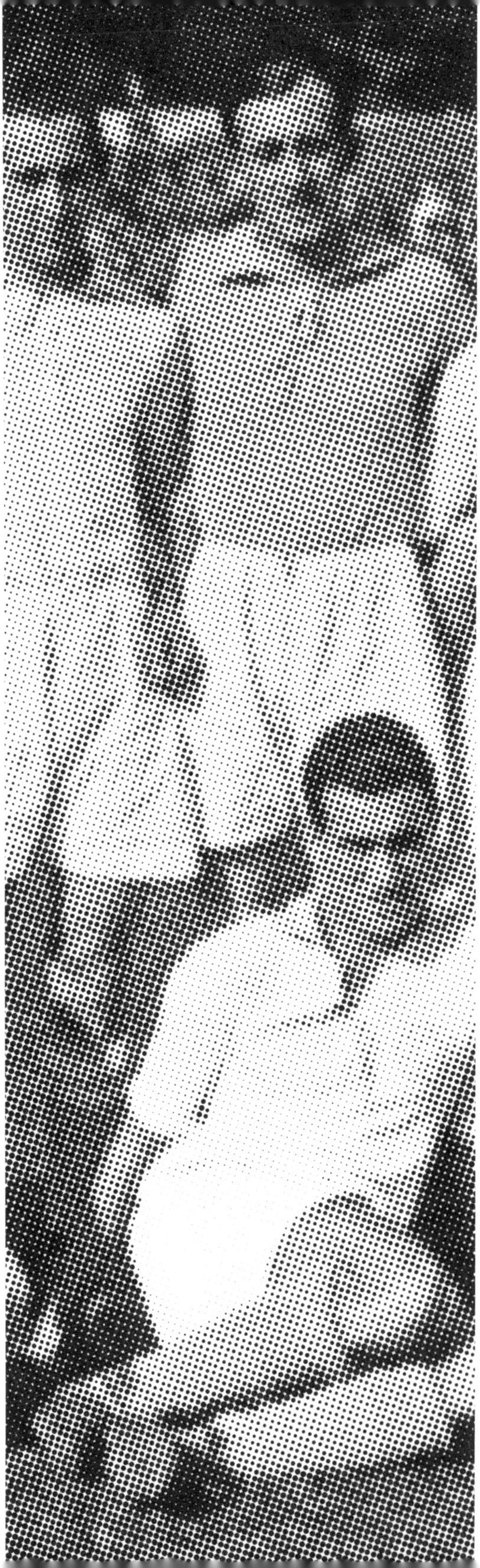

1

Die unerzählte Geschichte von Leo, Erna und Bobby Borger

Als wir in London aufwuchsen, kam unsere Großmutter Erna an den Wochenenden gelegentlich zum Mittag und brachte den ganzen Missmut der Exilantin und eine Aura von Vergangenheit mit. Für uns war sie „Omi", eine eindrucksvolle Erscheinung, schwerfällig und untersetzt, mit dicker Strickjacke, Wollrock, lederfarbener Strumpfhose und – unabhängig von der Jahreszeit – derben Stiefeln.

Bei ihren Besuchen kam Omi unvermeidlich zu spät, bestand darauf – egal, was für ein Essen geplant oder vorbereitet war –, ein Wiener Gericht nach traditioneller Art zuzubereiten, und begann, ihre Plastiktüten auf dem bereits gedeckten Küchentisch auszupacken.

Wenn sie dann mit einem gezackten Stahlhammer auf die Kalbsfilets einschlug, bis sie Schnitzel waren, wackelte die ganze Küche. Später bereitete sie einen Schokoladenkuchen aus runden Waffeln zu, die in blau-weißes Papier eingepackt waren.

Nach den alten Fotos zu urteilen, war Erna in ihrer Jugend eine lebhafte und attraktive Frau gewesen, aber in England hatte sie sich von unserem Großvater Leo getrennt, zugenommen und nichts dagegen unternommen, sodass sich ihr Frohsinn in Verbitterung wandelte. Sie hat London nie als wirkliche Heimat anerkannt.

Trotz ihrer begrenzten Englischkenntnisse hatte Omi eine Stellung als Kassiererin im Lyon's Corner House in der Londoner Straße The Strand gefunden, einer riesigen Cafeteria im West End, wo wir gelegentlich zu einer Nascherei eingeladen wurden, die uns von „Nippies" serviert wurde – Kellnerinnen in schwarzen Uniformen und weißen Schürzen, die so hießen, weil sie sich pfeilschnell zwischen den Tischen bewegten.

Zwischen dem gegrillten Schinken, den Bacon-Sandwiches und Battenberg Cakes blieb Omi eine Emigrantin. In ihren Augen war das alles unendlich weit unter dem Niveau der Kaffeehaus-Kultur, die sie hinter sich gelassen hatte. Während ihrer letzten Jahre in Wien hatte es die Familie Borger zu recht annehmlichen Verhältnissen gebracht; sie hatte eine Wohnung in einem eleganten Jugendstilhaus mit prächtigem Portal und schmiedeeisernen Balustraden. Im Londoner Stadtteil Swiss Cottage hingegen musste sich Omi mit einer engen Sozialwohnung in einem Hochhaus zufriedengeben.

Ihre Besuche waren eine schwere Prüfung für Mum, und das nicht nur, weil Omi sich rücksichtslos über alle Essenspläne meiner Mutter hinwegsetzte. Wie diese nur allzu gut wusste, machte ihre Schwiegermutter gegenüber anderen kein Hehl daraus, dass unser Vater eine bessere Partie mit einem reichen jüdischen Mädchen hätte machen können. Wyn war in Manchester als Mabel in einer Arbeiterfamilie aufgewachsen und hatte Mühe genug, vier Kinder großzuziehen und sich währenddessen passende südenglische Vokale und Umgangsformen anzueignen, um mehr Ähnlichkeit mit einer Frau jener Art zu bekommen, die unser Vater nach seiner und seiner Mutter Meinung hätte heiraten sollen. In ihrer eigenen Küche gestört und verdrängt zu werden, stellte ihre Geduld auf eine harte Probe.

Wenn seine Mutter auftauchte, verdrückte sich unser Dad Robert für gewöhnlich in sein Arbeitszimmer im Obergeschoss. Omi sehnte sich nach seiner Anwesenheit. Sie war stolz auf seine akademischen Erfolge und seine angesehene Dozentenstelle. Offenbar fand sie Trost darin, mit ihm auf Deutsch zu plaudern, in der melodischen Wiener Version, eine Form der Nähe, die sie sich aus seiner Jugend bewahrt hatten.

Robert dagegen nahm Anstoß an der mangelnden Bildung und Lebensart seiner Mutter, ihrer Fixierung auf Essen, ihren ständigen Hinweisen darauf, dass er, bevor er Robert wurde, der weltläufige britische Universitätslehrer, Klein Bobby Borger war, ein ängstliches Flüchtlingskind, ein Außenseiter. Er hatte versucht, diese Geschichte aus seinem Gedächtnis zu tilgen.

Ich hingegen fahnde in meinen Erinnerungen nach all den Hinweisen, die ich nicht zur Kenntnis genommen habe, als er noch lebte. Stets hatte ich angenommen, er klinge wie ein typischer Engländer, doch heute erzählen mir meine Freunde, sie hätten immer den Anklang eines ausländischen Akzents wahrgenommen – jenen übergenauen Sprachgebrauch, der sorgfältig erlernt und nicht von Geburt an verinnerlicht wird.

Er brachte uns kein Deutsch bei. Einmal fand ich ein Lehrbuch für Anfänger und überredete ihn, das erste Kapitel mit mir durchzuarbeiten. Ich war in meinen frühen Teenager-Jahren und gewillt, alles dafür zu tun, mich von meinen Altersgenossen zu unterscheiden. Einmal schrieb ich die Wörter „Republik Österreich“ mit Klebebuchstaben auf meinen Schul-Trainingsanzug, was umso lächerlicher war, als ich kein Wort Deutsch konnte. Meine Bemühungen, ihn als Lehrer zu gewinnen, verliefen rasch im Sand. Zwar sträubte er sich nicht direkt, fand aber immer andere, dringendere Dinge, die er erledigen musste, wenn wir eigentlich lernen wollten, und ich habe nicht mit Nachdruck auf meinem Wunsch beharrt.

Trotz der mangelnden Begeisterung meines Vaters blieben Österreich und Wien ein unterschwelliger, aber hartnäckiger Begleitton unserer Kindheit, die schwache Hintergrundstrahlung eines fernen Sterns, der, lange bevor wir geboren worden waren, in sich zusammengestürzt war.

Um unseren älteren Verwandten bei Familientreffen eine Freude zu machen, wurden meine Schwester Charlotte und ich bis zum sechsten Lebensjahr in Lederhosen und graue Strickjacken mit dunkelgrünem Rand gesteckt. Das war die traditionelle Kleidung, die Bobby als Kind bei besonderen Gelegenheiten getragen hatte, nach der Machübernahme der Nazis aber für Juden verboten war.

Später wuchsen wir aus diesen Kleidungsstücken heraus. Meine wurden durch eine Überschwemmung in der Wohnung meiner Mutter ruiniert, was späteren Generationen die Unannehmlichkeit ersparte, sich an ihnen wundzuscheuern. Doch Wien geriet nicht in Vergessenheit, denn Leo hatte zwei Wiener Ehefrauen. Nachdem er sich Ende der 1950er-Jahre von Omi hatte scheiden lassen, in erster Linie, weil sie sich nicht einigen konnten, ob sie nach Österreich zurückkehren sollten oder nicht, heiratete er Valerie Klinger, seine Vermieterin in Shrewsbury, eine Witwe, deren erster Ehemann im Holocaust ermordet worden war.

Vally war von den Angehörigen dieser Generation die langlebigste und stärkste Persönlichkeit. Ihre überzogene wienerische Version der englischen Sprache setzte sich in unseren Köpfen so fest, dass wir noch Jahrzehnte nach ihrem Tod nicht umhinkonnten, ihren Akzent anzunehmen, wenn es galt, bestimmte Sätze und Ortsnamen auszusprechen, wobei wir uns ihre lyrischen Kadenzen und harten Konsonanten zu eigen machten. Das weiche englische „W“ blieb ihr immer versagt.

Einen Großteil meiner Zeit mit Leo und Vally in Shrewsbury verbrachten wir in dem Schuppen, den mein Großvater an ihren Bungalow angebaut hatte – die Türen hatte er selbst gezimmert und als Dach durchsichtigen Wellkunststoff verwendet. Darin beugten wir uns dann über seine Briefmarkensammlung, die die Geschichte der österreichisch-ungarischen Monarchie und ihrer Kronländer erzählte. Der Held dieser philatelistischen Erzählung war Kaiser Franz Joseph mit seinem eindrucksvollen Bart, der letzte bedeutende Vertreter der habsburgischen Herrscherfamilie und allgemein verehrte Schutzherr der Juden. Sein grimmiges Gesicht mit dem gewaltigen Backenbart war auf jeder Seite mehrfach zu sehen.

Als würziger Liptauer-Brotaufstrich sowie einer Mischung aus Nüssen, Rosinen und Schokolade, die wir als „Studentenfutter“ kennenlernten, fand Wien auch seinen Weg in unsere Picknick- und Lunchpakete.

Leos Schwester Malci, unsere Großtante und letzte überlebende Verwandte in Wien, schickte uns rosa verpackte Manner-Schnitten und goldfolierte Mozartkugeln. In den 1970er-Jahren, während der Bergarbeiterstreiks und Unruhen in Großbritannien, versorgte sie uns mit Extrasendungen.

Während sich unsere Wiener Vergangenheit in unserem Leben immer wieder unübersehbar bemerkbar machte, blieb die jüdische Seite unseres Erbes so gut wie unsichtbar. In dem ewigen Kompromiss zwischen Identität und Assimilation hatte die Familie Borger seit Generationen auf Integration gesetzt.

Mendl Borger, mein Urgroßvater, stammte aus Neu-Raußnitz, oder Rousínov, in Mähren, dem heutigen Tschechien – einer Kleinstadt, die seit dem 15. Jahrhundert eine jüdische Gemeinde besaß. Ich wusste fast gar nichts über ihn, außer dass er Mitte des 19. Jahrhunderts eine Jüdin geheiratet hatte, Marie Schlesinger. Im April Jahr 1860 bekamen sie einen Sohn, den sie Johann nannten, eine Namensgebung, die bereits in eine hoffnungsfrohe Zukunft wies. Zweifellos glaubten sie, er werde, geborgen in der kaiserlichen Metropole und weitab von den Schtetln der tschechischsprachigen Kronländer, bessere Aussichten haben.

Harry Zohn, ein jüdisch-amerikanischer Historiker, bezeichnete die Geschichte Wiens und seiner Juden als „die tragischste unerwiderte Liebe der Weltgeschichte"[3] – und wie bei unerwiderter Liebe üblich, war es sicherlich auch die längste. Juden lebten schon immer in Wien, wenn auch nicht ständig. Im Laufe der Jahrhunderte wurde die jüdische Gemeinde dreimal vernichtet. Die erste urkundliche Erwähnung der späteren Stadt als Wenia erfolgte im Jahr 881. 906, fünfundzwanzig Jahre später, hieß es in der sogenannten Raffelstettener Zollordnung „Juden und andere rechtmäßige Kaufleute". Wohl vor 1194 ernannte Herzog Leopold V. einen Juden Namens Schlom zum Münzmeister, ein Amt, das dieser aber nur kurz innehatte, denn dann wurden er und seine ganze Familie von einem Trupp nach Osten ziehender Kreuzfahrer ermordet.[4]

Sesshaft werden, Erfolg und Anerkennung, entsetzlich brutale Vergeltung: Es sollte das wiederkehrende Motiv jüdischer Existenz werden. Mitte des 19. Jahrhunderts, als Wien für meine Vorfahren zu einem begehrten Ziel wurde, war die jüdische Gemeinde bereits zweimal ausgelöscht worden.

Im 14. Jahrhundert hatte Wien die größte jüdische Bevölkerungsgruppe in der deutschsprachigen Welt und war ein Zentrum für rabbinische Studien. Das war das erste Wiener „Paradies", das bis 1420 Bestand hatte, als wohlhabende Juden beschuldigt wurden, mit den Hussiten zusammenzuarbeiten. Albrecht V., damals Herzog von Österreich, ordnete die Verhaftung der reichen Juden an, bei denen er – wie der Zufall es wollte – zur Finanzierung seiner Feldzüge gegen die Hussiten persönlich verschuldet war. Diese Kaufleute folterte man, bis sie verrieten, wo sie ihr Geld versteckt hatten. Den übrigen wurde eröffnet, sie müssten konvertieren oder auf Tod und Vertreibung gefasst sein. Viele setzte man auf Flöße ohne Ruder und überließ sie der Strömung der Donau. Jüdische Kinder wurden ihren Eltern weggenommen und Zwangstaufen unterzogen.

Hunderte nahmen sich das Leben. Am Ende des einjährigen Pogroms war die jüdische Gemeinde von 1.600 auf 212 Mitglieder zusammengeschmolzen, 92 Männer und 120 Frauen, die sich der Konversion verweigert hatten. Sie wurden von Albrecht V. unter dem Vorwand des Hostienfrevels – eine der vielen absurden Beschuldigungen, die im Laufe der Jahrhunderte erhoben wurden – zum Tod verurteilt und in einer Massenhinrichtung lebendig verbrannt. Die Vernichtung der Gemeinde wird als Wiener Gesera bezeichnet, Wiener Erlass, nach der Verordnung, mit der sie begann, und dem Titel einer Chronik des Massakers.

Die Synagoge am heutigen Judenplatz, der Ort des ersten Gettos, wurde abgerissen, die Steine hat man angeblich zur Erweiterung der Wiener Universität verwendet. Doch wenn man im Jüdischen Museum, das sich jetzt an dieser Stelle befindet, ganz nach unten hinabsteigt, kann man die Fundamente sehen, die tiefste der drei begrabenen Schichten jüdischen Lebens, Sediment des Traumas dieser Stadt, jede Schicht mit Asche bedeckt.

Nach der Wiener Gesera waren Juden zwei Jahrhunderte lang aus der Stadt verbannt, doch dann benötigten die Habsburger, die nun auch den Thron des Heiligen Römischen Reichs übernommen hatten, Geld, um im Dreißigjährigen Krieg ihre religiösen und politischen Rivalen bekämpfen zu können. Daher wurden wohlhabende Juden, die bereit waren, Kredite zu gewähren, widerwillig wieder in die Stadt gelassen. Auf einer kleinen Insel in der Donau – „Im Werd“, mittelhochdeutsch für Insel – entwickelte sich im 17. Jahrhundert ein kleines Getto mit etwa fünfhundert Familien.

In einer Welt von König- und Kaiserreichen und absoluter Herrschaft hing jüdisches Überleben letztlich von den persönlichen Entscheidungen jedes einzelnen Herrschers ab, der ohne Weiteres seine Meinung ändern oder auch einfach sterben konnte, um durch einen Nachfolger ersetzt zu werden, der möglicherweise ganz andere Ansichten in der Angelegenheit vertrat.

1658 bestieg Leopold I. den Kaiserthron, ein Jugendlicher von großer sozialer Kälte, aber voll religiösem Fanatismus, den Jesuiten auf das Priesteramt vorbereitet hatten. Er heiratete Margarita Teresa, eine spanische Prinzessin, die sowohl seine Cousine ersten Grades als auch seine Nichte war. Als ihr erster Sohn das Säuglingsalter nicht überlebte, gab man den Juden die Schuld, die auch für ein Feuer verantwortlich gemacht wurden, das wenig später in der Hofburg ausbrach.

Leopold verbannte sie aus der Stadt. „Im Werd" nannte man zu Ehren des Kaisers in Leopoldstadt um, die Große Synagoge im Herzen der Gemeinde wurde abgerissen und als Leopoldskirche wiederaufgebaut. Noch heute befindet sich über dem Kirchentor eine Steinplatte, auf der in lateinischer Sprache vermerkt ist, dass sie am Standort einer „Synagogæ Perversa" erbaut wurde, obwohl eher pervers erscheint, dass einige Jahrhunderte später viele assimilationswillige jüdische Familien ihre Kinder Leopold oder, wie im Falle meines Großvaters, Leo nannten. So groß war das Verlangen dazuzugehören.

Nach dem Leopold-Pogrom begann der Kreislauf von Duldung und Vernichtung von Neuem. Da die Christen keine Lust hatten, die gesamte Steuerlast der Stadt zu schultern, durften Juden wieder in die Stadt, wenn sie bereit waren, eine Sonderabgabe zu leisten. Trotz des Toleranzpatents Josephs II. von 1782 blieben sie fremd und waren anderen Gesetzen unterworfen.

1848, im Jahr der europäischen Revolutionen, begann das Roulette der blaublütigen Verwandtschaftsverhältnisse erneut zu kreisen, woraufhin mit Franz Joseph ein weiterer Teenager den Thron bestieg; aber dieses Mal durften sich die Wiener Juden glücklich schätzen. Der neue Kaiser war einer der wenigen Habsburger Herrscher, die nicht bis in die Knochen Antisemiten waren.

Nachdem schon die Frankfurter Nationalversammlung erklärt hatte, dass die gesetzlichen Rechte nicht von der Religion abhängig sein dürften, legte unter der Herrschaft Franz Josephs die sogenannte Dezemberverfassung von 1867 die rechtliche Gleichstellung der Juden fest. Juden war es erlaubt, überall zu wohnen und eigene Häuser zu besitzen. Offenbar war der Kaiser ernsthaft verärgert, wenn Juden bei Beförderungen im Heer übergangen wurden, und er versuchte mit seinem ganzen Einfluss, wenn auch vergebens, zu verhindern, dass Karl Lueger, ein bekennender Antisemit, Bürgermeister von Wien wurde.

„Alles stand in diesem weiten Reiche fest und unverrückbar an seiner Stelle und an der höchsten: der greise Kaiser“, schrieb Stefan Zweig in *Die Welt von Gestern*, seinem Lobgesang auf das alte Wien. Er erschien 1942, kurz nachdem er sich in Brasilien das Leben genommen hatte.[5]

Kein Wunder, dass Franz Joseph der Held meiner Großeltern und ihrer Generation war und dass sie seinem hängebackigen Gesicht einen Ehrenplatz in ihrem Zuhause einräumten. Kein Wunder, dass sein Geburtstag in den Feiertagskalender der Wiener Synagogen eingetragen wurde. Unter seiner Ägide blühte das jüdische Leben auf. Die Gemeinde in Wien erlebte eine explosionsartige Entwicklung – von 6.000 Mitgliedern im Jahr 1860 auf 150.000 Anfang des 20. Jahrhunderts. In der Stadt wimmelte es von Talenten und Möglichkeiten, sie war das glanzvolle Zentrum eines Reichs von fünfzig Millionen Untertanen und elf Nationalitäten. Jedes Mitglied der Regierungen in der Zeit Franz Josephs besaß zwanzig Uniformen, um bei den verschiedenen Volksgruppen auf der Vielzahl ihrer zeremoniellen Veranstaltungen das Reich angemessen repräsentieren zu können. Der Kaiser hatte zweihundert Uniformen, wie es sich für den allmächtigen Herrscher eines Vielvölkerstaats gehört.

Es war eine Welt, in der Juden der gesellschaftliche Aufstieg nicht verwehrt war. Sie stellten ein Zehntel der Wiener Bevölkerung, aber mehr als sechzig Prozent der Rechtsanwälte und mehr als die Hälfte der Zahnärzte und Ärzte. Den Juden gehörte fast ein Zehntel aller Unternehmen. Die Bereitschaft zu lernen, zu sparen und hart zu arbeiten – Tugenden, dank deren sie es in den Dörfern und Schtetln Osteuropas zu Rabbinern und Kaufleuten gebracht hatten –, machte sie in Wien zu geachteten Bürgern.

Das war die Stadt, die meinen Urgroßvater Johann nach einem Bauboom Ende des 19. Jahrhunderts veranlasste, Rousínov zu verlassen und nach Wien umzusiedeln. Der Kaiser hatte befohlen, Wien in großem Maßstab umzubauen, wie es sich für die Hauptstadt eines strahlenden Reichs ziemte.

Bei seiner Ankunft wurde Johann von der übereifrigen österreichischen Bürokratie wie sein Vater Mendl als „Kaufmann“ registriert. Sobald er Fuß gefasst hatte, heiratete er über seinem Stand, indem er Hermine Dörfler, eine Frau aus einer alteingesessenen Wiener Familie, ehelichte. Das Paar wurde 1896 in der Synagoge in der Tempelgasse getraut.

Sie waren schon ziemlich alt, er sechsunddreißig und sie dreißig, und mit Sicherheit weiß ich von ihrer Ehe nur, dass sie von Kummer überschattet war. Hermine brachte fünf Kinder zur Welt, die alle nichtjüdische, typisch wienerische Namen erhielten. Nur zwei erreichten das Erwachsenenalter: mein Großvater Leo und seine Schwester Malvine, Malci. Eine weitere Schwester, Marianne, starb mit drei Jahren und ein zweiter Bruder, Emil, war acht Jahre alt, als er einer tuberkulösen Meningitis erlag. Wahrscheinlich ist auch Marianne an Tuberkulose gestorben. Die Krankheit war damals sehr verbreitet, und Österreich hatte die höchste Kindersterblichkeit in Westeuropa. Eugen, ein dritter Bruder, war siebzehn und hatte gerade eine Mechanikerlehre begonnen, als er 1921 an Tuberkulose starb. Als ich in einem österreichischen Archiv von der Existenz dieser drei früh verstorbenen Kinder erfuhr, war ich vollkommen überrascht. Wie ich lernen sollte, waren alle Ereignisse, die mit Leid und Verlust verknüpft waren, restlos aus unserer Familiengeschichte gestrichen und größtenteils durch Schweigen ersetzt worden.

Leon und Malci, die überlebenden Kinder, besuchten beide eine Handelsschule, wo Leo, wie man ehrlicherweise zugeben muss, nicht gerade glänzte. Laut einem Zeugnis vom 14. Februar 1914 schnitt er in Rechnen und Handelskunde „befriedigend" ab und wurde in doppelter Buchführung, Erdkunde und Bürgerkunde nur mit „ausreichend" beurteilt.

Vier Monate später spielte all das keine Rolle mehr, gefragt war nur noch die Fähigkeit, an der Front zu überleben. Am 28. Juni löste ein anderer Schüler aus der österreichisch-ungarischen Monarchie, der neunzehnjährige bosnische Serbe Gavrilo Princip, den Ersten Weltkrieg aus, als er den kaiserlichen Thronerben Erzherzog Franz Ferdinand und seine Frau Sophie in Sarajevo erschoss.[6]

Mein Großvater ging direkt von der Schulbank zum Militär und wurde zu einer Haubitzenbatterie an der Front in Galizien abkommandiert, wo er auf dem Gebiet der heutigen Ukraine gegen die Russen kämpfte. Auf seinen Fotos sieht man einen abgestürzten Doppeldecker der Mittelmächte, eine Befestigungsanlage aus riesigen Baumstämmen, Leo, der einen Kameraden im Lazarett besucht, und Leo, der in Gefreitenuniform und mit Schirmmütze ein Feldtelefon bedient – eine schlanke, jugendliche Version des Mannes, den ich kannte.

Der Krieg radikalisierte junge Leute wie meinen Großvater. Die Kameradschaft in den Schützengräben, die Erkenntnis, dass die Überlebenschancen in direkter Beziehung zu Wohlstand und Status standen, und das Gefühl der Überlebenden, dass sie ein Recht auf ein besseres Leben hatten, schickten eine Welle der Revolution durch Europa und die Familie Borger.

Frühere Generationen waren formell in der jüdischen Gemeinde geblieben und ließen die Geburten ihrer Kinder von den Rabbinern registrieren. Mein Großvater Leo und seine Schwester Malci hielten nichts von solchen Lippenbekenntnissen zur Tradition. Malci trat 1922 aus der Israelitischen Kultusgemeinde (IKG) Wien aus, als sie zweiundzwanzig war. Leo, der bei der Beschneidung den hebräischen Namen Shmuel Lev erhalten hatte, folgte dem Beispiel seiner jüngeren Schwester fünf Jahre später, nur zwei Wochen nachdem mein Vater auf die Welt gekommen war. Daher wurde Roberts Geburtstag im Jahr 1927 nicht bei der IKG registriert. Zweifellos hoffte Leo, dass jemand, der später die jüdischen Verzeichnisse durchsah, seinen Sohn nicht finden könnte.

Leos und Malcis Austritt war nicht ungewöhnlich. Die Hälfte der Wiener Juden, die sich von ihrem Glauben lossagten, trat zum Katholizismus über und ein Viertel wurden Protestanten. Malci und Leo bezeichneten sich als konfessionslos und definierten sich stattdessen über ihre politischen Anschauungen. Malci wurde eine überzeugte Kommunistin und blieb dieser Anschauung bis an ihr Lebensende treu. Leo wurde Sozialdemokrat, eine gemäßigtere marxistische Doktrin, von der er jedoch nicht weniger eingenommen war. Politische Überzeugungen wurden zu dieser Zeit nicht auf die leichte Schulter genommen, denn damals und dort konnten linke Anschauungen Gefängnis oder Tod bedeuten.

Doch sechs Jahre nach dem Austritt kehrte Leo in die jüdische Gemeinde zurück; 1933, kurz nachdem die Nazis die Macht in Berlin übernommen hatten, trat er wieder zum alten Glauben über. Vielleicht wohnte dieser scheinbar widersinnigen Entscheidung eine gewisse Logik inne. Die Abkehr vom Judentum schützte einen nicht vor Verfolgung. Die Nazis interessierte nicht, woran man glaubte oder ob man dem Glauben feierlich abgeschworen hatte. Für sie waren Juden eine Rasse und nicht nur Anhänger einer Religion, daher gab es kein Entkommen. Es war nicht Antijudaismus, sondern Antisemitismus. Man kann nicht das Blut in seinen Adern bekehren.

Unter diesen Umständen war die Rückkehr zum Judentum ein Akt der Resignation und des Trotzes und kein Glaubensakt. Ich weiß nicht, ob Leo nach seiner Ankunft in Großbritannien jemals eine Synagoge aufgesucht hat. Als er 1972 starb, fand der Trauergottesdienst in der Kapelle des Krematoriums am Ende seiner Straße statt, weil es die bequemste Lösung war. Er wurde von einem anglikanischen Priester abgehalten, der den Verstorbenen nur ein- oder zweimal getroffen hatte. Seine Grabrede zeigte mit peinlicher Deutlichkeit, wie wenig er von Leos Lebensgeschichte wusste.

Robert teilte die säkulare Lebenseinstellung und die sozialdemokratische Anschauung seines Vaters, aber in den meisten anderen Belangen hatten sie wenig Ähnlichkeit miteinander. Leo fand Frieden in der Routine einer Fabrikarbeit und in den Wanderungen, die er an Wochenenden in den umliegenden Hügeln unternahm. Robert war ein akademisches Wunderkind, dem es nie gelang, sich in seiner Haut wohlzufühlen. Der Fluch des Emigranten: zugleich zwei Heimaten und keine zu haben. Häufig liegt der Schlüssel zur Zufriedenheit darin, das Paradox zu akzeptieren, aber ich denke, mein Vater konnte das nie.

Seine Verwurzelung in England war flach, aber zäh; er musste sich anstrengen, um Erde unter seinen Füßen zu spüren. Bei den Namen für seine Kinder folgte Robert der Familientradition, indem er überhaupt keiner Tradition folgte, sondern sich stattdessen am herrschenden Establishment orientierte. Wir erhielten zutiefst englische Namen, was gewollt war, denn sie sollten eine gewisse gesellschaftliche Stellung signalisieren – ein Vorschuss auf die Stellung und das Einkommen, die man von uns im späteren Leben erwartete. Mein vollständiger Name lautet Julian Matthew Sebastian. Einige der mittleren Namen, die meine Geschwister erhielten, waren Rupert, Makepeace, Augustine und Josephine.

In meiner Jugend waren sie ein ständiger Anlass zu Ärger und Spott, heute kann ich sie wenigstens als Teil eines größeren Verhaltensmusters verstehen: der Fortsetzung der eifrigen, aber letztlich zum Scheitern verurteilten Versuche assimilationswilliger Wiener Juden wie den Borgers, tiefe Wurzeln in der österreichischen Gesellschaft zu schlagen. Die noblen Namen waren ein erlernter Reflex, als Rüstung und Tarnung in einer neuen feindlichen Umwelt gedacht. Sie wirkten wie ein schlecht sitzender geerbter Anzug, der vor langer Zeit in Mode war, an einem selbst aber gleichermaßen schräg und großtuerisch wirkt.

Die Entscheidung für Assimilation statt Identität hatte ihren Preis. Ich wuchs mit dem Gefühl auf, nicht einmal zu jener Nachbarschaft, in der ich die ersten achtzehn Jahre meines Lebens verbracht hatte, ganz dazuzugehören. Im Hinterkopf hielt sich das hartnäckige Gefühl, dass wir irgendwie ein falsches Spiel spielten. Dieses versteckte Unbehagen trieb mich bei erster Gelegenheit ins Ausland. Es war, als hätten wir über Jahre hinweg Schicht um Schicht einer eleganten grauweißen Farbe auf einen grellen, aufgewühlten Untergrund aufgetragen, eine Situation, die mir, wie ich meinte, keine andere Wahl ließ, als fortzugehen.

„Die Vergangenheit ist niemals tot. Sie ist noch nicht einmal vergangen", sagt Gavin Stevens, der Rechtsanwalt aus Mississippi in William Faulkners *Requiem für eine Nonne*. Er spricht von einem Verbrechen, meint aber auch die Geschichte des amerikanischen Südens, die, wie Europas Vergangenheit, unablässig unter der Oberfläche des Alltags weiterschwelt. Der fiktive Stevens hätte das gewusst, hatte er doch an der Universität Heidelberg studiert.

Greg Iles, ebenfalls ein Chronist des amerikanischen Südens, schreibt ein halbes Jahrhundert nach Faulkner in seinem Roman *The Quit Game*: „Jeder von uns bewegt sich in Netzen, die schon lange vor unserer Geburt gesponnen werden, Netze aus Vererbung und Umgebung, aus Begierde und Konsequenzen, aus Geschichte und Ewigkeit." Und weiter: „Die alltäglichen Anforderungen des Lebens lenken von dieser Resonanz der Bilder und Ereignisse ab, aber manche Menschen fühlen sie immer."[7]

Ich hatte das Gefühl, einer dieser Menschen zu sein. Wie eine Überempfindlichkeit gegen Licht und Geruch kann das Gefühl, mit einer totgeschwiegenen Vergangenheit zu tun zu haben, meinen Seelenfrieden beeinträchtigen und gelegentlich dazu führen, dass die Vergangenheit, aufgewühlt von Krankheit und Tod, tobend an die Oberfläche steigt.

Als Omi 1975 einen Schlaganfall erlitt, wurde sie in das Jewish Home and Hospital in Tottenham eingeliefert, einen roten Ziegelbau, der ab Ende des 19. Jahrhunderts als Home and Hospital for Jewish Incurables (Heim und Hospital für unheilbar erkrankte Juden) diente, eine Bezeichnung, die in den 1960er-Jahren verkürzt wurde, um ihr die hoffnungslose Endgültigkeit zu nehmen. Es war eine düstere, höhlenartige Einrichtung mit langen Linoleumfluren, die nach Desinfektionsmittel rochen. Wir kamen an den Wochenenden zu Besuch und saßen etwa eine Stunde an

Omis Bett, obwohl es sich viel länger anfühlte. Da der Schlaganfall ihr die englische Sprache geraubt hatte, unterhielt sie sich nur noch leise auf Deutsch mit unserem Dad.

1901 wurde sie als Erna Barbak geboren, Tochter von Markus Barbak, einem Kaufmann in der kleinen galizischen Stadt Mikulińce (Mykulynzi) in der heutigen Westukraine, und seiner tschechischstämmigen Frau Regina Dubsky. Ihre Eltern hatten sich in Wien kennengelernt, wo sich Markus als Gemischtwarenhändler niedergelassen hatte. Sie bekamen noch drei weitere Kinder: Nelly, die nur sechs Monate lebte, Marianne, die 1918 zur Welt kam, und Fritz, den einzigen Sohn und Stolz der Familie.

Fritz war Profifußballer, der für Hakoah Wien spielte, eine jüdische Mannschaft, die es in den 1920er-Jahren mit der Welt aufnahm. Der Name des Teams war das hebräische Wort für „Stärke" und eine bewusste Anspielung auf das „Muskeljudentum", das eine Zeit lang in zionistischen Kreisen sehr beliebt war. 1925 gewann der Club die österreichische Fußballmeisterschaft, was umso bemerkenswerter war, als die Spieler sich ständigen antisemitischen Angriffen und Beleidigungen ausgesetzt sahen. Sie mussten von einer Gruppe Personenschützer unter Leitung jüdischer Boxer begleitet werden.[8]

Hakoah gewann auch weiterhin gegen die besten europäischen Mannschaften, unter anderem den tschechischen Meister Slavia Prag, Polens Meister Polonia Warschau und das ungarische Spitzenteam Ferencváros. 1923 demontierte Hakoah den amtierenden englischen Pokalsieger West Ham United mit 5:1. Die in München erscheinende Zeitung *Fußball* verkündete 1924: „Hakoah hat dazu beigetragen, mit der Mär von der körperlichen Unterlegenheit der Juden Schluss zu machen." Der Club erzielte diese Ergebnisse dank einer professionellen Einstellung. Er zahlte seinen Spielern höhere Gehälter als üblich und stellte neben jüdischen auch nichtjüdische Trainer ein. Einige wurden aus England geholt, wo man in Fragen der Taktik am fortschrittlichsten war.

Zugegeben, Großonkel Fritz stieß erst zu der Mannschaft, als sie nach ihrem strahlenden Höhenflug bereits auf dem absteigenden Ast war. Das war im Anschluss an eine Amerikatour der „unbesiegbaren Juden", auf der einige der besten Spieler im Weißen Haus von Präsident Calvin Coolidge gefeiert und von Fußballclubs in New York abgeworben wurden – einer der vielen Fehlstarts des Fußballs in den Vereinigten Staaten. Der Abgang einiger der besten Spieler gab Fritz die Gelegenheit nachzurücken, aber die Mannschaft sollte sich nie wieder erholen. Der Verein gewann nie wieder die Meisterschaft und verbrachte den Rest seiner Tage mit dem Bemühen, den Abstieg zu verhindern. Nicht immer mit Erfolg. Fritz erhielt in der Wiener Presse gemischte Kritiken. Ein Reporter meinte, er sei zuvor bei Slovan HAC ein schneller und wirkungsvoller Flügelspieler gewesen, habe aber an Qualität verloren, weil er bei Hakoah oft auf unterschiedlichen Positionen eingesetzt worden sei. Andere vertraten die Ansicht, er sei ein besserer Vorbereiter als Torjäger.

Fritz starb 1935 nach einer Lungenentzündung an einem Herzinfarkt. Der Nachruf im Wiener *Sporttagblatt* pries ihn als einen Veteranen, der sich „in den Schützengräben" der Liga „treu bewährt" habe. Meine Großeltern sind sicherlich auf der Beerdigung gewesen; mein achtjähriger Vater auch, aufgereiht neben den Offiziellen der Hakoah und der Spielervereinigung. Doch in seinem späteren Leben sprach er nie über die Heldentaten von Fritz. In meiner Kindheit und Jugend spielte und schaute ich Fußball, ohne zu ahnen, dass es einen echten Fußballstar in unserer Familie gegeben hatte. Vielleicht war es meinem Vater peinlich, dass Fritz in einer rein jüdischen Mannschaft gespielt hatte. Das ganze Thema des Judentums war Dad äußerst unangenehm, eine Marotte, die im Jewish Home and Hospital in Tottenham, wo Omi ihre letzten Jahre verbrachte, konkrete Formen annahm. So stieß er leise Verwünschungen aus, wenn er die chassidischen Männer in ihren langen schwarzen Mänteln sah, die die Einrichtung leiteten.

Unsere Großtante Malci starb 1994, so alt wie das Jahrhundert selbst, und hinterließ ein ausgesprochen österreichisches Erbe in Form von Franz-Joseph-Golddukaten in einem Wiener Banksafe. Die Anweisung zur Auffindung des Geldes, die Malci in krakeligen Buchstaben aufgeschrieben hatte, brachte uns nach Wien zurück und war so raffiniert und spannend wie eine echte Schatzkarte.

Vier Jahre später verstarb unsere Stiefgroßmutter Vally, die letzte Überlebende der Wiener Generation, in einem Hospiz in Shrewsbury. Als Einzige in der Familie hatte sie die hohen jüdischen Feiertage begangen und ein Gebetbuch besessen, in dem sie den Geburtstag ihres Vaters nach dem jüdischen Kalender vermerkt hatte, 27. Nisan.

Die gefeierte Fußballmannschaft Hakoah Wien, 1928. Mein Großonkel Fritz Barbak ist der Dritte von links. Der Mannschaftsführer Max Scheuer, stehend der Zweite von rechts, wurde später in Auschwitz ermordet. Ignaz Feldmann, sitzend ganz links, überlebte Auschwitz und half, anderen Häftlingen das Leben zu retten.

Auf Ihrer Beerdigung sprachen wir das Kaddisch und hörten eine Aufnahme von Leonard Bernsteins *Chichester Psalms*. Ich sollte eine Rede halten und hatte mir vorgenommen, über die Aufzeichnungen zu sprechen, die ich mir während unserer Gespräche über ihr Leben gemacht hatte, über ihre überstürzte Flucht aus Wien, bei der sie ihre Mutter und ihren ersten Ehemann zurückließ, stellte aber zu meinem Erstaunen fest, dass ich meine kurze Grabrede in dem Krematorium kaum beenden konnte. Aus der fernen Vergangenheit griff eine Hand nach mir und presste mir die Kehle zu, sodass ich Mühe hatte, meine Rede zu beenden, bevor ich verlegen Platz nahm.

Wir haben vielleicht den Wunsch, die Vergangenheit zu vergessen, aber das heißt nicht unbedingt, dass sie uns vergisst. Ich war kein Zeuge der Ereignisse, die ich zu beschreiben versuche. Im Gegenteil, ich habe ein sicheres und bequemes Leben im baumbeschatteten Westen Londons geführt.

Ich wollte eigentlich nur von den Fakten im Leben berichten und sie für sich selbst sprechen lassen, daher verblüffte mich meine physische Reaktion auf meine eigenen Worte. In den letzten Jahren hat man Belege für die Wirkung der Epigenetik gefunden, den Weg, auf dem die Einflüsse unserer Umwelt und Erfahrungen, besonders der Traumen, Eingang in unsere DNA finden und die Vorgänge in unseren Genen verändern können. In einer Studie zeigte sich, dass Kinder von Holocaust-Überlebenden weniger Cortisol produzieren und daher anfälliger für eine Posttraumatische Belastungsstörung (PTBS) sind.

Es ist also möglich, dass der Mensch sein Elend an die Nachkommen weitergibt, die Wirklichkeit aber ist nicht ganz so trostlos, sonst wären wir alle Wracks. Schließlich verändern Traumen nicht unsere Gene, sondern nur deren Expression, und der Vorgang lässt sich wieder rückgängig machen. Wer lernt, über die Vergangenheit zu sprechen und sie neu zu deuten, hat einen wichtigen ersten Schritt gemacht.

Am Tag nach Vallys Begräbnis holte ich mir einen Pappkarton mit Leos Sachen ab, den sie für mich aufgehoben hatte. Neben den Briefmarkenalben und alten Geldscheinen gab es winzige Schwarz-Weiß-Fotos von Leo in den Schützengräben der Ostfront des Ersten Weltkriegs, dazu einen Orden, der wie ein Eisernes Kreuz aussah. „Grati, Princeps et Patria, Carolos Imp et Rex“ (In Dankbarkeit, Herrscher und Vaterland, Karl Kaiser und König) stand auf der Vorderseite, „Vitam et Sanguinem“ (mit Leben und Blut), das Jahr 1916 und die beiden Kronen von Österreich und Ungarn auf der Rückseite. Diesen Orden erhielt man, wenn man mehr als zwölf Wochen im Kampf gewesen war und mindestens an einer Schlacht teilgenommen hatte. Ungefähr 651.000 solche Kreuze wurden hergestellt. Sie stellten sicherlich keine besondere Auszeichnung dar, trotzdem hielt Leo große Stücke darauf. Für jüdische Veteranen waren sie so etwas wie eine mit Blut besiegelte Verbindung mit ihrem Heimatland und ihrem Herrscher. In dem ganzen riesigen Herrschaftsgebiet kämpften mehr als

300.000 jüdische Männer für das Reich und jeder Zehnte von ihnen fiel, ein unverhältnismäßig hohes Opfer.

Als die Nazis zwanzig Jahre später in Wien einmarschierten, hatten fast alle Kinder in den Kleinanzeigen des *Manchester Guardian* eines gemeinsam: Ihre Väter glaubten, ihre Zinkkreuze würden sie beschützen.

In Leos Karton gab es noch einen braunen Manila-Umschlag, der einen Stapel Dokumente enthielt, einige mit der zierlichen Schrift aus der Zeit des kaiserlichen Wien bedeckt, andere aus raueren Tagen, die mit „Heil Hitler" unterschrieben waren. Unter ihnen war ein Schreiben, in dem um eine Verschonung des Familiengeschäfts vor Vandalismus aufgrund von Leos Militärakte gebeten wird, und ein Rechtsdokument aus dem Jahr 1938, in dem die Übertragung des Familienunternehmens, eines Geschäfts für Radioapparate und Musikinstrumente in Wien, beurkundet wird.

In einer Ecke des Kartons fand ich ein kleines emailliertes Metallabzeichen, eine rote Nelke auf einem schwarzen Untergrund, das alte Emblem der österreichischen Sozialdemokratischen Arbeiterpartei, die zwischen dem Ersten Weltkrieg und Österreichs kurzem Bürgerkrieg im Jahr 1934 in Wien regierte. Die Stadt wurde als Rotes Wien bekannt und sorgte für kostenloses Gesundheitswesen, Arbeiterbildung und sozialen Wohnungsbau, dem Leo und seine junge Familie eine Unterkunft verdankten, als er Ende der 1920er-Jahre arbeitslos war. Aber auch für ein weniger greifbares Gut sorgte die Partei, ein Zugehörigkeitsgefühl. Die Mitglieder grüßten einander mit dem Wort „Freundschaft".[9]

Für viele Wiener Juden war die Partei ein ideales Mittel zur Assimilation. Sie lieferte einen Rahmen für politische, soziale, kulturelle und sportliche Aktivitäten, bei denen nicht zwischen Juden und Nichtjuden unterschieden wurde. Noch lange nach seiner Flucht aus Österreich, bis Mitte der 1950er-Jahre, blieb Leo ein zahlendes Mitglied. In seinen Hinterlassenschaften fand ich auch ein kleines rotes Büchlein, in dem seine regelmäßigen Zahlungen in sauberen roten Reihen farbiger Stempel quittiert waren. Daneben lagen zwei graugrüne Pässe aus dünner Pappe, die Leo und Omi die Ausreise aus Wien zusicherten. Auf der Vorderseite prangte ein Adler, der ein Hakenkreuz in seinen Krallen hielt, und innen ein großes rotes J für Jude. Eine Vielzahl von Stempeln bestätigte, dass alle bürokratischen Erfordernisse für das Verlassen des Reichs, die Durchquerung Europas und die Einreise in Großbritannien erfüllt waren.

Mit einem Gummiband waren die Pässe mit einem etwas kleineren Heftchen zusammengebunden; es war taubengrau und trug eine englische Inschrift: *Enemy Alien Certificate* – die Bescheinigung, die Leo als feindlichen Ausländer auswies. Solange England im Krieg war, musste er sie immer bei sich tragen. Sie enthielt die offizielle Zusicherung, dass man ihn nicht internieren würde, doch einige Seiten weiter war vermerkt, dass man dieses Versprechen nicht gehalten und ihn 1941 auf der Isle of Man eingesperrt hatte. Ein Eintrag auf der folgenden Seite vermerkte, wann die Regierung Ihrer Majestät ihm nach seiner Entlassung wieder genügend Vertrauen schenkte, um ihm den Besitz eines Fahrrads zu bewilligen.

Welche Bedeutung diese Dinge und Leos andere Hinterlassenschaften hatten, wurde mir erst im Laufe der Zeit klar, doch zunächst waren die Sachen in dem Pappkarton lediglich Kuriositäten für mich. Ich hatte wenig Kontext, in den ich sie hätte einordnen können, daher musste ich mich an die Geschichte halten, die sie erzählten. Sie waren vereinzelte Punkte, die ich nicht miteinander verbinden konnte, so ließ ich sie in ihrer Schachtel und nahm sie als Talismane von einem Auslandskorrespondenten-Posten zum anderen mit, von Bosnien nach Jerusalem und nach Washington und zurück nach Großbritannien und dann wieder nach Washington.

Das war sie also, die Beziehung zur Vergangenheit meiner Familie – eine offene Pappschachtel zwischen meinem Gepäck. Bis zu dem Tag auf einem Parkplatz in Virginia, an dem ich die E-Mail über die Zeitungsannonce meines Vaters erhielt, durch die ich die Spuren unserer Familienvergangenheit und die Geschichten anderer Wiener Juden in einem anderen Licht sah; derer, die flohen und überlebten, und derer, die blieben und zugrunde gingen.

Ihre Inserate im *Manchester Guardian* waren wie Telegramme aus einem anderen Zeitalter: dringend und gedrängt, ohne Platz für Einzelheiten. Sie waren abgekürzte Versionen anderer Leben, die parallel zu dem unseres Vaters begannen, bevor sie in verschiedene Richtungen auseinanderliefen. Die Annoncen verwiesen mich wieder auf Leos

Schachtel und all die anderen Bruchstücke der Wiener Vergangenheit, die ich nun zu einer Erzählung zusammenzusetzen begann, die das Schicksal meiner Familie in einen verständlichen Zusammenhang brachte.

BORGER

2

George und die unstillbare Sehnsucht nach Wien

Die Annoncen für die jüdischen Kinder aus Wien im *Manchester Guardian* standen neben den täglichen Radioprogrammen, dem Kreuzworträtsel, Aufrufen der Royal Air Force, die Piloten anwarb, und allen möglichen Angeboten für Häuser, Briefmarken, Musikinstrumente und Finanzdienstleistungen.

Die Anzeigen der Kinder sahen aus wie all die anderen, kamen aber aus einer anderen Welt. Sie waren Hilferufe von verzweifelten Eltern, die versuchten, ihre Kinder zu retten, und dafür nicht mehr Platz als für ein Epigramm hatten. Es war unmöglich, sie zu lesen, ohne den Wunsch zu verspüren, mehr über diese Geschichten zu erfahren. Was passiert als Nächstes, und wurden diese Kinder gerettet?

Meine ersten Versuche, den Weg der Kinder nachzuverfolgen, waren zu oberflächlich. Ich gab Anfragen bei Twitter und in der Zeitschrift des

Verbandes Jüdischer Flüchtlinge auf und bekam freundliche Antworten sowie andere Familiengeschichten über die Flucht vor den Nazis, aber nichts, was in Verbindung mit den Anzeigen im *Manchester Guardian* stand.

Wenn ich herausfinden wollte, was mit den Kindern geschehen war, musste das offenkundig anhand der Hinweise in den Anzeigen selbst geschehen, die in den meisten Fällen entmutigend unvollständig waren: Gewöhnlich lieferten sie nur das Alter und Geschlecht des Kindes, einen Nachnamen oder lediglich die Initialen und die Adresse eines Wohnsitzes, der wahrscheinlich bald nach der Schaltung der Annonce verlassen worden war.

Es gab einige wenige Ausnahmen, in denen Vor- und Nachname des Elternteils und in ganz wenigen Fällen sogar der Name des Kindes genannt wurden. Ein einziges Mal ließ sich das Kind leicht finden, und durch einen glücklichen Zufall war sein Leben umfassend dokumentiert. Das war ein früher Durchbruch und half mir, viele Lücken in meinem Wissen über die frühen Jahre meines Vaters zu schließen.

Das Inserat George Mandlers erschien am 28. Juli 1938, sechs Tage vor der Annonce von Robert Borger. Es stand auf der zweiten Seite der Zeitung unter der Überschrift „Nachhilfelehrer, Gouvernanten usw." und dem Untertitel „Stellengesuche". Die Anzeige war die einzige in dieser Rubrik. In unsicherem Englisch fragte sie: „Wird eine englische Familie so freundlich sein, meinen Sohn als Au-pair zu nehmen, Alter 14? (aus dem Gymnasium) mit Englischkenntnissen und ihm Arbeit geben? Beste Referenzen. Georg Mandler, Löwengasse 2, Wien 3."

Das erste Google-Ergebnis unter diesem Namen war ein Eintrag für George Mandler, einen österreichischstämmigen, angesehenen Psychologieprofessor, der am 11. Juni 1924 geboren worden war. Augenscheinlich handelte es sich um den Jungen aus der Annonce, nur mit einem zusätzlichen e versehen, um seinen Vornamen zu anglisieren. Wie mein Vater hatte er Psychologie studiert und eine Universitätslaufbahn eingeschlagen, nur mit größerem Erfolg.

Das zweite Google-Ergebnis war „George Mandler – In Memoriam" auf der Website des Psychologie-Departments der University of California in San Diego. Dort hatte er fast dreißig Jahre lang gewirkt, zum Zeitpunkt seines Todes im Mai 2016 aber in Hampstead, London, gelebt.

„Mandler, der sein Heimatland Österreich nach dessen Annexion durch Nazideutschland verließ, leistete wegweisende Beiträge in der Gedächtnis-, Bewusstseins- und Emotionspsychologie“, heißt es in dem Nachruf. „Sein maßgeblicher Einfluss ist noch heute spürbar.“

Beigefügt ist eine Porträtaufnahme, auf der er, die Hände locker zusammengelegt, mit einem freundlich-sinnenden Ausdruck zur Seite blickt. Er trägt einen weißen Ziegenbart, eine eckige getönte Brille, und sein graues Haar fällt leger zur Seite.

Seine Kollegen, Freunde und ehemaligen Studenten hatten 1991 ihm zu Ehren eine Festschrift mit dem Titel *Memories, Thoughts and Emotions* herausgebracht. 2009 verlieh ihm die Universität Wien die Ehrendoktorwürde. Mein erster Gedanke war, dass diesem Mann, der Wien zur selben Zeit und auf dieselbe Weise wie mein Vater verlassen hatte, die akademische Laufbahn zuteilgeworden war, von der mein Dad geträumt hatte.

Laut dem Nachruf hinterließ er seine Frau Jean, eine ebenso namhafte Psychologin, mit der George über große Strecken seiner wissenschaftlichen Tätigkeit zusammengearbeitet hatte, und zwei Söhne, Peter und Michael.

Beide waren ebenfalls erfolgreiche Universitätslehrer geworden. Peter war Geschichtsprofessor in Cambridge; Michael Wirtschaftsprofessor an der University of London. Am 16. Februar 2021 um 23 Uhr schrieb ich Peter eine E-Mail, in der ich ihm erklärte, was ich vorhatte, und hängte das Mandler-Inserat an. Ob das möglicherweise sein Vater sei? Seine Antwort kam eine Minute nach neun Uhr morgens in Großbritannien.

„Das ist in der Tat mein Vater“, schrieb er und brachte sein Erstaunen darüber zum Ausdruck, dass er, als Historiker, der einen Großteil seiner Zeit damit verbracht hatte, die Datenbanken von Zeitungen zu durchforsten, nicht schon vorher auf diese Anzeige gestoßen war. Dann erklärte er, dass sich im Fall seines Vaters das Inserat letztlich nicht als Mittel zur Flucht erwiesen habe. Vielmehr sei er zunächst von einem Internat und dann von einer jüdischen Familie in London unterstützt worden, habe aber, um dorthin zu gelangen, auf sich allein gestellt eine „haarsträubende“ Reise durch Deutschland hinter sich bringen müssen.

George hatte seine Erinnerungen an diese Ereignisse niedergeschrieben, die erstmals 2001 veröffentlicht wurden und den passenden Titel *Interesting Times* trugen.[10] Peter schickte mir ein Exemplar, das etwa eine

Woche später eintraf. Es war eine wundervolle Lektüre, geistreich und sehr genau in der Selbstbeobachtung. Für mich war am wichtigsten, dass hier eine Parallelgeschichte zu den Erlebnissen meines Vaters detailliert erzählt wurde.

George Mandler hatte seine Kindheit im dritten Bezirk etwa einen Kilometer von Robert Borger entfernt in der Nähe des Donaukanals verbracht. In seiner Kindheit und Jugend hatte er Doppelspitzer, Fußball mit maximal zwei Berührungen, in einem benachbarten Park gespielt, in dem man auf der Straße einen klassischen Wiener Pudding oder eine Portion Kastanienreis mit Schlagsahne kaufen konnte. Darin erkannte ich einen Geschmack meiner Jugend wieder: Zu besonderen Gelegenheiten gab es ihn bei uns zu Hause.

Der junge George Mandler bejubelte die österreichischen Schlittschuhläufer bei internationalen Wettbewerben im Eislaufverein und spielte im Sommer auf den Wiesen des Praters, dem Standort des gewaltigen Riesenrads, bekannt nicht zuletzt aus dem *Dritten Mann*, meinem Lieblingsfilm, der vor dem Hintergrund des zerstörten Nachkriegswien spielt.

Georges Vater Richard kam ursprünglich aus der Slowakei und hatte der Donaumonarchie während des Ersten Weltkriegs in einer Nachrichteneinheit an der italienischen Front gedient. Nach seiner Ankunft in Wien arbeitete er sich im Ledergeschäft empor, bis er Teilhaber an einem Großhandel wurde, der in ganz Europa Geschäftsbeziehungen unterhielt. Seine Frau Hedwig kam aus einer wohlhabenden Wiener Industriellenfamilie, daher wuchs der kleine George in recht komfortablen Verhältnissen auf. Die Familie beschäftigte ein Hausmädchen, eine Gouvernante und, als die Firma ihr erstes Auto anschaffte, sogar einen Chauffeur. Die Sommerferien wurden in Laurana verbracht, dem heutigen Lovran in Kroatien.

In der Familie gab es eine gewisse religiöse Spannung. Richard war praktizierender Jude, der sich zum Morgengebet die Tefillin anlegte und regelmäßig in die Synagoge ging. Hedwig wuchs als agnostische Zionistin auf. Wenn George krank wurde, schmuggelte Hedwig zu seiner Stärkung Sandwiches und andere verbotene Leckerbissen ins Haus.

Am Ende setzte sich Hedwigs säkulare Weltanschauung durch. Als George sich 1940 einer Lungenoperation unterziehen musste, schwor er, er werde sie ohne göttliche Hilfe bewältigen, und als er sie tatsächlich unbeschadet überstand, nahm er das als Zeichen, dass er Gott nicht brauche.

George mag Gott hinter sich gelassen haben, Wien aber nicht. Im späteren Leben kam er zurück, um die Straßen seines Bezirks zu besuchen, die vertrauten Gebäude und Plätze, und fuhr mit dem Zug in die ländliche Umgebung. Er liebte die melodischen Laute des Wienerischen und scheute keine Mühen, Wiener Speisen aufzutreiben: echtes Wiener Schnitzel, Leberknödelsuppe, Mohnstrudel und Indianerkrapfen, ein mit Schokolade überzogenes und Schlagsahne gefülltes Gebäck.

Diese Sehnsucht nach allem Wienerischen erinnerte mich an unsere Omi. Die letzten Worte am Sederabend, nach dem Beginn des Passahfestes, lauten: „nächstes Jahr in Jerusalem", aber für Omi und viele andere war Wien Jerusalem – ein ewiger Sehnsuchtsort, aber zugleich der Schauplatz herzzerreißender und unfassbarer Tragödien.

Der Donaukanal und die Schwedenbrücke zwischen der Leopoldstadt und der Inneren Stadt, 1938.

George Mandler wuchs in Wien ohne das Gefühl auf, besonderen Bedrohung ausgesetzt zu sein. Antisemitismus war vor dem „Anschluss" eine selbstverständliche Tatsache des Wiener Lebens, ein Hintergrundgeräusch. George erinnerte sich, dass „in Wien die Bezeichnung ‚Jude' gelegentlich als Schimpfwort verwendet wurde", aber davon abgesehen, so schreibt er, seien ihm aus den vier Jahren zwischen 1934 und 1938 „keine besonderen antisemitischen Vorkommnisse" im Gedächtnis geblieben.

In seiner Klasse gab es vier jüdische Jungen, die sich vor dem „Anschluss" nicht besonders gut gekannt und auch kein Bedürfnis nach einer engeren Beziehung verspürt hatten. Jeder wusste, wer die Nazis unter den Schülern und Lehrern waren, aber die Partei war offiziell verboten. Daher hielten die Mitglieder die Füße still und ihre Aktivitäten geheim, damit man leichter vergaß, dass es sie gab. Ihre kleinen runden Hakenkreuzabzeichen trugen sie unsichtbar unter ihrem Revers.

Reumütig schreibt George in seinen Erinnerungen: „Wir lebten relativ unbehelligt und glücklich, hielten uns für gute Österreicher und waren meist völlig unvorbereitet auf das, was da kommen sollte."

Ich wusste so gut wie nichts über die frühen Jahre meines Dads in Wien, aber George Mandler lieferte mir die Erinnerung eines Jungen gleichen Alters, der in demselben Bezirk aufgewachsen und die gleiche Schule besucht hatte. Seine Erinnerungen füllten nicht nur faktische Lücken. Ich habe keine Ahnung, was mein Vater erlebte, was ihm dort zustieß. George schildert ausführlich, was er damals empfand und wie die Erfahrung ihn prägte. Niemand weiß, ob die Reaktionen der beiden Jungen gleich waren, aber ihre weitere Entwicklung verlief ähnlich, beide wurden sie Psychologen mit linken politischen Anschauungen. Es erschien nicht abwegig, etwas von meinem Dad in George zu sehen.

Vor allem aber gab es mir etwas, an dem ich meine Vorstellungen festzumachen vermochte. Ich konnte mir Bobby vergegenwärtigen, wie er in der Schlange der Jungen, die unweit des Donaukanals Kastanienreis mit Schlagsahne kaufen wollten, hinter George stand oder wie er inmitten der wachsenden Bedrohung durch die österreichischen Nazis zur Schule ging.

Wie Richard Mandler, Georges Vater, hatte unser Großvater Leo im Ersten Weltkrieg für die österreichisch-ungarische Monarchie gekämpft, allerdings an der Ostfront in der heutigen Ukraine, wo er als Funker in einem Artillerieregiment diente.

Nach dem Krieg fand Leo eine Anstellung als Buchhalter in der Allgemeinen Depositenbank, einem Finanzinstitut mit dem großen Hauptsitz in der Schottengasse in Wiens erstem Bezirk und Zweigniederlassungen in der ganzen Monarchie. Aber er wählte einen schlechten Zeitpunkt, um in einer Bank zu arbeiten. Die junge österreichische Republik versuchte, mit ihrem stark geschrumpften Steuereinkommen einen Beamtenapparat von imperialen Ausmaßen zu unterhalten und die Finanzierungslücke zu schließen, indem sie Geld druckte. Das Ergebnis war eine Hyperinflation und eine nunmehr wertlose Währung, die 1892 eingeführte Krone, die in den schlimmsten Zeiten von 1922 und 1923 in Schubkarren durch Wien gefahren wurde. Zu den Kuriositäten in Leos Hinterlassenschaften gehörte ein Umschlag voller Kronen und der merkwürdigen, improvisierten Währung, dem Notgeld, das von Provinzbanken, Gemeinden und sogar kleinen Firmen ausgegeben wurde, um die örtliche Wirtschaft funktionsfähig zu halten, als das staatliche Finanzsystem zusammenbrach.

Mühsam hielt sich die Allgemeine Depositenbank zwei Jahre über Wasser, um 1925 nach einem erfolglosen Versuch, gegen den französischen Franc zu spekulieren, endgültig bankrottzugehen. Vierzigtausend Anleger verloren ihre Ersparnisse und anderthalbtausend Angestellte ihren Arbeitsplatz, darunter auch Leo. Die Bank schrieb ihm einen allgemein gehaltenen Empfehlungsbrief, in dem es hieß, er sei ein „hart arbeitender, anstelliger und wertvoller Mitarbeiter, der sich durch ausgeprägtes Pflichtgefühl und Tüchtigkeit auszeichnete".

Zwei Jahre nach seiner Heirat mit Erna war Leo arbeitslos und mit seiner Familie auf den sozialen Wohnbau des sozialdemokratisch regierten Roten Wien angewiesen. Das erste Heim meines Vaters befand sich also in einem dieser nagelneuen „Arbeiterpaläste", einem soliden Komplex aus Backstein und Beton am St.-Nikolaus-Platz im dritten Bezirk, der in stolzer Art-déco-Schrift verkündete, er sei „von der Gemeinde Wien" mit Mitteln aus der Wohnsteuer erbaut worden. Die Worte, einen halben Meter hoch, sind noch immer dort und vermitteln trotz der Spuren der Jahrzehnte und einigen wenigen Graffitis die optimistische Botschaft der Zeit, dass man im Begriff sei, einen modernen Staat zu erbauen, in dem die Grundbedingungen für die Würde eines jeden Menschen erfüllt seien: ein Heim, medizinische Grundversorgung und ein Achtstundentag.

Als Leo arbeitslos war und das Land 1931 in einer Wirtschaftskrise versank, kam Hermine, Leos Mutter, der Familie in ihrer Notlage zu Hilfe. Sowohl sie als auch Johann hatten Trödelläden im dritten Bezirk, die die Finanzkrise überstanden. Aber Hermine kam auf die Idee, Radioapparate, als sie bezahlbar wurden, in ihr Warensortiment aufzunehmen.

1930 setzte sie sich zur Ruhe und übergab das Geschäft Leo, der es in Radio Borger umbenannte. Nach fünf Jahren konnten Leo und Hermine aus dem Sozialbau in ihre eigene Wohnung in der Hintzerstraße umziehen, die in unmittelbarer Nähe zu ihrem Geschäft lag. Es war eine hübsche Wiener Wohnung, ziemlich klein, aber in prachtvoller Umgebung. Es gab eine große Eingangshalle mit roten und gelben Fußbodenfliesen, weiße Marmor-Paneele und eine hohe Decke. Durch ein eindrucksvolles Tor aus Holz und Glas gelangte man in einen Hofgarten. Rechts führten einige Steinstufen zu einem Treppenabsatz mit einem Schwarzglas-Paneel, in dem Türklingeln eingelassen waren. Goldbuchstaben bezeichneten die Wohnungsnummern. Dann stieg man eine geschwungene steinerne Treppe mit einem schmiedeeisernen Geländer empor, dessen Gitter ein dichtes Geflecht von Pflanzen darstellte.

Der Kontrast zur funktionalen Wohnschachtel des städtischen Sozialbaus am St.-Nikolaus-Platz hätte nicht größer sein können. Meinem Vater, der damals acht war, muss es wie Schloss Schönbrunn vorgekommen sein. Ganz in der Nähe befand sich ein Park, und die Grundschule war zu Fuß zu erreichen. Nach der Schule ging er zu Radio Borger und setzte sich hinter die Verkaufstheke oder besuchte den Trödelladen seiner Großeltern gleich um die Ecke.

Die alten Fotografien lassen erkennen, dass es sich um eine kurzlebige, aber wundervolle Zeit gehandelt haben muss. Es gibt viele Schnappschüsse von Leo, der am Eingang des Ladens steht. Zunächst verkündete ein einfaches Transparent, dass es sich um Radio Borger handle, dann folgte ein richtiges Firmenschild, dessen Buchstaben hoch über der Straße prangten. Die Borgers müssen gedacht haben, es sei der Beginn eines Familienunternehmens, das Generationen überdauern werde.

Die Familie kaufte ein Sommerhaus im Wald bei Kaltenleutgeben, zwanzig Kilometer südwestlich von Wien. Ein Foto zeigt meinen Vater, wie er an einem Sonnentag auf dem Land seinen Eltern strahlend über die

Radio Borger, Familiengeschäft für Radioapparate und Musikinstrumente in Wiens Landstraßer Hauptstraße Nr. 103, 1933.

Schultern blickt. Auf anderen sieht man Wochenenden im Kurort Baden, Leute, die in Badeanzügen herumtollen, eine Menge, die eine Riesenkugel vorwärts rollt. Aber über diesen Fotografien liegt der Schatten des Untergangs, das Wissen, dass es mit diesen harmlosen Freuden bald für immer vorbei sein würde.

Die österreichische Demokratie starb 1933, fünf Jahre bevor die Nazis die Macht übernahmen, wobei sich ihr Hinscheiden nach Art einer komischen Operette vollzog. Ein sozialdemokratischer Abgeordneter musste während einer entscheidenden Abstimmung auf die Toilette und bat einen Kollegen seiner Fraktion, für ihn mitzuwählen. Daraufhin entbrannte ein heftiger Streit über die Frage, ob der abwesende Sozialdemokrat das Recht gehabt habe, seine Stimmabgabe dem Kollegen zu überlassen. Das führte zunächst zum Rücktritt des Parlamentspräsidenten Karl Renner und dann auch dem seiner beiden Stellvertreter. Die Sitzung wurde vertagt, woraufhin

Bundeskanzler Engelbert Dollfuß, der Chef der Christlichsozialen Partei, die Gelegenheit ergriff und das Parlament auflöste.

Politische Meinungsverschiedenheiten wurden zunehmend auf der Straße ausgetragen – auf der einen Seite eine rechte Miliz, die Heimwehr, auf der anderen der bewaffnete Arm der Sozialdemokraten, der Republikanische Schutzbund. Im Februar 1934 artete der Konflikt zu einem regelrechten Bürgerkrieg aus, in dem der Kanzlerdiktator das Bundesheer zur Unterstützung der Heimwehr mobilisierte, das seine Kanonen unter anderem auf eine der „roten" Hochburgen richtete, den riesigen Gemeindebau Karl-Marx-Hof.

Mir war das Gesicht von Dollfuß von Leos Briefmarkensammlung vertraut: rund und pausbäckig, mit optimistischem Blick und einem quadratischen Hitlerbärtchen. Wie Hitler und Benito Mussolini wollte der Austrofaschist den starken Mann markieren, sprach aber viel zu leise und war zu klein, knapp eins fünfzig. Dass unter seiner Diktatur Witze über seine Größe verboten waren, hinderte die Leute nicht daran, ihn „Millimetternich" zu nennen oder in den Kaffeehäusern am Ring einen „Dollfuß" zu bestellen, wenn sie eine halbe Tasse Kaffee haben wollten.

Die Sozialdemokraten hatten angeboten, gemeinsame Sache mit ihm zu machen und mit vereinten Kräften gegen die Nazis vorzugehen, stattdessen aber zerschlug er die Arbeiterpartei und besiegelte durch seine Fehleinschätzungen den eigenen Untergang und den seines Landes.

Fünf Monate nach dem Bürgerkrieg wurde Dollfuß von einer Gruppe österreichischer Nazis ermordet, die sich selbst als SS-Standarte 89 bezeichneten und auf Befehl von Hitler handelten. Mit der Absicht, einen Staatsstreich durchzuführen, drangen sie in das Bundeskanzleramt ein und gaben zwei Schüsse auf Dollfuß ab. Als er tödlich getroffen in seinem Blut lag, bat er sie, einen Priester zu holen, doch die Mörder schauten ihm nur beim Sterben zu.

Der letztlich fehlgeschlagene Putsch war Hitlers Versuch, Österreich in einen willfährigen Satellitenstaat umzugestalten. Die Macht als neuer Bundeskanzler übernahm Kurt Schuschnigg, als neue Einheitspartei fungierte die Vaterländische Front, der Austrofaschismus hielt sich noch einige Jahre lang, während Hitler auf den richtigen Zeitpunkt wartete. Leos Partei, die Sozialdemokraten, wurde verboten, aber das Familienunternehmen gedieh. Wiens Juden wurden vom Staat nicht ins

Visier genommen. Sie glaubten, sie könnten den Sturm überstehen und man werde die Nazis in Schach halten. 1934 gab es knapp 200.000 Juden in Österreich, neunzig Prozent von ihnen in Wien. Trotz Hitlers Machtergreifung in Deutschland und seiner unmissverständlichen, häufig wiederholten Absichtserklärung, sein Geburtsland einem Großdeutschland einzuverleiben, ergriffen nur sehr wenige Juden die Gelegenheit, Österreich zu verlassen. Die Gemeinde wuchs sogar noch an. In den Jahren, die zum „Anschluss" führten, emigrierten nur 1.739 Juden, aber dreimal so viele jüdische Immigranten kamen in die Stadt.[11]

Die Wiener Juden fühlten sich sicher, überzeugt davon, dass ihr vermeintlicher Bund mit dem schon lange verblichenen Kaiser Franz Joseph, besiegelt durch ihren Kriegsdienst im Ersten Weltkrieg, bis in alle Ewigkeit gelte. Es war ein Massenwahn, ein kollektiver Akt der Leugnung.

Im Winter 1937/38 zog Hitler die Schlinge um den Hals der Schuschnigg-Regierung immer enger. Ende des Jahres zog der Nazimob unter Missachtung des Parteiverbots durch die Straßen, voll Zuversicht, dass seine Zeit gekommen sei.

Am 12. Februar 1938 kam es zum verhängnisvollen Besuch Schuschniggs bei Hitler in dessen Rückzugsort in den Berchtesgadener Bergen. Der österreichische Bundeskanzler glaubte, zu einem Vieraugengespräch eingeladen worden zu sein, musste aber bei seiner Ankunft feststellen, dass der „Führer", von seinen Generälen umgeben, mit der sofortigen Invasion drohte, falls sich Schuschnigg nicht der deutschen Forderung beugte, die österreichische NSDAP zu legalisieren und das Innenministerium dem Nazi-Günstling Arthur Seyß-Inquart zu überlassen.

Mein Vater erzählte mir so gut wie nichts von seinen Erinnerungen an diese Tage. Es gibt nur eine einzige Ausnahme, an die ich mich erinnern kann. In der Schule hatte ich „Österreich 1938" als Geschichtsprojekt gewählt, zweifellos, weil ich hoffte, er könnte mir helfen. Doch sein einziger Beitrag bestand in einer Erinnerung, die ihn amüsierte. Unter seinen Freunden wurde Seyß-Inquart nur als „Scheiße-im-Quadrat" bezeichnet. Bis März 1938 scheint die Stimmung also noch gut gewesen zu sein, dann nicht mehr.

Offiziell pries die Schuschnigg-Regierung das Berchtesgadener Abkommen als einen Sieg, bei dem Hitler die österreichische Unabhängigkeit garantiert habe. Nur wenige Österreicherinnen und Österreicher glaubten das.

Zu den Erinnerungsstücken aus seinem früheren Leben, die unser Großvater Leo in seinem Bungalow in Shrewsbury aufbewahrte, gehörte ein kleiner Stapel Schallplatten mit 78 U/min – schwere, zerbrechliche Schellackplatten in senffarbenen Hüllen. Darunter waren Aufnahmen von Beethoven, Mozart und Johann Strauss, aber auch Aufzeichnungen von politischen Reden. Überrascht stellte ich fest, dass auch eine von Joseph Goebbels dabei war. Ich legte sie auf den Plattenteller, um seine kalte, schnarrende Stimme zu hören, und lauschte, wie er irgendeine Rassentheorie mit unbekümmerter Selbstgewissheit verkündete.

Leo hatte auch Schuschniggs Abschiedsrede vom 11. März 1938 an die Nation aufbewahrt, die der Kanzler nach seiner übereilten Kapitulation hielt. Die Absage seiner Volksbefragung und den Befehl an das österreichische Bundesheer, sich während des deutschen Einmarsches zurückzuziehen. Knisternd und verzweifelt wird sie in den drahtlosen Apparaten bei Radio Borger in der Landstraßer Hauptstraße erklungen sein an dem Tag, als sie gehalten wurde. Wir haben „unserer Wehrmacht den Auftrag gegeben, für den Fall, dass der Einmarsch durchgeführt wird, ohne wesentlichen Widerstand, ohne Widerstand sich zurückzuziehen“, sagte er, sich mitten im Satz berichtigend. „So verabschiede ich mich in dieser Stunde von dem österreichischen Volk mit einem deutschen Wort und einem Herzenswunsch: Gott schütze Österreich!“

Innerhalb von Sekunden drängten die österreichischen Nazis auf die Wiener Straßen, schwenkten ihre Hakenkreuzfahnen und fielen über alle Juden her, deren sie habhaft werden konnten. Ein lange aufgestauter Hass ergoss sich jetzt ungehemmt über die Stadt.

„Ein Volk! Ein Reich! Ein Führer!“, grölte die Menge. Von nun an gab es keine Notwendigkeit mehr für Vielfalt, Entscheidungsfreiheit oder Zweifel. Der „Anschluss“ wurde durch „Scheiße-zum-Quadrat“ gesetzlich besiegelt.

In den frühen Morgenstunden des 12. März überschritten deutsche Truppen die Grenze und wurden bei Sonnenaufgang von begeisterten Österreichern begrüßt. Hitler passierte seine Geburtsstadt Braunau am Inn und fuhr von dort aus über Linz nach Wien. Unterwegs wurde er überall gefeiert.

Eine der Fragen, die ich meinem Vater gerne gestellt hätte, lautete, wie es war, als Junge in Wien zu sein, als die Nazis einmarschierten. In seinen Erinnerungen berichtet George Mandler von seinen eigenen Erfahrungen.

Am 13. März 1938 war er dreizehn Jahre alt und litt unter Lungen- und Rippenfellentzündung. Als er von seinem Schlafzimmerfenster nach oben sah, erblickte er deutsche Flugzeuge, die über der Stadt ausschwärmten. Von da an lag über all seinen Gedanken „eine Wolke von Angst und Vorahnung".[12]

Als George in die Schule zurückkehrte, hatte sich alles verändert. Die Nazis, die in den vergangenen vier Jahren nicht aufgemuckt hatten, stolzierten nun prahlerisch auf den Korridoren umher und trugen ihre Hakenkreuzabzeichen außen am Revers, da sie nichts mehr verbergen mussten. Sie waren die neuen Herren.

Der Schock, dass sich seine Klassenkameraden jetzt gegen ihn wandten, verfolgte George Mandler noch Jahrzehnte. Ihm wurde klar, dass der „Anschluss" „eine latente Überzeugung legitimierte", die sie im Stillen schon immer gehegt hatten. Immer, wenn er wieder in Wien war, kam unausweichlich das Gefühl der Furcht zurück, der Drang, über die Schulter zurückzublicken. Die Lösung meines Vaters bestand darin, so wenig wie möglich zurückzublicken, aber ich glaube, die Angst, von den Menschen, die er noch einen Tag zuvor für seine Freunde gehalten hatte, verachtet und abgelehnt zu werden, hat ihn nie verlassen. Nie wieder hat er sich ganz sicher gefühlt.

In Georges Schule durften die vier Juden in der Klasse zunächst noch zum Unterricht kommen, allerdings wurden sie in die letzte Reihe verbannt. Einige Wochen später kamen sie in eine andere Schule, im selben Bezirk, aber weiter von zu Hause entfernt, am Donaukanal, in einer weniger eleganten Gegend. Sicherlich wurde auch mein Dad dorthin geschickt. Von überallher mussten Juden in diese Schule gehen. Er sprach nie darüber, wie es war, so verwiesen zu werden.

George erinnerte sich, dass er einmal einen Aufsatz über Schillers *Wilhelm Tell* zurückbekam, der mit 2 benotet war. Der Lehrer nahm ihn beiseite und sagte ihm, seine Arbeit sei ausgezeichnet, aber es sei nicht mehr erlaubt, jüdischen Schülern Bestnoten in deutscher Literatur zu geben.

Als Jude auf die Straße zu gehen, bedeutete unmittelbare Gefahr. Horden von Hitlerjungen und SA-Leuten streiften umher, um Juden aufzugreifen und zusammenzuschlagen. Mein Vater wurde von früheren Klassenkameraden als Jude erkannt und durch die Straßen gejagt. Als die Braunhemden den Zehnjährigen erwischten, brachten sie ihn zur nächstgelegenen Synagoge in der Unteren Viaduktgasse und sperrten ihn dort mehrere Stunden lang ein, während seine verzweifelten Eltern die Straßen nach ihm absuchten.

Einige Monate später sah er mit an, wie die Wohnung seiner Großmutter Hermine geplündert und ihr Klavier auf die Straße geworfen wurde. Erwachsene Juden mussten sich bei der Polizei melden und wurden gezwungen, Straßenpflaster und Häuserwände zu schrubben, um die dick mit weißer Ölfarbe aufgetragenen Pro-Schuschnigg-Graffitis zu entfernen, die in den Tagen vor dem „Anschluss" vermehrt aufgetaucht waren. Die Aufgabe war im Grunde nicht zu schaffen, was aber durchaus gewollt war. Und als sei das noch nicht genug, hatte man sie eimerweise mit Lauge überschüttet, die ihnen die Haut verätzte.

Die SA war in die Hintzerstraße gekommen und hatte Leo Borger auf das Polizeirevier in der Landstraßer Hauptstraße gebracht, von wo aus er zum Arbeitseinsatz auf dem Straßenpflaster kam, umringt von höhnisch johlenden Nachbarn, die ihn noch wenige Tage zuvor höflich gegrüßt hatten, wenn sie ihm auf der Straße oder im Geschäft begegneten. Als die Juden auf der Straße knieten, wurden sie häufig von Leuten angegriffen, die sich nicht getraut hätten, es mit ihnen aufzunehmen, solange sie aufrecht vor ihnen standen. Unter der blassen Frühlingssonne brach wie ein hässlicher Ausschlag überall in Wien der Hass aus, der viele Jahre unter der Oberfläche geschwelt hatte.

In den Monaten nach dem „Anschluss" verschwanden immer mehr Männer aus Wien; sie wurden verhaftet und nach Dachau gebracht, dem ersten Konzentrationslager der Nazis. Ursprünglich für politische Gegner gedacht, entwickelte sich das KZ nach dem „Anschluss" zu einem Gefangenenlager für österreichische Dissidenten und Juden.

Bei den in Wien aufgegriffenen Juden wurde die Frage, wer wieder nach Hause und wer nach Dachau kam, offenbar per Zufall entschieden. Auf einer Polizeistation wurden den jüdischen Häftlingen wahllos die Zahlen von eins bis drei zugeteilt. Hatte man eine Eins bekommen, wurde man nach Hause geschickt, die Zweien wurden zur Zwangsarbeit in Wien eingeteilt und mussten Fußböden und Toiletten reinigen. Eine Drei kam nach Dachau und möglicherweise nie wieder nach Hause. Für einige Familien war der erste Hinweis, dass ein Vater, Bruder oder Sohn ins Lager gesteckt worden war, ein Telegramm, in dem sie aufgefordert wurden, nach Dachau zu kommen und die Asche der Männer abzuholen.

Voll Sorge, er könnte der Nächste sein, versteckte sich unser Großvater Leo mit der ganzen Familie fünf Tage und Nächte im Keller eines Freundes. Letztlich aber musste Leo das Risiko eingehen, an die Oberfläche zurückzukehren, wenn er einen Weg finden wollte, seine Familie aus Wien zu schaffen.

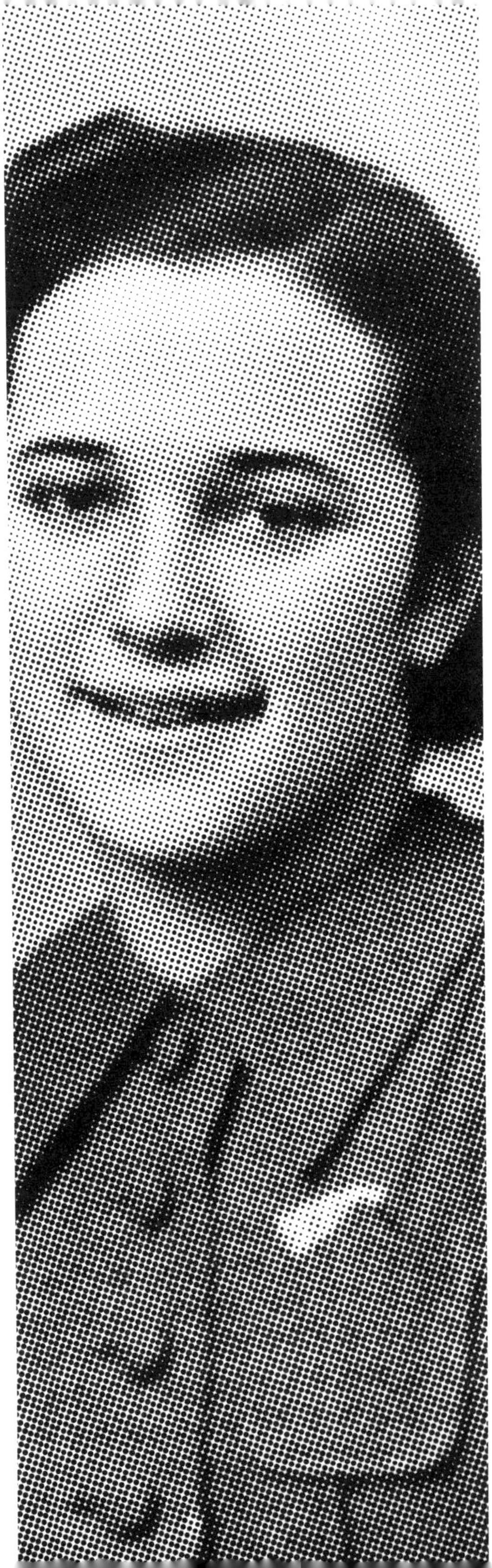

3

Gertrude und Eichmanns Klaviere

Der „Anschluss" war die Urkatastrophe im Leben der Kinder, die in den Inseraten des *Manchester Guardian* auftauchten, denn er vernichtete alles, was sie bis dahin gekannt hatten. Er war eine Flutwelle, die sie von ihren Familien trennte und sie ins Unbekannte davonriss, wo sie ihren weiteren Weg allein finden mussten.

Die Söhne und Töchter zu fremden Menschen in ein fremdes Land zu schicken, war ein allerletzter Ausweg. In Zeiten der Gefahr sagt der Instinkt allen Eltern, die Kinder ganz in ihrer Nähe zu behalten. Doch im Juni 1938, als die ersten Inserate erschienen, begann sich die Erkenntnis durchzusetzen, dass die Naziherrschaft sich noch verschlimmern würde. Letztlich würden die Eltern nicht mehr in der Lage sein, ihre Familien zu beschützen.

Die Idee, Annoncen im *Manchester Guardian* zu schalten, wurde von Wiens Israelitischer Kultusgemeinde (IKG) empfohlen, die eine Anlaufstelle eingerichtet hatte, in der die Jüdinnen und Juden der Stadt alles erfahren und erhalten konnten, was sie benötigten, um das Land zu verlassen. Das war die Bedingung, unter der die Fortexistenz der Organisation gestattet wurde, nachdem sie nach dem 12. März geschlossen worden war. Sie durfte ihren Leuten Führung anbieten, solange diese aus dem Reich hinausführte. Auf diese Weise wurde die IKG gezwungen, an der Selbstabschaffung der Gemeinde mitzuwirken. Ihre Verantwortlichen sahen keinen anderen Ausweg. Hätten sie sich geweigert, hätten die Wiener Juden keinen Einfluss darauf gehabt, wann und wohin sie hätten fortgehen müssen; dann wären weit mehr nach Dachau und in die anderen Lager gekommen.

Eine der Optionen, die von der IKG vorgeschlagen wurde, war die Österreichische Anzeigen-Gesellschaft, ein Unternehmen, das gegen eine Gebühr Annoncen in ausländischen Zeitungen schaltete. Außerdem riet die IKG den Emigranten zum *Manchester Guardian*. Zwar wurden ähnliche Inserate auch in der *Times* und im *Telegraph* aufgegeben, aber der *Manchester Guardian* schien wohlwollender gesinnt. Manchester beherbergte nach London die größte jüdische Gemeinde in England und unterhielt durch den Textilhandel Verbindungen zu Wien, und der *Guardian* hatte sich intensiver als die übrige britische Presse mit dem Schicksal der Juden unter der Naziherrschaft und ihren Schwierigkeiten im Vereinigten Königreich beschäftigt. Diese besondere Beziehung erklärt, warum fast alle Kinder-Inserate im *Manchester Guardian* aus Wien kamen.[13]

Außerdem vertraute die IKG dem Wiener Korrespondenten der Zeitung, der ebenfalls ein Jude aus Mitteleuropa war. Marcel „Mike“ Fodor war ein Ungar, der Englisch gelernt hatte, während er als Ingenieur für ein Eisen- und Stahlunternehmen im nordenglischen Scunthorpe gearbeitet hatte. 1919 kehrte er als Korrespondent des *Manchester Guardian* nach Budapest zurück. Vier Jahre später ernannte ihn C. P. Scott, der Herausgeber der Zeitung, zum Korrespondenten für Österreich und den Balkan.

Fünfundsiebzig Jahre später hatte ich mehr oder weniger die gleiche Aufgabe, wenn ich auch nie in der alten Kaiserstadt eingesetzt war. Von Warschau aus berichtete ich über Osteuropa. Anfang 1995 kam ich nach

Zagreb und Sarajevo, ohne zu wissen, dass ich mich auf den Spuren eines so interessanten und illustren Vorgängers bewegte.

Anfang der 1930er-Jahre war Fodor der unbestrittene Wortführer der Auslandspresse in Wien. Die amerikanischen und britischen Journalisten versammelten sich im Café Louvre nahe der Börse und machten sich Notizen, während er ihnen einen kurzen Überblick zu den Ereignissen des Tages gab. Zu den Zeitungsleuten, die damals an dem Tisch saßen, gehörten auch Dorothy Thompson von der *New York Herald Tribune*, die erste amerikanische Journalistin, die von den Nazis aus Deutschland ausgewiesen wurde, und ihr Ehemann Sinclair Lewis, Träger des Literaturnobelpreises. Dazu kam eine Schar anderer bedeutender Journalisten der Zwischenkriegszeit: William L. Shirer, später Autor des Bestsellers *Aufstieg und Fall des Dritten Reiches*, John Gunther, der in nahezu jedem europäischen Land als Auslandskorrespondent zum Einsatz kam, sowie der künftige US-Senator J. William Fulbright, der Ende der 1920er-Jahre die Region mit Fodor bereist hatte und zum Schluss gekommen war, dass dieser „offenbar mehr wusste als alle anderen zusammen".

Mike Fodor und sein Kreis kamen in der Regel am späten Vormittag zu einem zweiten Frühstück zusammen und sahen die Weltpresse durch, die täglich in das Louvre geliefert wurde. Mittags kehrte Fodor in seine Altstadtwohnung zurück, um seinen Artikel zu beenden, falls er an diesem Tag schrieb. Gegen 16 Uhr gab er ihn telefonisch nach Manchester durch.

Minutiös protokollierte er im Vorfeld des „Anschlusses", wie sich die Nazibewegung im Untergrund ausbreitete, und folgte Bundeskanzler Schuschnigg am Ende von dessen Amtszeit durch das Land, als er versuchte, die Nazis zu beschwichtigen und Hitlers Invasion abzuwenden. Als das misslang und die deutsche Wehrmacht über die Grenze rollte, sah Fodor, wie bereitwillig sich Österreich geschlagen gab. 200.000 Menschen strömten auf Wiens Heldenplatz zusammen, um dem „Führer" zu lauschen, wie er über den „Eintritt" seines Heimatlandes in das Deutsche Reich frohlockte.

„Die Menge ist launisch. Während sie gestern noch anderen zujubelte, schrie sie sich heute bei Hitlers triumphalem Einzug heiser vor Begeisterung", schrieb Fodor.

Am 1. April 1938 schilderte Fodor, wie brutal die Wiener Juden gedemütigt wurden. Man zwang sie, auf Knien die Straßen und öffentlichen Toiletten zu schrubben. Die wohlhabenden Mitglieder der Gemeinde, so berichtete er, hätten ihre Arbeit „in Zylindern und Morgenmänteln mit allen Ehrenzeichen und Orden" verrichtet, in dem trotzigen Versuch, einen Rest ihrer Würde zu bewahren.

Fodor war gezwungen, kurz nach dem „Anschluss" zu fliehen. Nicht nur, weil er Jude war, sondern auch, weil er auf der Fahndungsliste der Gestapo stand, seit er nach der Machtergreifung in Deutschland über Hitlers bescheidene Herkunft und seine schlichte Verwandtschaft berichtet hatte.

William Crozier, der Herausgeber des *Guardian*, drängte Fodor, seine Flucht nicht hinauszuschieben, und erklärte seinem Korrespondenten, nachdem dieser in Sicherheit war: „Vielleicht wäre Ihnen ja nichts passiert, aber wenn doch ... hätten wir auch beim besten Willen der Welt herzlich wenig für Sie tun können."

Als Fodor das rettende Prag erreicht hatte, antwortete er Crozier, dass ihm der amerikanische Geschäftsträger, ein persönlicher Freund, seinen Militärattaché geschickt habe, der ihn bis an die tschechische Grenze begleitet habe.

„Ich musste alle meine Möbel, Bilder und Silberschätze in Wien zurücklassen", schrieb er. „Hoffentlich kann ich sie eines Tages herausschaffen." Er sollte vor Kriegsende nicht mehr zurückkehren.

In seinem Abschiedsartikel schrieb Fodor: „Obwohl der Verfasser in den zwanzig Jahren, in denen er über Mitteleuropa berichtete, wiederholt Terrorereignisse mitansehen musste, werden die fünf Tage, die Wien erschütterten, wohl immer zu seinen eindringlichsten Erfahrungen in gefährlichen Zeiten gehören."[14]

Nachdem die Braunhemden Bobby Borger durch die Straßen gejagt hatten, war Leo bereit, alles zu versuchen, um ihn aus Wien herauszubekommen. Sein Appell im *Manchester Guardian*, in dem er nach einem liebevollen Menschen suchte, „der meinen intelligenten Jungen unterrichtet, 11 Jahre alt, Wiener aus guter Familie", erschien am 3. August 1938, zu Beginn einer ganzen Welle solcher Bitten, die sich über die folgenden Monate erstreckten. Dabei war rasches Handeln entscheidend, was die Aufmerksamkeit jener Engländerinnen und Engländer erregte, die wie Nans und Reg Bingley in Caernarfon nach Möglichkeiten suchten, Naziopfern zu helfen. Die Bingleys hatten bereits einen deutsch-jüdischen Lehrer während der Sommerferien aufgenommen und wollten noch mehr tun.

Die beiden Familien begannen zu korrespondieren. Nans schickte Postkarten mit Aufnahmen der walisischen Küste und Berge, Omi ein Foto von sich und Bobby auf einem Waldspaziergang. Beide lächeln sie in die Kamera, sie mit schickem, modischem Hut, Wolljacke und Lederhandschuhen; er im Pulli mit V-Ausschnitt und einem über die Schulter gehängten, dunklen Mantel. Die Fotografie war ein Jahr alt, als Omi sie schickte, und auf der Rückseite entschuldigte sie sich in ein paar deutschen Bleistiftzeilen für das lädierte Bild.

Nans und Reg machten sich sofort daran, die erforderlichen Formalitäten für Bobbys Visum zu erledigen, indem sie mit dem Zug nach London fuhren und sich auf die Stufen des Innenministeriums setzten, um den bürokratischen Vorgang zu beschleunigen und Verzögerungen bei der Postzustellung zu vermeiden. Unterdessen versteckte Leo in den Hacken seiner Schuhe einige Edelsteine, mit denen er die Reisekosten seines Sohns abdecken wollte, denn er nahm zu Recht an, dass die Nazis alles jüdische Eigentum beschlagnahmen würden, dessen sie habhaft werden konnten.

In George Mandlers Fall wurden Lehrer eingestellt, die ihm Englisch und Grundkenntnisse im Elektrohandwerk beibringen sollten, damit er, wenn er sicher in die USA oder Großbritannien gelangen sollte, seinen Lebensunterhalt verdienen könnte. Um vier Uhr morgens ging er aus dem Haus, um sich in die ständig wachsenden Warteschlangen der Menschen einzureihen, die vor den Botschaften und Konsulaten für die erforderlichen Meldeformulare anstanden.

Gleichzeitig versuchte die Familie, Förderer in Amerika und Großbritannien aufzutreiben. George schrieb die Namen und Adressen aller Mandlers im New Yorker Telefonbuch heraus – rund ein Dutzend – und ging die Handelsregister durch.

Auch vor Regierungsstellen musste er sich noch in manch andere Schlange stellen, um Formulare wie Vermögensauskünfte und Führungszeugnisse beglaubigt zu bekommen. Bei diesen Besorgungen schob Mandler Flugblätter der Kommunistischen Partei unter den Türen durch. Er wurde Aktivist, weil er das Gefühl hatte, „dass etwas getan werden musste“ und er nicht einfach zuschauen konnte, während die Nazis das Land übernahmen.

Schließlich meldete sich ein amerikanischer Förderer namens David Eisenrath, aber wegen der amerikanischen Quotenregelung wurde das amerikanische Visum erst für 1940 bewilligt.

Also setzte die Familie ein Inserat in den *Manchester Guardian* und suchte nach einer englischen Familie, die so freundlich war, George aufzunehmen „und ihm Arbeit zu geben", während sein Vater Richard sich gleichzeitig an Geschäftspartner in Amsterdam mit der Bitte wandte, eine Privatschule zu suchen, die bereit war, den Sohn aufzunehmen und eine Patenschaftserklärung abzugeben.

Die holländischen Kontakte trugen Früchte, bevor eine brauchbare Antwort auf die *Guardian*-Annonce vorlag. St Mary's Lodge, eine Schule an der Ostküste, bot George einen Platz an. Sofort ging seine Mutter Hedwig mit ihm in die Stadt, um ihm all die Kleidungsstücke zu kaufen, die die Schule in einer langen Liste aufgeführt hatte, einschließlich weißer Cricket-Kleidung.

George zu identifizieren und sein Buch zu entdecken, war ein ausgesprochener Glücksfall, der einen Eindruck von den Umständen vermittelte, unter denen unser Vater aus Wien entkam, und in mir die falsche Hoffnung nährte, es werde ebenso einfach sein, die anderen Kinder zu finden.

Aber George erwies sich als ein Sonderfall. Die meisten anderen Namen in den Anzeigen des *Manchester Guardian* waren ziemlich häufig, wodurch es viel schwerer wurde, Einzelpersonen in der Masse der Menschen zu finden, die in den Jahren 1938 und 1939 aus dem von Nazis kontrollierten Wien flohen.

Als ich online nach Hinweisen suchte, stieß ich auf die Webseite JewishGen.org, eine unentgeltlich arbeitende genealogische Gesellschaft, die von eintausend ehrenamtlichen Mitarbeitern betrieben wird. Eindringlich warnte sie auf ihrer Homepage: „Wir können nicht in der Vergangenheit leben, und wir können sie nicht zurückfordern." Doch versöhnlich fügte sie hinzu: „Aber wir dürfen zulassen, dass die Erinnerung an die Vergangenheit uns prägt, unser Identitätsgefühl prägt und das prägt, was wir an künftige Generationen weitergeben." Es hörte sich richtig an, zumal es zumindest einige meiner eigenen Beweggründe bei der Verfolgung dieses Projekts beschrieb – Beweggründe, die ich noch nicht einmal mir selbst klargemacht hatte.

JewishGen hatte auch die Eckdaten jüdischen Lebens aus der Zeit vor dem „Anschluss" aus den Wiener IKG-Registern hochgeladen: Geburt, Eheschließung, Deportation und Tod. Wenn ich mir die Geburten unter einem bestimmten Namen anschaute und dann einen Quervergleich zu dem Alter des gesuchten Kindes anstellte, erhielt ich normalerweise eine Handvoll Möglichkeiten. Je ungewöhnlicher der Familienname, desto größer die Wahrscheinlichkeit, das Kind zu finden.

Ich hatte die Hoffnung, die Spur eines jüdischen Kaufmanns aufnehmen zu können, dessen Name offenbar A. Batacha lautete. Sein *Guardian*-Inserat lautete: „... bittet jüdische Familie in Großbritannien, seine einzige Tochter, 14 Jahre alt, in ihrem Haus aufzunehmen“. Diese Tochter sei „gut erzogen, in jeder Haushaltsarbeit bewandert, spricht Deutsch, Französisch und ein wenig Englisch“, angefügt war noch, dass sie auch Klavier spiele.

Doch dieser Name tauchte nicht im Register der jüdischen Gemeinde Wien auf, oder sonst irgendwo in der Region. Ich sah mir das Inserat noch einmal in dem Online-Archiv an, weil ich mir davon Aufschluss erhoffte. Alle a im Familiennamen waren im Druck verkleckst und wiesen weitgehend die gleiche Form auf. Doch wenn man die Augen zusammenkniff, konnte man das zweite als s lesen.

Als ich dann den Namen Batscha in JewishGen eingab, erhielt ich mehrere Ergebnisse, und eines war ein gewisser Adolf Batscha, dessen Frau Vally Östreicher hieß. Sie hatten eine Tochter, die 1924 geboren war. Ihr Name war Gertrude Edith. Die musste es sein. Des Rätsels Lösung erwies sich als vierzehnjähriges Mädchen, mit einem Namen und einem Geburtsdatum, die ich in andere genealogische Seiten eingeben konnte.

Auf Findmypast gab es einen einzigen Eintrag. Gertrude E. Batscha war im britischen Wahlregister von 1948 aufgelistet und wohnte etwas südlich von London in Reigate, Surrey. Mit anderen Worten, sie hatte überlebt, und die Freude darüber erreichte mich wie ein fernes Echo über die Jahrhunderte.

Doch andere Einzelheiten gab es nicht, und schon gar keinen Hinweis darauf, was Gertrude als Nächstes getan hatte. Erst danach kam ich darauf, das Nächstliegende zu tun. Ich googelte Gertrude Batscha und gelangte auf eine Seite, die Ghetto Fighters House Archive hieß, und dort zu der Sammlung von „Yehudith – Gertrude Segal (geborene Batscha), geboren in Wien, 1924“, samt Bildern von Briefen, einem Schulheft und Zeichnungen.

Ihre Kinder Danny Segal und Ruthie Elkana hatten die Sammlung gestiftet. Ein israelischer Kollege half mir, Ruthies Telefonnummer in einem israelischen Moschaw mit Namen Nahalal zu finden. Die ländliche

Siedlung im Norden ist deshalb bekannt, weil Mosche Dayan dort aufgewachsen ist. Am 1. März 2021 rief ich Ruthie an.

Ich war nervös und sprach viel zu schnell, als ich ihr erklärte, in welcher Verbindung sie und ich durch unsere Eltern, Wien und den *Guardian* standen. Sie bestätigte, dass sie Gertrude Batschas Tochter und dass Danny Segal Gertrudes Sohn sei, und schlug mir vor, alles, was ich wüsste, in einer E-Mail darzulegen.

Ich schrieb sofort eine Nachricht und bekam binnen zwei Stunden eine Antwort von Danny, einem Professor für Molekulare Mikrobiologie und Biotechnologie. Er dankte mir für die „bewegende Botschaft".

„Es war wie in vielen Familien mit Holocaust-Erbe: Als wir Kinder waren, sprachen unsere Eltern kaum mit uns über ihre Vergangenheit", schrieb er. Ruthies und Dannys Gesichter erschienen in separaten Kästchen auf dem Bildschirm, als wir uns einige Tage später auf Zoom unterhielten. Sie hatten bereits von dem Inserat gewusst, Dannys Tochter hatte es 2014 gefunden.

„Es war ergreifend", sagte Ruthie, „ich war tief berührt."

Nachdem Danny 1979 geheiratet hatte, brach Gertrude, aus der Yehudith geworden war, auf Drängen ihrer neuen Schwiegertochter ihr Schweigen über die Vergangenheit und schrieb ihre Erinnerungen für die Familie unter dem bezeichnenden Titel *Weil ihr es wissen wolltet* nieder. 2002, ein Jahr bevor Yehudith an Krebs starb, ließ die Familie den Text als Broschüre drucken. Sie schickten ihn mir. Er war nicht so geschliffen wie George Mandlers Erinnerungen, da er nicht zur Veröffentlichung bestimmt war. Fast ein Jahr lang hatte Gertrude sich jeden Morgen an den Küchentisch gesetzt und alles aufgeschrieben, woran sie sich erinnern konnte.

„Ich habe das Gefühl, als kämpfte eine Hälfte von mir gegen die andere in dem Wunsch zu vergessen, statt zu erinnern, und mir wird klar, dass das wohl schon mein ganzes Leben lang so geht", schrieb sie. Sie widmete den Text den Enkeln ihrer Eltern, „die nie die Möglichkeit hatten, einander kennenzulernen". Was folgte, war ein detaillierter Bericht über die Zerstörung einer Familie. Die Batschas wohnten in Margareten, dem fünften Wiener Bezirk, unweit des Schlosses Belvedere in einem Wohnhaus, das aus Backsteinen erbaut und mit hübschen Gesimsen verziert war. Ihr Vater Adolf betrieb einen Lebensmittelgroßhandel. Die Mutter Walburga (Vally) war von ihren Eltern gezwungen worden, die Verlobung mit der

Liebe ihres Lebens, einem Opernsänger, zu lösen und diesen korpulenten, elf Jahre älteren Mann zu heiraten, der ein Glasauge hatte, das etwas größer war als das echte.

Adolf vergötterte Vally und Vally lernte, Adolf zu akzeptieren. Beide beteten Gerti an, ihr einziges Kind. An jedem Sonntag im Winter ging sie mit ihrem Vater eislaufen, anschließend lauschten sie den Walzern, die im Musikpavillon gespielt wurden. An Frühlings- und Sommerwochenenden fuhr die erweiterte Familie mit der Straßenbahn zum Spazierengehen und Picknicken in den Wienerwald.

Adolf, Gertrude und Vally Batscha, 1939.

In ihren Erinnerungen schwärmte Gertrude von dieser idyllischen Kindheit, um dann zu berichten, wie diese ein jähes Ende fand. Am 25. Januar 1938 stand sie auf dem Dach ihres Wohnhauses, um ein Nordlicht zu bewundern, das riesige Bänder und Bögen in Purpur und Grün an den Nachthimmel warf.

Ende Januar fegte ein gewaltiger magnetischer Sturm über die Welt, dessen Lichtzauber bis in südliche Regionen wie Sizilien und Südkalifornien reichte. Die Katholiken nannten ihn Fatima-Sturm und behaupteten, mit ihm sei die Prophezeiung einer Erscheinung der Jungfrau Maria gegenüber drei jungen portugiesischen Schäfern in Erfüllung gegangen. Große Teile Wiens sahen darin ein gutes Omen und versammelten sich in der Stadt, um zu feiern. Gertis Angehörige und Freunde standen auf dem Dach ihres Wohnhauses und hatten ein ungutes Gefühl, denn sie sahen in den Zeichen am Himmel die Vorboten einer Tragödie. Lange brauchten sie nicht zu warten, um sich bestätigt zu sehen.

Keine zwei Monate später, am Vorabend des Nazi-Einmarsches, holte Gertis Mutter ihre Tochter vom Stenokurs ab und brachte sie, „eng an den Häuserwänden entlang“, nach Hause. Dort setzte sie sich mit ihr hin und erklärte ihr, was in der Stadt geschah. Gerti fragte, ob es gut oder schlecht sei, und ihre Mutter sagte, für die Juden sei es sehr schlecht.

An diesem Abend lauschten die Batschas am Familienradio Schuschniggs Abschiedsrede, und als er seine letzten Worte sagte, veränderte sich ihre Welt von einem Augenblick auf den anderen.

Lärm brandete auf und suchte sich seinen Weg durch die Straßen. „Das Gebrüll ertönte näher und lauter; ein gewisser Rhythmus ließ sich erkennen, und sehr bald konnten wir die schreckliche Naziparole deutlich hören: ‚Sieg Heil!‘, riefen sie“, schrieb Gerti.

„Der Rhythmus dieser Parole ist so hypnotisierend, dass er seine Anhänger zu hysterischer Begeisterung aufputscht. Das rhythmische Gebrüll versetzte sie in eine Art Rauschzustand. Umgekehrt ist es als Antikörper im Blut der Leidtragenden verblieben und ließ sich nie wieder ausmerzen.“

In ihrem späteren Leben erlitt Yehudith Segal jedes Mal eine unwillkürliche Schockreaktion, wenn Menschenmassen anfingen, Parolen zu skandieren, egal, welche Botschaften sie enthielten. Mit dem hypnotischen Rhythmus gäben die Menschen ihren individuellen Willen an die Masse ab, schrieb sie, „das Herz schlägt schneller, Schauer jagen über die Haut, auf der Brust lastet ein schweres Gewicht".

In der Nacht des „Anschlusses" hielten die Sprechchöre bis in die frühen Morgenstunden an; vergebens versuchte Gerti sie auszublenden, indem sie alle Fenster schloss, die Vorhänge zuzog, ihre Ohren im Bettzeug vergrub. Binnen wenigen Tagen musste sie in eine Schule wechseln, die rein jüdisch war, von einigen nichtjüdischen Lehrern abgesehen, die Regimegegner waren, und später wegen ihrer Tätigkeit Repressalien ausgesetzt waren. Als das Schuljahr im Juni vorbei war, verließ sie die Schule und kehrte nie wieder zurück. Im Alter von dreizehn Jahren war ihre Schulzeit fürs Erste beendet.

In diesem Sommer liefen sie und ihre beste Freundin Evi eines Tages durch die Straßen und bemerkten einen Trupp Soldaten, der vor dem Opernhaus aufmarschierte, angeführt von Generalfeldmarschall Hermann Göring, der aufrecht in seinem offenen Wagen stand, in weißer Uniform und grotesk behängt mit Orden und Ehrenzeichen aller Art, eine gespenstische Mischung aus Clownerie und Einschüchterung.

Täglich veränderte sich das Leben der Batschas, jedes Mal zum Schlimmeren. Ihr Stubenmädchen musste Hals über Kopf ausziehen, da es Ariern seit den Nürnberger Gesetzen verboten war, in einem jüdischen Haushalt zu leben. Adolf Batscha ließ eine weitere Familie in die Wohnung einziehen, um einer Ausweisung oder zwangsweisen Teilung des Wohnraums zuvorzukommen. Es waren die Katzes, Freunde der Familie aus Polen, die sich mit Fluchtgedanken trugen. Als Ostjuden wussten sie, was Verfolgung und Armut heißt, wobei sie Erstere mehr fürchteten als Letztere.

„Zunächst galt es, die eigene Haut zu retten", schrieb Yehudith. „Ihr Geld, so sagten sie, könnten sie später wieder verdienen."

Diese Klarheit fehlte ihrem Vater. Adolf Batscha hatte seinen Lebensmittelgroßhandel zu einer bedeutenden Firma mit zwanzig Angestellten ausgebaut. Das Unternehmen war sein Leben und daher hielt er viel zu lange an ihm fest. Adolf wusste, was Armut heißt, und wollte sie auf keinen Fall noch einmal erleben; mit fünfzig Jahren fühlte er sich außerstande, noch einmal ein Vermögen zu erwerben. Seine Frau Vally dagegen hatte nie Not oder beengte Verhältnisse erlebt und war durchaus bereit, noch einmal von vorne anzufangen, solange das in Europa und damit in der Nähe ihrer Familie in der Tschechoslowakei geschah.

In den jüdischen Familien Wiens war „Umschulung“ das Wort der Stunde. In Erwartung des Tages, an dem sie fliehen mussten, waren die meisten Erwachsenen und älteren Jugendlichen verzweifelt bemüht, sich Fähigkeiten anzueignen, die ihnen vielleicht ermöglichten, sich im Ausland ihren Lebensunterhalt zu verdienen. Unser Großvater Leo erlernte die Grundlagen des Friseurhandwerks und hatte sich zu diesem Zweck Scheren und einen Satz Haarschneidemaschinen zugelegt, mit denen er mir Jahrzehnte später die Haare schneiden sollte. Unsere Großmutter Erna nahm wie viele andere Wiener Frauen an einem Kochkurs teil, der sie auf ein Leben „im Dienstbotentrakt“ eines britischen Haushalts vorbereiten sollte. In der geräumigen Wohnung der Familie Batscha richtete eines der Katz-Mädchen eine Werkstatt für die Herstellung von Lederhandschuhen ein.

Gerti war bereit, sich die Fertigkeiten einer Hausangestellten anzueignen. Sie sprach Englisch und kannte sich in der Haushaltsführung aus. Doch Adolf verweigerte sich. Er fand keinen Zugang zu der Sprache und konnte schon lange keine Haushaltspflichten mehr für sich selbst übernehmen, geschweige denn für andere. Schließlich hatte er sich sogar damit abgefunden, dass er aufgrund der Arisierungsgesetze die Kontrolle über seine Firma verlor, klammerte sich aber noch an die Hoffnung, er könne sein Vermögen irgendwie retten. Jeden Gedanken an die eigene Ausreise wies er weit von sich.

Der Lebensmittelhandel hatte Adolfs Leben täglich einen Sinn gegeben, über den er sich deshalb keine Gedanken hatte machen müssen. Ohne diesen Sinn hatte er einen Zusammenbruch und versank in Verzweiflung. Gerti traf ihn an, wie er vor einem großen Ölbild seiner geliebten verstorbenen Mutter kniete, hemmungslos weinte und diese um Hilfe bat. Der Anblick des vermeintlichen Beschützers, der von dem Gewicht seiner einstürzenden Welt zermalmt wurde, jagte dem vierzehnjährigen Mädchen einen heillosen Schrecken ein.

Nach Adolfs Zusammenbruch steckte Vally Batscha den Öffnungshahn für die Gasleitung der Wohnung in ihre Handtasche, wenn sie fortging, um ihrem verstörten Ehemann wenigstens einen Weg zur Beendigung seines Lebens zu verbauen.

Wien war schon lange vor 1938 die europäische Suizid-Hauptstadt. Nach dem „Anschluss“ nahm er epidemische Ausmaße an. Allein in den ersten beiden Monaten berichtete die Jüdische Kultusgemeinde von fünfhundert Selbsttötungen, und das waren nur die offiziellen Angaben. Die wirklichen Opferzahlen gingen in die Tausende.[15] „Suizid begann man in jedem jüdischen Haushalt als eine vollkommen normale und natürliche Episode anzusehen, schrieb George E. R. Gedye, der Mitteleuropa-Korrespondent der *New York Times*. „Es ist völlig unmöglich, irgendjemandem außerhalb Österreichs eine Vorstellung davon zu vermitteln, wie sachlich die Juden des Landes heute über diesen Ausweg aus ihrem Elend sprechen", schrieb er in dem Buch *Die Bastionen fielen*, seinen Erinnerungen an diese Zeit. Seine jüdischen Freunde sprächen über ihre Pläne, sich das Leben zu nehmen, „wie sie einst über eine einstündige Zugfahrt redeten".[16]

Doch Leo wollte leben. Am 22. März begab er sich zum Verein der Kriegsteilnehmer und ersuchte um Schutz, denn er hoffte, sein Militärdienst für das alte Österreich werde noch einen kleinen Restwert bewahrt haben in der seltsamen, unbarmherzigen deutschen Provinz, die daraus geworden war.

Er wurde mit einer handgeschriebenen Notiz auf einer ausgerissenen Seite eines Schulheftes abgespeist, in der es hieß: „Laut der hier vorgelegten Urkunde über die Entlassung aus dem Militärdienst war Leo Borger ein Frontsoldat und ist als solcher zu behandeln. Gemäß der Richtlinie des Gauleiters kann das Schild ‚jüdisches Geschäft' von dem Laden entfernt werden."

Es handelte sich um eines der Blätter in der Schachtel, die ich von Leo geerbt hatte. Es war ein armseliges Dokument; sein ohnehin geringer Schutzwert wurde zusätzlich gemindert durch den Umstand, dass der Text hastig hingekritzelt war und den alles entscheidenden Hakenkreuzstempel vermissen ließ.

Als Leo mit diesem Fetzen Papier nach Hause ging und dessen Nutzlosigkeit zwischen seinen Fingern spürte, dürfte er die letzte verzweifelte Hoffnung verloren haben, die jahrzehntelangen Assimilationsversuche der Borgers könnten seine Familie retten.

Eines Tages im April 2021 wurde an meiner Tür in einem Washingtoner Vorort ein großes, schweres Paket abgegeben. Anhand der Briefmarken war ersichtlich, dass es aus Wien kam; darin befand sich ein zwei Kilo schwerer Packen Papiere aus dem österreichischen Staatsarchiv, die

Antwort auf eine E-Mail-Anfrage, die ich zwei Monate zuvor abgeschickt hatte, um zu erfahren, ob irgendetwas in ihren Unterlagen in Verbindung mit Leo Borger stehe.

Mein erster aufgeregter Gedanke war, dass sich unter einem solchen Berg von Papier die Antworten auf alle möglichen Fragen befinden müssten, die ich zum Leben der Borgers in Wien gestellt hatte. Doch schon eine erste Durchsicht machte rasch deutlich, dass mir dieser Stapel von Fotokopien nur eine schreckliche Fülle von Details über eine einzige Angelegenheit offenbaren würde: die „Arisierung" von Radio Borger.

Der Zwangsverkauf jüdischen Eigentums an „Arier" zu staatlich festgesetzten Nominalpreisen war Diebstahl in gigantischem Ausmaß, der den Nazis fünf Prozent aller ihrer staatlichen Einnahmen 1938/39 eintrug. Aber der Diebstahl war in eine dicke Schicht heuchlerischer Legalität und Bürokratie verpackt. Was an diesem Frühlingstag mit einem dumpfen Aufschlag auf meinen Eingangsstufen landete, war eine geronnene Masse dreister Lügen.

Das oberste Dokument war ein Formular in Frakturschrift, auch als „Gebrochene Grotesk" bezeichnet, das mit dicken schwarzen Überschriften und Ausrufezeichen hervorhob, was für furchterregende Strafen drohten, wenn es nicht korrekt ausgefüllt werde. Es diente der „Anmeldung der Vermögen von Juden", wie sie durch die Verordnung vom 26. April 1938 verlangt wurde.

Leo nannte Namen, Beruf, Adresse und Geburtsdatum. Die nächste Zeile begann mit „Ich bin Jude". Er führte das Radiogeschäft und den Trödelladen auf, merkte aber an, dass der Beamte, der die „Arisierung" kontrollierte, diesen beiden Listenpunkten noch einen Wert zuweisen müsse.

Beigefügt waren diesem Formular Dutzende maschinengeschriebene Briefe einer langen Reihe einander ablösender Beamter, die beauftragt waren, die Beschlagnahmung von Radio Borger zu beaufsichtigen. Einige setzten unserem verwirrten Großvater geduldig auseinander, warum die Vermögenswerte des Geschäfts herabgesetzt werden müssten: Die Lautsprecher seien alt, die Schallplatten aus der Mode, die Noten von jüdischen Komponisten und damit von vornherein ohne Wert.

Ein anderer Vorwand war die Behauptung, die Möbel im Trödelladen seien während der Wirtschaftskrise für einen Spottpreis in Zwangsversteigerungen nach Zwangsräumungen verkauft worden.

„Wir wissen alle, dass diese Situation von den Juden ausgenutzt wurde", erklärte der Aufsichtsbeamte. „Ich kann nicht einsehen, dass die arischen Käufer höhere Preise zahlen müssen als die Juden, wenn sie in irgendeiner Weise von der Arisierung profitieren sollen."

Es gab eine separate Korrespondenz über fünf Klaviere, die Radio Borger gehörten und in Kommission verkauft werden sollten. Die Einnahmen gingen an die *Vermögensverkehrsstelle*, die im Mai 1938 zur Abwicklung der „Arisierungen" eingerichtet worden war. Das gesamte System war darauf ausgerichtet, die jüdische Bevölkerung so schnell wie möglich zu vertreiben und sie gleichzeitig auf effiziente und perfide Weise ihres Eigentums zu berauben. Dieses Konzept, das innerhalb der Nazi-Bürokratie bald als „Wiener Modell" bekannt werden sollte, wurde weitgehend von einem aufstrebenden SS-Untersturmführer namens Adolf Eichmann entworfen. In gewisser Weise waren sie zu Eichmanns Klavieren geworden.

Der Diebstahl von Musikinstrumenten war nur der Anfang für den in Linz aufgewachsenen Sohn eines Buchhalters. Das „Wiener Modell" stand Pate für die staatliche Ausplünderung und Vernichtung der jüdischen Gemeinden im gesamten Dritten Reich, Eichmanns Erfolg bei der Vertreibung von mindestens 100.000 Juden aus Wien verschaffte ihm später eine Stellung in Berlin, wo er die jüdische „Auswanderung" und schließlich die Massendeportation von Juden aus dem ganzen Reich in die Todeslager leitete.[17]

In der weiteren Korrespondenz wurde Leo einfach in der dritten Person als „der Jude" bezeichnet. Der „Arier", der sich Radio Borger aneignen wollte, war der dreiundsechzigjährige Elektriker Karl Krejcik, der in seinen Briefen wiederholt die Loyalität betonte, die er der Partei gegenüber bewiesen habe, als sie noch verboten gewesen sei. Selbst in diesen dunklen Zeiten seien die meisten seiner Kunden Nazis gewesen und die geheime Parteizentrale habe er mit Funkgeräten zu ermäßigten Preisen versorgt.

Krejcik hatte seine Stellung als Elektriker 1932 während der Wirtschaftskrise verloren und sich nun eine winzige Werkstatt im dritten Bezirk gemietet. „Obwohl ich nur über einen sehr kleinen Raum von zehn Quadratmetern ohne Schaufenster verfüge, konnte ich meinen Kundenkreis ausweiten", schrieb er in seiner Eingabe. Seit dem „Umbruch" habe er das Büro Josef Bürckels, des „Reichskommissars für die Wiedervereinigung Österreichs mit dem Deutschen Reich" und späteren Wiener Gauleiters, sowie eine Reihe mittlerer Parteifunktionäre mit Funkgeräten versorgt.

Seine Bewerbung lässt erkennen, dass er mit seinem Schicksal haderte und der Partei bedingungslose Treue entgegenbrachte, also genau zu dem Menschenschlag gehörte, der von der „Arisierung" profitierte.

„Als Vollarier ist es für mich absolut notwendig, mit dem Geschäft und meinen Angestellten in eine günstiger gelegene Straße umzuziehen", betonte Krejcik.

Der erste zeitweilige Verwalter, ein Mann namens Joachim Fasching, scheint den Versuch unternommen zu haben, sich das Geschäft selbst unter den Nagel zu reißen, was ihm prompt eine Klage von Krejciks Anwalt eintrug und die Drohung, ihn seines Amtes entheben zu lassen.

Am Ende erhielt Krejcik Radio Borger und den Trödelladen für den lächerlichen Betrag von 6.000 Reichsmark (ungefähr 35.000 Euro in heutigem Geld), zuzüglich einer Gebühr von 1.000 Reichsmark, zahlbar an den Staat.

Im Gegensatz zu Leo fand Adolf Batscha, Gertis Vater, einen Weg, die ganze Bürokratie der „Arisierung" zu umgehen, indem er ein Geschäft mit einem örtlichen Lebensmittelhändler abschloss, das den Verkauf des Unternehmens zu einem hohen Preisnachlass vorsah. Die Firmenleitung übernahm der Sohn des neuen Eigners, den Adolf Batscha in die Geheimnisse der Branche einweihen sollte, während Adolf dafür ein bescheidenes Entgelt erhielt, das ausreichte, um wenigstens die verlangten Steuern an das Reich abzuführen.

In Leos Fall arbeitete die staatliche Arisierungsmaschine monatelang, bis der Abend des 9. November 1938 kam und eine Nacht anbrach, die das bereits unerträgliche Los der Wiener Juden noch einmal unermesslich verschlimmern sollte.

Zwei Tage zuvor hatte sich Herschel Grynszpan, ein siebzehnjähriger Flüchtling aus Hannover, in der deutschen Botschaft in Paris bis zum Botschaftssekretär Ernst vom Rath durchgefragt und ihn dann mit zwei Schüssen niedergestreckt. Hinterher erklärte er, er habe es im Namen aller verfolgten Juden getan. Vom Rath starb am 9. November, der zufällig der fünfzehnte Jahrestag des gescheiterten Naziputsches in München war, deshalb hielt sich Hitler an diesem Abend in der bayerischen Hauptstadt auf, um mit altgedienten Braunhemden der SA des Ereignisses zu gedenken, als ihn die Nachricht von dem Attentat erreichte. Nach einem ruhigen Gespräch des „Führers" mit seinem Propagandaminister Joseph Goebbels hielt dieser eine flammende Rede zu Ehren des getöteten Diplomaten. Man könne sich diesen Angriff des Weltjudentums nicht gefallen lassen, erklärte der Propagandachef den versammelten Parteigrößen und wies sie an, etwaige Vergeltungsmaßnahmen nicht zu behindern.

„Nachmittags wird der Tod des deutschen Diplomaten vom Rath gemeldet. Nun aber ist es g[ar]", trug Goebbels an diesem Tag in sein Tagebuch ein. „Ich trage dem Führer die Angelegenheit vor. Er bestimmt: Demonstrationen weiterlaufen lassen. Polizei zurückziehen. Die Juden sollen einmal den Volkszorn zu verspüren bekommen. Das ist richtig. Ich gebe gleich entsprechende Anweisungen an Polizei und Partei. Dann rede ich kurz dementsprechend vor der Parteiführerschaft. Stürmischer Beifall. Alles saust gleich an die Telephone. Nun wird das Volk handeln."[18]

Eine Schockwelle der Zerstörung fegte über das Land. Heute als Novemberpogrome bezeichnet, wurden die Ereignisse anfangs mit dem schrecklichen Wort „Kristallnacht" bezeichnet, die Nacht des zerbrochenen Glases. In Wien wüteten Braunhemden und Hitlerjugend völlig hemmungslos. Bis auf eine wurden alle zweiundzwanzig Synagogen der Stadt niedergebrannt und die zweiundvierzig Bethäuser ausnahmslos zerstört. Fast zweitausend Juden wurden gewaltsam aus ihren Häusern vertrieben, über 6.500 Männer verhaftet und mehr als viertausend Geschäfte in jüdischem Besitz angegriffen.[19]

Radio Borger mit seinen Schaufenstern in der Landstraßer Hauptstraße war ein allzu verlockendes Ziel. Das Geschäft wurde geplündert und ausgeraubt. Da es Krejcik noch nicht übertragen war, setzte man den Preis des Schadens wegen herab. Er musste nur 5.000 Reichsmark für das Geschäft bezahlen, als die Transaktion am 21. November endlich abgewickelt wurde, ein Preisnachlass von siebzehn Prozent.

Die *Vermögensverkehrsstelle* wies in einem Schreiben vom 8. Februar 1939 darauf hin, dass Leos Vermögen infolge der Wertminderung die Grenze unterschreite, ab der die „Sühneleistung" zu entrichten war, die man den Juden nach den Novemberpogromen auferlegt hatte. Damit sollten sie den Schaden bezahlen, der ihrem Eigentum zugefügt worden war. Die Steuer lag anfangs bei zwanzig Prozent aller Vermögenswerte und wurde später auf fünfundzwanzig Prozent erhöht.

Grausame Absurditäten wurden auf absurde Grausamkeiten gehäuft: Fünf Monate später besannen sich die Beamten und das Amt behauptete, ein Berechnungsfehler habe zu einer Unterbewertung der Borger-Besitztümer geführt, daher müsse Leo die Steuer nun doch entrichten – allerdings war der zu diesem Zeitpunkt bereits geflohen und konnte nicht mehr „sühnen".

Gerti Batscha war damals vierzehn und konnte sich nicht mehr an viele Einzelheiten erinnern, nur dass „alle judenfeindlichen Maßnahmen verstärkt wurden, dass alles, was unangenehm, schlecht und schrecklich war, schlimmer wurde, bedrohlicher, dass die Falle sich enger zusammenzog".

Auf der einen Seite der Falle war die wachsende Mittellosigkeit. Es gab für Juden immer weniger Möglichkeiten, Geld zu verdienen, und ihre Ersparnisse waren großenteils enteignet worden. Auf der anderen Seite litten die Familien, die fliehen wollten, unter einer hohen Steuerlast, die stetig – und manchmal exponentiell – anstieg.

Jeder, der versuchte, das Reich zu verlassen, musste eine „Reichsfluchtsteuer" bezahlen, die sich auf ein Viertel des Gesamtvermögens belief. 1931 war die Steuer als eine Maßnahme gegen die Kapitalflucht eingeführt worden, doch die Nazis verwandelten sie in ein Mittel, von dem Exodus der Juden zu profitieren. Was jüdischen Familien nach Abzug der Steuer blieb, musste auf eingefrorenen Konten deponiert werden, von denen Geld sich nur noch gegen Strafgebühren abheben ließ. Im Juni 1934 betrugen diese Gebühren zwanzig Prozent. Im September 1938 lagen sie bei neunzig Prozent. In der Zwischenzeit stiegen die Preise für Zug- und Schiffsreisen. Je länger ein Jude brauchte, um aus Wien zu fliehen, desto schwieriger wurde das Entkommen.

Leo erhielt von Krejcik nie die ausgemachte Kaufsumme. Am 22. November 1938 beschwerte er sich in einem Schreiben an die *Vermögensverkehrsstelle* darüber, dass die erwartete Einzahlung bei ihm nie eingegangen sei.

„Ich bitte höflich darum, dass die abschließende Arisierung der Firma umgehend durchgeführt wird", schrieb Leo. „Ich hoffe, dass ich in absehbarer Zeit in der Lage sein werde, ins Ausland zu reisen, ein Vorhaben, für das ich eine größere Summe Geldes benötigen würde."

Zu diesem Zeitpunkt waren mein Vater und meine Großmutter, Robert und Erna, schon lange geflohen. Leo, der zurückgeblieben war, bemühte sich, ebenfalls hinauszukommen.

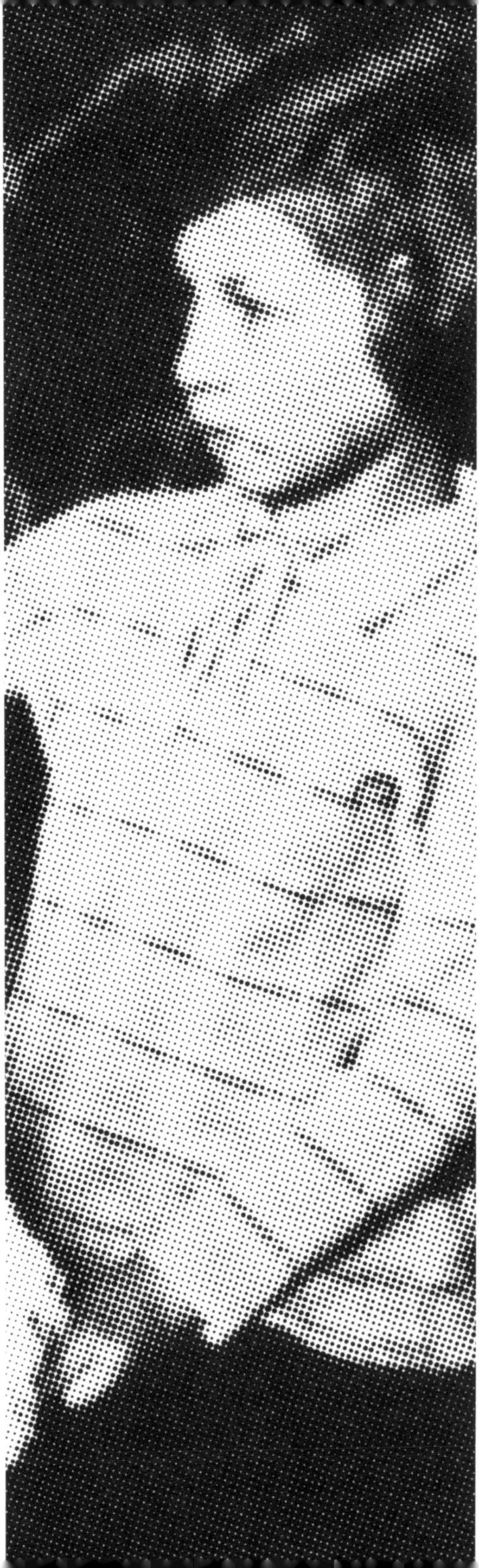

4

Fluchtwege: Alice und der Westbahnhof

Egal, aus welcher Ecke Wiens sie kamen, und egal, wohin sie fuhren, mein Vater und all die anderen Kinder aus den Inseraten im *Manchester Guardian* mussten durch dasselbe Tor, den Westbahnhof.

Wer dort 1938 aufbrach, fühlte sich vielleicht daran erinnert, dass diese Endstation einmal das Entree zum Zentrum einer Großmacht war. Mitte des 19. Jahrhunderts war der Westbahnhof ein Wahrzeichen der Modernität mit einem hohen Giebeldach aus Eisen und Glas, das sich, flankiert von zwei Türmen, schwindelerregend über seine fünf Bahnsteige erstreckte. Hier wurden westliche Besucher von der Hauptstadt der Habsburgermonarchie in Empfang genommen, aber nach 1938 verkam er zu einem Schlund, aus dem der verwundete, unterdrückte Rumpf dieses ehemaligen Reiches seine unerwünschten Bürger ausspie.

Den großen Endbahnhof gibt es schon lange nicht mehr. 1945 wurde er während der Bombenangriffe zerstört; an seiner Stelle befindet sich ein schlichtes Gebäude aus den 1950ern, dessen Vorderseite von einem Neubau mit glänzender Fassade eingefasst ist. Ich stieg die Stufen zur Ankunftshalle hinauf, um einen Eindruck von der Aussicht zu bekommen, die sich meinem Vater und den anderen Flüchtlingskindern bei ihrem letzten Blick auf Wien bot.

Heute hat jeder Bahnsteig ein eigenes Betondach, während die Gleise unter freiem Himmel liegen. Man fühlt sich eher an einen Vorstadtbahnhof erinnert. Während die Pendler am späten Vormittag eines Sommertags an mir vorbeieilen, stand ich dort eine Weile und schaute entlang der Gleise nach Westen, wo die Stadt durch eine Schneise einen Blick auf einen grünen Ausschnitt des Wienerwalds freigab, den Beginn der Alpen.

Geht man von der Eingangshalle ein paar Stufen hinunter, gelangt man zu einer Bronzestatue der venezolanischen Bildhauerin Flor Kent. Die Skulptur stellt einen jüdischen Flüchtlingsjungen dar, der auf seinem Koffer sitzt, ein Denkmal, das an die Kinder erinnert, die gezwungen waren, ihre Familien zu verlassen. Der Junge hat ein rundes, ängstliches Gesicht, einen geraden Pony und trägt eine locker sitzende Jacke, eine dreiviertellange Hose und Socken, von denen eine hochgezogen und eine runtergerutscht ist. Er mag vielleicht acht Jahre alt sein, also drei Jahre jünger als mein Dad zu dem Zeitpunkt, da er hier war, aber den Koffer erkannte ich sofort. Braunes Leder mit Messingverschlüssen und verstärkten Ecken, typisch für die Zeit. Ich habe noch immer den genauso aussehenden Koffer, den meine Großeltern Dad für seine Reise nach London kauften.

Die Inschrift auf dem grauen Steinsockel unter dem bronzenen Jungen trägt die Widmung „… dem britischen Volk in tiefster Dankbarkeit", weil es Zehntausenden Kindern, Juden und Nichtjuden, das Leben rettete, die 1938 und 1939 vor den Nazis flohen. Unten auf dem Stein steht eine Zeile, die Talmud und Koran gemeinsam haben: „Wer ein einziges Menschenleben rettet, der ist, als hätte er die ganze Menschheit gerettet."

Ich stellte mir die Kinder aus dem *Manchester Guardian* in dem alten Westbahnhof vor, wie sie ihre Lederkoffer hinter sich herzogen, umsorgt von ihren Eltern, die bemüht waren, sich Kummer und Angst nicht anmerken zu lassen. Einige der Kinder hatten jetzt Namen und Gesichter

Jüdische Kinder und Jugendliche nach ihrer Ankunft in England, 1938.

und Bruchstücke von Biografien, während andere, deren Geschichten ich erst noch auf die Spur kommen musste, gesichtslos blieben.

Viele ließen sich in den Archiven bis nach Großbritannien verfolgen und häufig noch auf transatlantischen Passagen nach New York, doch oft verlor sich die Spur, weil die Flüchtlinge ihre Namen in typisch angelsächsische Versionen veränderten oder jemand mit solchem Namen heirateten, dann lösten sie sich in der Menge auf oder starben einfach, ohne Kinder zu hinterlassen.

Besonders frustrierend war, dass ich anfangs nicht eruieren konnte, was mit den Kindern geschehen war, deren Inserate am selben Tag wie das meines Vaters erschienen waren – Schicksalsgeschwister, könnte man sagen, die nur durch dieses eine Detail ihrer Leben verbunden waren. Ein oder zwei Monate lang ließ ich die Inserate vom 3. August 1938 liegen und beschäftigte mich mit anderen; Anfang Januar 2021 kam ich dann wieder auf sie zurück, um mein Glück erneut zu versuchen.

In der Annonce direkt unter der meines Vaters wurde um ein „Au-pair“ für ein vierzehnjähriges Mädchen gebeten, dessen Beschreibung lautete: „... gut erzogen, Jüdin: sehr kinderlieb: kennt sich in Näh- und Haushaltsarbeiten aus“. Unterzeichnet war der Text einfach mit Hess, die Adresse lag im zehnten Bezirk.

In einer ersten Durchsicht der Archive, die ich für einen Artikel im *Guardian* durchführte, entmutigte mich die bloße Zahl des Namens Hess in den Aufzeichnungen – ich konnte keine Angabe finden, in der von einer Tochter die Rede war, die im August 1938, als die Anzeige geschaltet wurde, vierzehn Jahre alt gewesen war.

Als ich mich zu einer zweiten Recherche entschloss, suchte ich etwas weitmaschiger und bemerkte, dass ich etwas übersehen hatte. Béla und Josefine Hess hatten eine fünfzehnjährige Tochter Alice, die allerdings vierzehn gewesen sein musste, als ihre Eltern das Inserat aufgegeben hatten.

In den britischen Registern fand ich eine Alice Hess mit demselben Geburtsdatum. Die Karte vom November 1939, die sie als feindliche Ausländerin auswies, gab eine Adresse in Salford an und wies, was noch hilfreicher war, eine Namensänderung in blauer Füllfedertinte auf, die fünf Jahre später vorgenommen worden war. Am 5. November 1944 hatte sie Richard Schon geheiratet. Das Heiratsregister verzeichnete eine Eheschließung in Willesden, dann aber verlor sich die Spur der Schons. In den britischen Nachkriegs-Registern konnte ich keine Schons mehr entdecken, die infrage kamen. Auch in den Passagierlisten von Transatlantik-Linern und in den US-Registern tauchten sie nicht auf.

Das war häufig der Punkt, an dem die zerbrechliche Kette riss. Flüchtlinge verschmolzen mit dem britischen Umfeld, doch ich drehte und wendete das Problem in meinem Kopf, wie man einen abgewetzten Schlüssel in einem Schloss hin und her bewegt – und schließlich machte es klick. Schon hieß in Wirklichkeit Schön, was bekanntlich auch als Schoen geschrieben werden kann.

Auf diese Weise erhielt ich sofort ein Resultat. Alice Schoen, geboren am 18. Juli 1923 in Wien, war am 23. September 2014 in New Jersey gestorben. Sie und Richard waren unter dem Namen Schoen auf der Passagierliste der SS *Batory* eingetragen, die am 6. Juni 1948 Southampton in Richtung New York verließ. Richard war als Holocaust-Überlebender von der Shoah Foundation der University of Southern California interviewt worden und fast auf den Tag genau ein Jahr vor seiner Frau gestorben.

In einem amerikanischen Zeitungsarchiv fand ich einen kurzen Nachruf. Richard arbeitete dreißig Jahre lang in New York als Friseur, bevor er 1981 in Rente ging. Am 24. September 2013 war er mit neunundneunzig Jahren in Pompton Plains, New Jersey, gestorben. Überlebt haben ihn Alice und ihre beiden Söhne Dennis und Ronald. Ich fand in New Jersey E-Mail-Adressen für Männer mit diesen Namen und schickte ihnen am 11. Januar 2022 meine übliche formelle Anfrage, in der ich sie fragte, ob sie zufälligerweise mit der Frau verwandt seien, nach der ich suchte.

Dennis antwortete. Ronald hatte die Mail zunächst für eine Betrugsmasche gehalten. Ich schickte beiden eine Kopie der Annonce, einen „Augenöffner" nannte Dennis sie, bezogen auf das Familienleben in Großbritannien, und wir verabredeten eine Zoom-Konferenz zu dritt.

Die Schoen-Brüder waren im bedrückenden Schatten des Holocaust aufgewachsen. Beide, Alice wie Richard, waren Überlebende. Richard verlor seine Eltern, seine Schwester und seinen Bruder Leopold, der mit ihm zusammen während des Novemberpogroms aufgegriffen, verschleppt und noch in derselben Nacht ermordet worden war, weil er sich über die Behandlung beschwert hatte. Richard hatte nie darüber gesprochen, während Alice den Jungen untersagt hatte, ihm Fragen zu stellen.

Dennis hatte mir einen Essay geschickt, in dem er beschrieb, wie es sich mit einer solchen Last lebt. „Verlust, Schuld, Furcht vor Aggression und Strafe waren die beherrschenden Themen unserer Kindheit und Jugend", hieß es dort. Außerdem schickte er mir einen kurzen Erinnerungsbericht, in dem Alice ihren Söhnen schilderte, was ihr zugestoßen war.

Ihr Vater Béla war auf die Idee gekommen, Inserate für Alice und ihre Mutter Josefine in den *Manchester Guardian* zu setzen. Alices Schwester Gerty, die fast zwei Jahre jünger war, hielten die Eltern noch nicht für alt genug, um sie Fremden im Ausland anzuvertrauen.

Béla war Ungar und hatte während des Ersten Weltkriegs als Journalist gearbeitet. Dann hatte er eine Druckerei gegründet, die sich in den 1930er-Jahren zu einem Unternehmen mit achtzehn Angestellten entwickelt hatte. Mit vierzehn Jahren besuchte Alice eine Handelsschule, um Buchhaltung zu lernen und später einmal in der Firma des Vaters zu arbeiten. Sie lebten im Bezirk Favoriten, südlich des Stadtzentrums und des Schlosses Belvedere, in einer geräumigen Wohnung, die sie mit Alices Großmutter mütterlicherseits bewohnten und später von dieser erbten.

Josefine erhielt ein Dutzend Antworten auf die Anzeige, die Béla für sie geschaltet hatte, aber nur eine für Alice, von einer Familie in Manchester. Mit fünfzehn war sie zu alt, um in Großbritannien noch kostenlos die Schule besuchen zu können, das ging nur bis vierzehn, andererseits war sie zu jung, um als Kindermädchen oder Haushaltshilfe arbeiten zu können, daher bot Béla sie als unbezahltes Hausmädchen an.

Es gab für junge Frauen viele Stellenangebote als Dienstmädchen. Mit dem Wachstum der wohlhabenden Vororte und dem expandierenden britischen Arbeitsmarkt für Frauen kam es in England zu einem Mangel an Dienstboten; es gab für Außenseiterinnen viele Möglichkeiten, Hausarbeiten zu übernehmen. Als im Februar 1939 die erste Ausgabe der Zeitschrift *Housewife* erschien, brachte sie einen Artikel mit dem Titel: „Ihre Chance! Ausländische Dienstmädchen, eine gute Option".

„Dienstboten sind heutzutage sehr schwierig zu finden und zu halten", heißt es dort mitfühlend. Wenn man in Großbritannien zum Tee eingeladen sei, höre man früher oder später unweigerlich die Frage: „Aber warum nehmen Sie nicht eine deutsche Emigrantin? Oder eine österreichische oder eine tschechoslowakische", je nach Lage der Dinge.[20]

Der „Anschluss" schuf ein Angebot, das die Nachfrage befriedigte, und neben den Anzeigen für unbegleitete Kinder gab es im *Manchester Guardian* eine wachsende Zahl von „Stellengesuchen" erwachsener Wiener Jüdinnen und Juden, besonders Frauen betreffend. Insgesamt trafen in den Jahren unmittelbar vor dem Krieg zwanzigtausend jüdische Frauen aus den unter Naziherrschaft stehenden europäischen Gebieten in Großbritannien ein, um als Dienstboten zu arbeiten.

Im Juli 1938 brachte der *Guardian* einen Artikel mit dem Titel „Flüchtlingshaushälterin", in dem eine anonyme Arbeitgeberin detailliert über die Höhen und Tiefen berichtet, die man mit einem im Haus wohnenden Dienstmädchen erlebt, wobei sie am Ende zu dem Schluss kommt, der einzige Nachteil sei, dass man „von da an nicht mehr die Augen vor dem Leid der verfolgten Minderheiten Europas verschließen kann".[21]

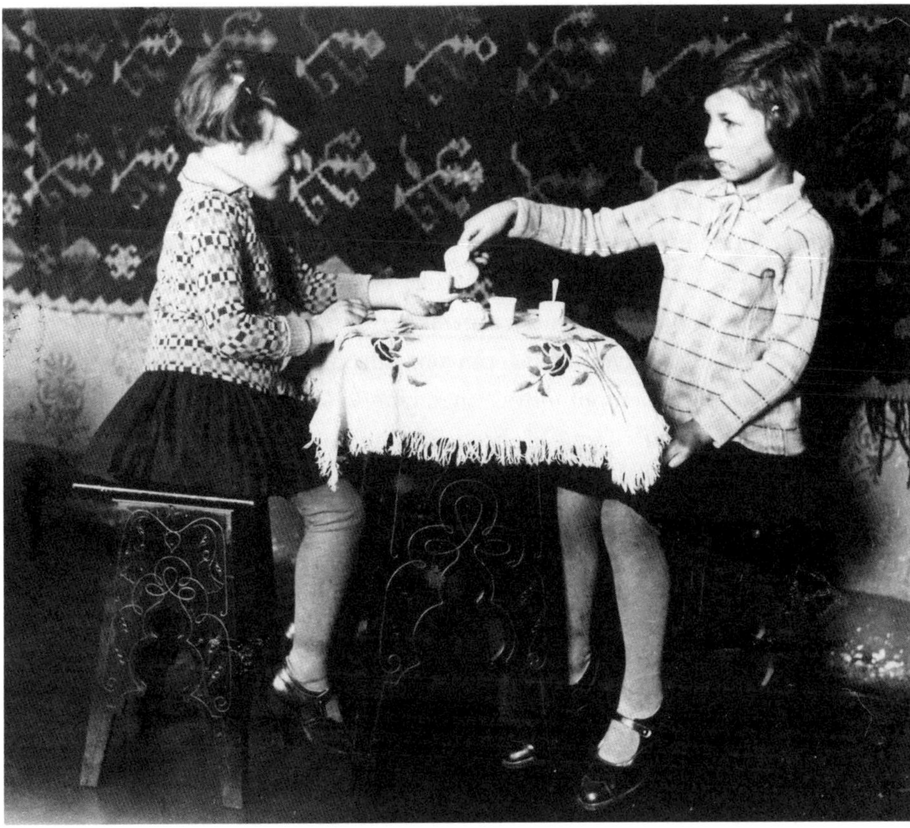

Gerty und Alice Hess in Wien, um 1931.

Leo und Erna Borger boten sich im *Guardian* am 10. Oktober 1938 in holprigem Englisch als „Ehepaar aus alter Wiener Familie" an, „bereit zu vielseitigen Tätigkeiten", auf der Suche nach „einer Dienstbotenstellung, als Paar oder getrennt".

Die Bemerkung über die „alte Wiener Familie" war etwas hoch gegriffen, da Leo als erster Borger in der Stadt geboren worden war. Auch nahm sich Leo ein paar Freiheiten heraus, als er beim Ausfüllen des IKG-Fragebogens Omis Fähigkeiten beschrieb.

„Meine Frau spricht etwas Französisch, Englisch und Tschechisch", behauptete er, wobei die Betonung auf „etwas" lag. Ebenso optimistisch fügte er hinzu: „Sie kann Schreibmaschine und Steno", neben Kochen und anderen Haushaltsarbeiten.

„Gegenwärtig ist sie dabei, ihre Fähigkeiten zu vervollkommnen", fuhr er fort, eine gewisse Fehlerspanne offenlassend.

Sparsamer ließ sich Leo in dem IKG-Fragebogen über seine eigenen Fähigkeiten aus. Der Verlust von Radio Borger durch die „Arisierung" und die rechtlichen Belastungen, die diese den Opfern auferlegte, nahmen einen Großteil seiner Zeit in Anspruch. Er hatte einen Grundkurs im Haareschneiden absolviert und nahm später seine manuellen Haarschneidemaschinen mit nach England, obwohl ihm das nicht viel half und bis zum Ende seines Lebens ein etwas ungeliebtes Hobby blieb.

Für eine Frau war es weit leichter, eine Stellung als Hausangestellte zu bekommen, als für einen Mann, der sich als Butler oder Chauffeur bewarb. In der englischen Mittelschicht waren Dienstmädchen üblich, während man ausgesprochen wohlhabend sein musste, um sich einen Butler oder Chauffeur leisten zu können. Außerdem konnten Angehörige das Dritte Reich ohne Fluchtsteuer oder andere Abgaben verlassen. Familienvorständen war das nicht möglich.

Als ihr Inserat im *Guardian* erschien, hatte Omi bereits ein Angebot durch den Central British Fund for German Jewry (CBF) vorliegen – eine Stellung als Hausmädchen im Londoner Stadtteil Bayswater. Wahrscheinlich hat Leo die Anzeige nur für den Fall aufgegeben, dass aus dem CBF-Angebot nichts würde, oder in der Hoffnung, es fände sich noch ein Haushalt, der Arbeit für ein Paar habe, denn dann hätte die ganze Familie gemeinsam abreisen können.

Letztlich entschied die Familie jedoch, dass man besser nicht wartete, bis Leo eine Stellung angeboten würde, und dass Omi mit Robert reiste, sobald ihre Papiere da waren. So brachte Leo Frau und Sohn am 15. Oktober 1938 zum Westbahnhof. Niemand in meiner Familie hat mir jemals diesen Augenblick beschrieben, aber er muss schrecklich gewesen sein. Immer mehr jüdische Männer wurden aufgegriffen und kamen nicht mehr zurück, weil sie nach Dachau gebracht wurden, wo die Überlebenschancen mit der Einlieferung rapide abnahmen.

Eine einzige Geschichte erzählte mir mein Dad von der Zugfahrt Richtung Westen quer durch Europa. Während des größten Teils der Reise teilten er und seine Mutter das Abteil mit zwei Nazifunktionären, die sich liebenswürdig mit ihnen unterhielten. Omi und Bobby gelang es, ihre Furcht zu verbergen. Sie blieben höflich und korrekt bis zu dem Augenblick, als die Nazis aufstanden, um an der letzten Station vor der holländischen Grenze auszusteigen. Beim Verlassen des Abteils blieben sie an der Tür stehen und lieferten mit hochgereckten Armen ihren Hitlergruß ab, etwas, was Juden verboten war. Selbst wenn sie gewollt hätten, wäre es meinem Vater und meiner Großmutter verboten gewesen, auf gleiche Weise zu antworten. Sie mussten sich mit einem „Auf Wiedersehen!" begnügen.

„Fassungslos starrten sie uns an. Die ganze Zeit über hatten sie ihr Abteil mit Juden geteilt", erinnerte sich mein Vater.

Leo blieb die Flucht noch weitere fünf Monate verwehrt, in denen er die Novemberpogrome überlebte, sich so oft wie möglich in Kellern versteckte und der Straße fernblieb. Bis 1941 waren die Juden in Deutschland und Österreich noch nicht verpflichtet, den gelben Stern zu tragen. Doch es gab noch eine andere Möglichkeit, sie zu erkennen. Juden duften das Reversabzeichen mit dem Hakenkreuz nicht tragen, das nach dem „Anschluss" allgegenwärtig in Wien wurde, daher konnte man Juden an ihren leeren Revers erkennen.

Mit der Hilfe der Bingleys erhielt Leo eine Arbeitserlaubnis als Anlernkraft in der Landwirtschaft und ein Visum, aber er hatte mit seinen letzten versteckten Ersparnissen die Fahrkarten für seine Frau und seinen Sohn erstanden. Wenn er wartete, bis der Verkauf seines Ladens Geld abwarf, lief er Gefahr, den letzten Zeitpunkt für eine Flucht verstreichen zu lassen.

Leo und sein Anwalt versuchten, den neuen „arischen" Besitzer von Radio Borger zur Zahlung der kleinen Entschädigungssumme zu bewegen, die ihm auferlegt worden war, doch die Überweisung des Geldes wurde in der Maschinerie der NS-Bürokratie immer wieder verzögert, weil sie Leos Steuerpflicht neu berechnete.

Am 8. März 1939 bat Leo die IKG, für die Kosten einer Fahrkarte nach Caernarfon aufzukommen, ein Mitarbeiter nahm seine Aktiva und Passiva auf, darunter auch „mehrere Vermögenswerte, die sich verpfänden ließen".

Die Einschätzung des Experten: „Die Erlöse aus den verschiedenen Vermögenswerten übersteigen die Reisekosten bei weitem." Zu Leo lautete das Fazit: „Aussagen zögerlich; wenig überzeugend."

„Das Ersuchen ist abzulehnen", lautete der Entscheid der IKG. Schließlich gelang es Leo doch noch, das Geld für seine Zugfahrkarte zusammenzukratzen, entweder indem er Sachen verpfändete oder Freunde anpumpte – beziehungsweise beides. Am 17. März 1939 traf er endlich in Großbritannien ein.

Die Familie Hess sah sich einem ähnlichen Dilemma gegenüber wie die Borgers. Eigentlich hatten sie den Wunsch, dass Josefine und Alice zusammen reisten. Doch während Josefine ein Dutzend Stellenangebote aus ganz England erhalten hatte, bekam Alice, die sich als fünfzehnjährige Haushaltshilfe anbot, nur eine Antwort von einer einzigen Familie in Manchester, in der man von ihr erwartete, dass „sie sich um ein dreijähriges Mädchen kümmerte und außerdem das Haus putzte, kochte, die Wäsche von Hand wusch usw."

Die Hesses korrespondierten mit dieser Familie im November in der Nacht der Pogrome. Am Morgen des 10. November verließ Béla Hess das Haus wie an jedem Tag, ging einen Block weit zu einer Garage, in der seine Harley-Davidson stand, und fuhr mit ihr zur Arbeit.

Aber an diesem Tag kam er nicht zurück. Zwei Wochen dauerte es, bis seine Familie erfuhr, dass er lebte und in Dachau war. Auf einer Lager-Postkarte teilte er ihnen mit, dass er gesund sei, und bat sie, ihm Geld zu schicken. Er hoffe, schrieb er weiter, Josefine habe auf eines der nach der Anzeige im *Manchester Guardian* eingegangenen Stellenangebote geantwortet und Wien verlassen können, sodass sie jetzt in der Lage sei, von England aus mit Nachdruck darauf zu drängen, dass auch der Rest der Familie ausreisen dürfe.

Da Béla in Dachau saß, war es für Josefine schwieriger, mit Alice abzureisen, weil Gerty dann allein zurückgeblieben wäre. So fuhr Josefine Anfang Dezember 1938 mit einem Dienstbotenvisum nach Großbritannien und ließ die beiden Mädchen bei ihrer Großmutter zurück. Sie hoffte, in England Menschen kennenzulernen, die ihr behilflich sein könnten, für Béla eine Stellung zu finden und Alice und Gerty in Familien unterzubringen, in denen sie eine Ausbildung bekämen. Das war eine gewaltige Aufgabe für eine Frau, die ganztags als Hausangestellte arbeitete, daher war es ein Glücksfall, dass der entscheidende Anstoß zu Bélas Freilassung in Wien erfolgte. Nachdem er nach Dachau gebracht worden war, erschien ein Nazi in seiner Druckerei und verkündete, er sei zwar der neue Eigentümer, aber die Arbeit solle weitergehen wie bisher. Die achtzehn Angestellten erklärten sich unter einer Bedingung damit einverstanden: Der neue Chef solle für die Freilassung von Béla Hess sorgen.

Also überredete der künftige Eigentümer Alice und Gerty, ihn in das Gestapo-Hauptquartier zu begleiten, um persönlich für die Freilassung ihres Vaters zu bitten, wobei sie betonen sollten, dass er im Ersten Weltkrieg für Österreich gekämpft habe. Es klappte. Béla wurde unter der Bedingung auf freien Fuß gesetzt, dass er sich jeden Tag bei der Polizei meldete und das Land binnen einem Monat verließ. Nach sechs Wochen Dachau stand er als veränderter Mensch in der Tür.

„Er klingelte, und als ich die Tür öffnete, erkannte ich ihn nicht. Den Kopf hatte man ihm kahlgeschoren, und er brach mit Frostbeulen an den Füßen zusammen", schrieb Alice.

Nachdem Béla lebend aus Dachau herausgekommen war, blieben ihm nur wenige Wochen, um das Land zu verlassen, wenn er nicht wieder inhaftiert und nach Dachau zurückgeschickt werden wollte, wo ihn fast mit Sicherheit der Tod erwartete. Von East Molesey aus, unweit des Hampton Court Palace südwestlich von London, wo Josefine als Hausangestellte arbeitete, suchte sie verzweifelt nach jemandem, der bereit war, ihrem Mann Arbeit zu geben und die Arbeitsgarantie auszustellen, die er benötigte, um in Wien die Ausreisepapiere zu bekommen.

Der Monat verstrich, ohne dass Béla Angebote erhielt, daher wird er wohl, als er dem Polizeirevier Ende Dezember seinen täglichen Besuch abstattete, befürchtet haben, dass er möglicherweise nicht werde zurückkehren können. Doch die Gestapo verlängerte seine Gnadenfrist um einen weiteren Monat. Sein Kriegsdienst im Ersten Weltkrieg und die Unterstützung des neuen „arischen" Besitzers seiner Druckerei sorgten dafür, dass das instinktive Verlangen der Nazis nach Bestrafung dem Wunsch wich, ihn loszuwerden. Im Februar 1939 erhielt Josefine endlich ein Arbeitsvisum für ihn.

Inzwischen hatten die Kindertransporte begonnen, da Alice bereits eine Familie hatte, die auf die Anzeige im *Manchester Guardian* geantwortet hatte, erhielt sie ohne Schwierigkeiten einen Platz.

„Ich fuhr mit sehr vielen Kindern in ein fremdes Land, zu fremden Menschen und einer fremden Sprache", schrieb Alice.

Gertrude Batscha blieb noch weitere vier Monate in Wien, da ihre Eltern andere Optionen prüften. Gute gab es keine, da für jüdische Flüchtlinge die Türen nirgendwo bereitwillig geöffnet wurden. Im Juli 1938 kamen die Vertreter von zweiunddreißig Staaten im Kurort Évian zusammen, um über die Not der deutschen und österreichischen Juden zu beraten, aber mit Ausnahme eines Landes erklärten alle anderen, sie würden keine Visa zur Rettung der Juden ausstellen. Die Ausnahme war die Dominikanische Republik.

Eine mit den Batschas befreundete Familie, die Katzes, wählte illegale Routen. Die beiden Katz-Jungen waren nach Dachau geschickt worden, aber Adolf Batscha nutzte seine Verbindungen, um sie herauszuholen. Unmittelbar nach ihrer Freilassung verließen sie Österreich, indem sie die Grenze im Gebirge überquerten und schließlich per Schiff nach England gelangten. Die Katz-Mädchen bekamen falsche Visa, die weit verbreitet waren, aber nur für lateinamerikanische Länder zu haben waren. Offenbar ließen sich US-amerikanische und britische Visa nicht fälschen.

Die Batschas hatten keine familiären Beziehungen nach Amerika, die ihnen zu einem US-Visum hätten verhelfen können, daher kam man schließlich zu dem Schluss, dass ein britisches Schülervisum am ehesten den Weg in die Freiheit eröffne. Das Abreisedatum, der 12. Februar 1939, flößte Gertis Mutter Vally etwas Angst ein, da es bedeutete, dass die Ankunft auf den 13. fallen würde, ein Datum, das nach Frau Batschas Überzeugung Unglück brächte und daher auf jeden Fall vermieden werden müsse. Tatsächlich ging im letzten Augenblick vieles schief. Es war geplant, dass Gertrude mit ihrem Cousin reiste, der ein Dienstbotenvisum hatte, aber im letzten Augenblick seine Reisepläne ändern musste, sodass Gerti nichts anderes übrigblieb, als ihre Reise allein anzutreten.

Vally kaufte ihr einen dicken Wollmantel mit einem Kragen aus Opossumpelz, damit sie bei ihrer Ankunft in Großbritannien einen guten Eindruck machte, außerdem stattete sie ihre Tochter mit einem schweinsledernen Koffer aus, mit einer Reisetasche und einem Rucksack voller Proviant für unterwegs, der so schwer war, dass Gertrude fast zusammenbrach.

Der Zug sollte um 13 Uhr abfahren, aber die Familie versammelte sich schon lange vorher auf dem Westbahnhof. Neben Mutter und Vater war auch Tante Manya gekommen, die Schwester ihrer Mutter, und Adolfs

Bruder Albert, der versucht hatte, Gertrude ein paar Grundkenntnisse im Englischen zu vermitteln. Im letzten Moment nahm er sie beiseite und erinnerte sie noch einmal an die drei wichtigsten Wörter der englischen Sprache: *please, thank you* und *lavatory* – bitte, danke und Toilette.

Sekunden vor der Abfahrt, als sie auf den Pfiff warteten, zeigte Gertrudes verzweifelte Mutter auf eine alte Frau mit weißem Haar und erklärte: „So werde ich aussehen und so alt werde ich sein, wenn ich dich wiedersehe!"

Damals erschien ihnen das theatralisch, und ihr Mann Adolf versicherte ihr, die Familie werde rasch wiedervereint sein, sobald ihre Dienstbotenvisa bewilligt seien. Adolf fand für Gertrude einen Fensterplatz in einem Abteil mit anderen jüdischen Emigranten, die ebenfalls zur Kanalfähre nach Hoek van Holland wollten.

Die Reise durch Österreich und Deutschland verlief ereignislos, aber Gertrude verspürte eine wachsende Anspannung, als sich der Zug der niederländischen Grenze näherte, wo die Passagiere ein letzte Nazi-Kontrolle über sich ergehen lassen mussten. Als es so weit war, präsentierte sie ihren neuen grauen Pass mit den Hakenkreuzen auf der Vorderseite und ihrem neuen vorgeschriebenen Namen. Wie alle Jüdinnen trug Gertrude jetzt den zusätzlichen Namen Sarah, entsprechend bekamen alle jüdischen Männer und Jungen den Namen Israel.

Nachdem alle uniformierten Repräsentanten des Dritten Reichs den Zug verlassen hatten und dieser jenseits der niederländischen Grenze wieder Fahrt aufnahm, erklangen in den Waggons voller Flüchtlinge Jubelschreie. Gertis Mitreisende steckten die Köpfe aus dem Fenster und schrien die Freude über ihre Freiheit hinaus.

Adolf war ein großes persönliches Risiko eingegangen, um seiner Tochter einen möglichst guten Start in ihr neues Leben zu ermöglichen. Mit Cooks Reiseservice hatte er eine große Holzkiste separat abgeschickt. All diese Frachtstücke wurden von Zollbeamten sorgfältig durchsucht, damit dem Reich ja keine jüdischen Familienschätze entzogen wurden. Doch Adolf hatte einen Plan. Zwischen Gertis Kleidung hatte er ein Nähkästchen voller Nadeln, Knöpfe und Garnspulen verstaut. Während das Kästchen durchsucht wurde, hatte Adolf, Ungeschicklichkeit vortäuschend, den Inhalt des Kästchens auf dem Fußboden verstreut und half anschließend, während er sich wortreich entschuldigte, die Nähsachen wieder einzusammeln, wobei er zwei in einen Lappen gehüllte Armbänder hineinschmuggelte.

Alle anderen wertvollen Besitztümer der Familie waren längst konfisziert worden, aber Adolf hatte diese beiden Schmuckstücke versteckt, genauso wie unser Großvater Leo die Edelsteine in den Hacken seiner Schuhe verborgen hatte. In ihren Augen waren das kleine, aber wichtige Siege. Die Nazis hatten sie um den Ertrag ihres Lebens gebracht, aber sie hatten diese Reste für den Anfang in ihre neue Heimat gerettet. Dafür riskierten sie ihr Leben.

Adolfs List funktionierte. Ungefährdet traf die Kiste mit den Goldarmbändern in England ein.

George Mandler verließ Wien im Oktober 1938, wenige Tage vor meinem Vater und Großvater. Sein Vater hatte ihm einen Goldring anfertigen lassen, der ihm als letzter Ausweg in einer Notsituation dienen sollte. Auf dem Bahnsteig wurden Tränen vergossen, aber das war, wie George dachte, das, „was Juden damals taten".

Er befand sich in einem Waggon mit anderen Emigrantinnen und Emigranten, unter ihnen eine junge Frau, zu der sich der Vierzehnjährige augenblicklich unwiderstehlich hingezogen fühlte. Sie durchquerten Deutschland ohne Zwischenfall, aber als der Zug die Grenze bei Aachen erreichte, mussten ihn alle Juden samt ihrem Gepäck verlassen. Vor Ort erfuhren sie von einem Gestapobeamten, dass ihre Pässe nach einer neuen Verordnung auf der ersten Seite mit einem großen roten J abgestempelt werden müssten. Der Befehl sei während ihrer Zugreise erlassen worden.

Der J-Stempel war auf Verlangen der Nazi-Behörden eingeführt worden, die damit verhindern wollten, dass die Schweiz die Visumspflicht für alle deutschen Staatsangehörigen verhängte. Später wurde diese Maßnahme fälschlicherweise dem Chef der Eidgenössischen Fremdenpolizei Heinrich Rothmund zugeschrieben, der für seine ungemein restriktive Flüchtlingspolitik bekannt war.

Tausende Jüdinnen und Juden schickte Rothmund zurück ins Reich, höchstwahrscheinlich in ihren Tod, um die „Reinheit" der Schweiz zu bewahren. „Wir dürfen uns nicht scheuen, sie umkehren zu lassen. Wir müssen an unsere jungen Leute denken", erklärte er.[22]

Als George Mandler in Aachen eintraf, war die Kunde von der neuen Verordnung zwar schon zu den Grenzbeamten gelangt, nicht aber die Stempel, die erforderlich waren, um sie umzusetzen. Daher schickte die Gestapo alle Betroffenen aus dem Zug nach Köln, wo ein provisorischer Stempel hergestellt werden sollte. Sie wurden über Nacht in der Stadt einquartiert, wo der junge George in einem Hotel untergebracht wurde, dessen Räume weder Schränke noch Kommoden aufwiesen. Es war ein Stundenhotel.

„Ich verbrachte die erste Nacht meiner Emigration in einem Bordell!", sagte er verwundert.

Am folgenden Morgen war der Stempel immer noch nicht fertig, daher musste die zusammengewürfelte Gruppe die Zeit, bis es so weit war, mit einer Besichtigung Kölns und seines berühmten Doms überbrücken. Als ihre rassische Zugehörigkeit endlich vorschriftsmäßig vermerkt war, durften sie die Grenze nach Belgien überqueren.

Wieder im Zug, ließ sich George vom Strom der Ereignisse einer Zukunft entgegentreiben, die er sich beim besten Willen nicht vorstellen konnte. In der Rückschau hatte er keine Erinnerung mehr an die Überfahrt von Ostende und die anschließende Zugreise, wohl aber an das Gefühl, einen Teil seiner selbst auf den Gleisen zurückgelassen zu haben.

Der einzige materielle Besitz, den er vermisste, war seine Briefmarkensammlung; wirklich zu schaffen machte ihm der Verlust eines Landes, eines Gefühls der Zugehörigkeit und seiner jugendlichen Unschuld.

5

Bobby und George im Exil

Der elfjährige Bobby Borger, der aus dem von Harwich kommenden Schiffszug ausstieg und in London den Bahnsteig des Bahnhofs Liverpool Street entlangging, trug einen Wollmantel über der traditionellen österreichischen Jacke in Grau und Grün, die seine Mutter ihn zu dieser Gelegenheit hatte anziehen lassen.

Sein dichtes, braunes Haar war glatt nach hinten gebürstet und ließ seine Stirn frei. Er hatte runde Backen mit einer Neigung zum Rotwerden, dichte Augenbrauen und eine ausgeprägte Nase. Es war der 16. Oktober 1938, und Bobby ging neben seiner Mutter her, die nach der vierundzwanzigstündigen Zug- und Schiffsreise erschöpft war und zweifellos Mühe hatte, sich ihre Furcht nicht anmerken zu lassen.

Der Bahnhof war eine der Kathedralen des englischen Dampfzeitalters. Das hochgewölbte Dach aus Glas und Stahl bedeckte der Ruß aus vielen tausend Lokomotiven, die Heerscharen von Pendlern aus Essex und East Anglia hinaus- und wieder hineinbefördert hatten.

Das war das schmutzige, lärmende Tor, durch das mein Vater und die anderen Kinder aus den Inseraten vom *Manchester Guardian* nach England gelangten. Großbritannien war für viele der Neuankömmlinge nicht die erste Wahl gewesen, aber es bot unmittelbare Sicherheit, Auskommen und Zuflucht, die sich als bemerkenswert zuverlässig erweisen sollten. In ihrem späteren Leben zeigten sich alle Flüchtlinge, die Großbritannien erreicht hatten, dankbar gegenüber dem Land, das ihnen als erstes Asyl gewährte, auch wenn viele letztlich woanders eine neue Heimat fanden und andere, die blieben, ihre Gastgeber gelegentlich als undurchschaubar, exzentrisch oder auch kalt empfanden. Es war ein Zufluchtsort, wenn auch manchmal ein bitterer.

Als Omi und Bobby im Bahnhof Liverpool Street eintrafen, wussten sie, dass sie recht lange getrennt sein würden, wenn auch keiner von ihnen ahnte, dass sie nie wieder wirklich zusammenleben würden. Omi, die Herrin in ihrem eigenen Haus und an der Leitung des Familiengeschäfts beteiligt gewesen war, stand im Begriff, ihre Stelle als Dienstbotin im Haus von Fremden anzutreten, deren Sprache sie nicht beherrschte. Das Visum in ihrem Pass legte die Grenzen ihrer Existenz fest: „Der Inhaberin ist es nicht gestattet, ein anderes Arbeitsverhältnis einzugehen als das einer im Haushalt lebenden Angestellten.“ Die Bedingungen ihrer Dienstbotentätigkeit erlaubten es ihr nicht, mit einem Kind zusammenzuleben.

Zu dieser Belastung und Unsicherheit kamen noch Omis Sorgen um Leos Sicherheit. Ihr Mann versteckte sich in einer Stadt, in der jüdische Männer zusammengetrieben und nach Dachau gebracht wurden, von wo viele nur als Asche in einem Pappkarton zurückkehrten. Und jetzt musste sie sich auch noch von ihrem Sohn trennen und die Freuden und Mühen der Mutterschaft an eine andere Frau abtreten, die sie nur von den Bleistiftzeilen auf einigen Postkarten kannte.

Nans Bingley und Erna Borger konnten sich nur wenige Minuten inmitten der Menge auf dem Bahnhof unterhalten, weil die Vertreter des CBF-Hilfskomitees schon warteten, um Erna zum Haus ihrer Arbeitgeberin Mrs. Samek in Bayswater zu fahren.

Während der ersten Tage ihres Zusammenseins war Nans vor allem über Roberts Angst besorgt. Zu Hause in der Y Glyn Road (Schlucht-Straße) in Caernarfon nahmen die neuen Pflegeeltern zuerst die Pfeife von ihrem Wasserkessel, weil diese den Jungen jedes Mal in Panik versetzte, denn sie erinnerte ihn an die Braunhemden der SA und die Hitlerjungen mit ihren Trillerpfeifen, die ihn durch die Wiener Straßen gejagt hatten.

Als die Bingleys Robert mitteilten, er müsse sich bei der Polizei anmelden, wurde der Junge ohnmächtig. Powell Davies, ein Freund und Lehrerkollege der Bingleys, schlug Bobby einen gemeinsamen Spaziergang durch die Bethel Road zur Schule vor. Bleich und zitternd ging Bobby mit, denn er war sich sicher, wie er Nans und Reg Jahre später gestand, dass Davies ihn töten wollte.

In einer Erinnerungsschrift, die damals in walisischer Sprache verfasst wurde und den Titel *Un O'r Teulu* (Einer aus der Familie) trug, berichtete Glennys Roberts, ein Schulfreund von Bobby, dass dieser ihm einmal von den Erfahrungen seiner Familie in Wien erzählt hatte.

„In einem Gespräch mit mir berichtete er von den Ereignissen, als das Familiengeschäft angegriffen und verwüstet wurde", schrieb er. „Er verlor die Fassung und weinte bitterlich, bevor er fortfahren und schildern konnte, wie seine Eltern und er sich einmal fünf lange Tage in einem dunklen Keller verbargen und sein Vater einige Edelsteine in seinen Schuhen verstecken konnte, die er später verkaufte, um die Flucht von seiner Frau und Robert zu bezahlen."

Wir, Roberts Familie, haben von diesen Einzelheiten erst 2021 erfahren. Sie hatten sich wie eine verschlüsselte Nachricht in einer walisischen Erinnerungsschrift verborgen, von der wir noch nie gehört hatten. Als ich sie das erste Mal ins Englische übersetzt vor mir liegen sah, war sie nur eine weitere Erinnerung an all die Dinge, von denen wir noch lange Zeit nach seinem Tod nichts wussten.

Ich kam rechtzeitig nach Caernarfon, um den heißesten Tag seit Beginn der Wetteraufzeichnungen in Wales zu erleben, den 18. Juli 2022, nachdem ich die gleiche Bahnstrecke an der Küste entlang zurückgelegt hatte wie mein Vater bei seiner ersten Reise. Der Zug fuhr langsamer als gewöhnlich, weil man befürchtete, die Gleise könnten sich angesichts der extrem hohen, bisher noch nie gemessenen Temperaturen verwerfen. Im Bus aus Bangor wedelten sich die Passagiere mit Zeitungen, Werbezetteln von Supermärkten und was sie sonst zur Hand hatten, Kühlung zu. Zwei Halbwüchsige saßen schwitzend und mit geröteten Gesichtern auf den hinteren Sitzen, als wir an der Menai-Meerenge entlangfuhren, die das Festland von Anglesey trennt, der Insel, von der die Fähre nach Dublin abgeht. Wir passierten vergilbende Weiden, von blühenden Rosen umgebene Naturstein-Cottages in Küstenstädtchen, deren Kriegerdenkmäler gen Himmel wiesen.

Alle Busreisenden sprachen Walisisch, was mich zu der Frage brachte, wie es meinem Vater damit ergangen sein mochte. Er hatte in den Monaten vor seiner Abreise ein paar Englischlektionen eingetrichtert bekommen, um sich dann unter Menschen wiederzufinden, die sich einer schon vor tausend Jahren aus England vertriebenen Sprache bedienten. Walisisch und Cofi, Caernarfons eigene Version dieser Sprache, waren triumphale Beispiele für Überlebensfähigkeit. Sie haben die Römer, die Angelsachsen, die Wikinger, die Normannen, ein Totalverbot unter Heinrich VIII. und dann Industrialisierung und Globalisierung überstanden.

Als der Bus in der Stadtmitte vor dem Tiefkühlkost-Geschäft Iceland hielt, hatten die meisten Cafés und Restaurants geschlossen, um ihren Mitarbeitern die Hitze zu ersparen, nur ein Imbiss hatte offen, in dem man Fish and Chips mit Blick auf die Mauern der Burg verzehren konnte. Das Aufeinandertreffen von Moderne und Mittelalter in Caernarfon dürfte meinem Vater merkwürdig erschienen sein, hatte Franz Joseph doch in Wien die alten Stadtmauern beseitigen lassen, um seine prächtige Ringstraße erbauen zu können. Noch immer wird das Stadtbild von Caernarfon von der riesigen Festung bestimmt, die Edward I. im 13. Jahrhundert erbauen ließ, um die Waliser in Schach zu halten.

Von der Burg aus ging ich, auf den Spuren meines Vaters, den Hügel hinauf, beginnend mit seiner ersten britischen Adresse, der kleinen Doppelhaushälfte an der Ecke Y Glyn und Bethel Road: blau gestrichener Kieselrauputz, die Fenster auf der einen Seite mit Blick auf die Irische See und die Berge dahinter, die Ausläufer von Snowdonia.

Kaum ein Jahr nach Roberts Ankunft waren die Bingleys umgezogen und hatten in der Nachbarschaft eine Wohnung in einem größeren Haus gemietet, einem dreistöckigen gelben Backsteingebäude namens Bryn Dewi (Davids Hügel) in der Lôn Dewi (Davids Gasse). Doch 1940 waren sie den Hügel wieder ein Stück hinaufgezogen, in eine kürzlich erbaute Doppelhaushälfte – Porth Kerry in der Straße Pen-Y-Garth; dort hat mein Vater den größten Teil seiner Jugend verbracht. Der Vermieter war Powell Davies, jener Freund der Familie, der Robert kurz nach dessen Ankunft zu Tode erschreckte, als er ihn aufforderte, mit ihm spazieren zu gehen.

Davies gehörte dem Kollegium der örtlichen Schule an, überließ aber den Bingleys sein Haus, als man ihm eine Stelle bei der nationalen Lehrergewerkschaft NUT in London anbot.

Nans war eng mit Josephine Davies befreundet, einer Irin, die gegenüber von Porth Kerry wohnte und wie Josephine überzeugte Sozialistin war. „Wie kann man die Zwanzigerjahre erlebt haben und keine Sozialistin sein", pflegte Josephine zu sagen. An den Sonntagen unternahmen sie mit ihren Kindern gemeinsame Bildungsausflüge und Busfahrten, etwa zur Kathedrale von Bangor oder der Ortschaft Llanberis am See Llyn Padarn, hoch oben in Snowdonia.

Mit Josephines Tochter Norah Davies hatte ich mich auf dem Castle Square in Caernarfon verabredet. Sie wollte mir den Weg zu ihrem Haus in der Segontium Terrace zeigen, benannt nach dem römischen Namen von Caernarfon, einer Reihe stattlicher viktorianischer Gebäude mit Blick auf den alten Hafen an der Menai-Meerenge. Dort hatten Generationen von Norahs Vorfahren Schiefer auf Schoner verladen, die Häfen in ganz Großbritannien und darüber hinaus anliefen.

Norah war elf Jahre jünger als Robert, erinnerte sich aber, dass ein hochgewachsener Junge mit dichtem braunem Haar öfter auf der anderen Straßenseite in der Einfahrt stand und dass ihre Mutter ihr erzählt hatte, wie er die Nazis überlebt hatte.

Die Kindheit und Jugend bei den Bingleys haben Norah Davies nachhaltig geprägt.

„Sie hatten Interesse an allen Menschen und brachten sie zusammen", sagte sie. „Ihre Tür stand ihnen immer offen, obwohl sie wirklich nicht wohlhabend waren, aber sie hießen sie in ihrem Heim willkommen."

Nancy Maud Griffith und Reginald Kirkby Bingley wurden beide im Juli 1905 geboren. Nans war neunzehn Tage älter als Reg. Sie kam aus Pontypridd in Südwales, dem Herzen des Kohlereviers, Reg aus Lincoln in den East Midlands. An der Cardiff University hatten sie sich in einem Kreis linker Studenten kennengelernt. Reg war ein glühender Verehrer Trotzkis. Im November 1932 heirateten sie und zogen nach Caernarfon, um beide als Lehrkräfte zu arbeiten. Die Schulbehörde in Südwales erschwerte die Eheschließungen zwischen Lehrerinnen und Lehrern, um die Beschäftigungsquote von Männern zu erhöhen. Wenn eine Lehrerin heiratete, musste sie dort ihre Stellung aufgeben.

Nans lehnte diese Regelung entschieden ab – aus Prinzip, aber auch, weil sich Regs Gesundheitszustand zunehmend verschlechterte und weil sich abzeichnete, dass sie mehr und mehr von ihrem Einkommen abhängig sein würden.

Sie fanden beide eine Stelle an der Caernarfon County School, einem riesigen Giebelbau aus rotem Backstein auf einem Hügel über der Stadt. Doch nach einem Jahr musste Reg den Dienst quittieren, weil er durch eine Rückgratverkrümmung stark beeinträchtigt war, die sich weiter verschlimmerte, als sie in einem Sanatorium in der Ortschaft Llangwyfan fälschlicherweise als Tuberkulose diagnostiziert wurde. Ein Jahr lang wurde Reg Bettruhe verordnet, als er wieder aufstehen durfte, war die Verformung seiner Wirbelsäule nicht mehr rückgängig zu machen.

Nach dem Krieg überredete man ihn, wieder Mathematikunterricht zu geben, aber zu diesem Zeitpunkt betrug die Vorwärtskrümmung seines Körpers fast neunzig Grad. Eine seiner Schülerinnen erinnerte sich später, dass er seine Beine auf das Pult legen musste, damit er die Kinder, die er unterrichtete, sehen konnte.

Nans trug eine Kurzhaarfrisur – einen sogenannten Eton Crop – und ein Männerjackett mit weißem Oberhemd und Schlips. Mit ihrem langen Gesicht und der römischen Nase ähnelte sie sowohl Virginia Woolf als auch George Orwell. Sie hatte einen Master-Abschluss in Englisch und eine leidenschaftliche Liebe für die Poesie der Sprache.

Ihre Schülerinnen und Schüler haben sie als strenge Lehrerin in Erinnerung, aber auch als besonnen und freundlich, sodass ihre Strenge immer wohlbegründet erschien. Sie kümmerte sich gleichermaßen um die Kinder, die Mühe mit dem Stoff hatten, wie um die hochbegabten. 1994, bei der Hundertjahrfeier der Schule, bildete sich eine lange Schlange ehemaliger Schülerinnen und Schüler, die darauf warteten, ihr die Hand zu geben und für das zu danken, was sie ihnen mitgegeben hatte.

Im Inserat des *Manchester Guardian* hatte Leo geschrieben, er suche einen liebevollen Menschen. Er fand zwei. Die Bingleys waren ein nie versiegender Quell der Liebe und Freundlichkeit. Die Küche ihres Hauses in der Pen-Y-Garth war im Winter ein warmer Zufluchtsort. Es war das erste Mal, dass Norah Davies eine Kaffeemaschine sah und Kaffeeduft roch. Regs Mutter wohnte im Vorderzimmer, in dem ein oval gerahmter Druck von Anthonis van Dyck hing – das Bild von König James II. als Baby. Im

Hinterzimmer befand sich ein Klavier, auf dem eine Nachbarin für Reg spielte, wenn er bettlägerig war. Im hinteren Garten stand ein Sauerkirschbaum, dessen Früchte zu bitter zum Essen waren.

Trotz Regs zunehmender Hinfälligkeit und ihrem bescheidenen, von einem Lehrergehalt bestrittenen Lebensstandard – sie waren nie in der Lage, sich ein eigenes Haus zu kaufen – waren sie immer bereit, bis an die Grenzen ihrer finanziellen Möglichkeiten zu gehen, um ein Kind aufzunehmen, das Schutz brauchte.

Einige Jahre bevor die Annonce meines Vaters in der Zeitung erschien, hatte sich das Ehepaar bereit erklärt, während der Sommerferien ein Kind aus der New Herrlingen School in Kent aufzunehmen. Die Schule war nach der Machtergreifung der Nazis 1933 von der deutschen Emigrantin Anna Essinger gegründet worden.[23] Zu dem Zeitpunkt, als die Bingleys anfragten, hatten alle Kinder schon eine Sommerunterkunft gefunden, man schlug ihnen vor, die Lehrerin Hilde Tod aufzunehmen, eine deutsche Emigrantin Anfang zwanzig. Einen Sommer lang wohnte Hilde bei ihnen, und als deren ebenfalls geflüchtete Eltern mit anderen „feindlichen Ausländern" 1940 im Zuge der Schutzmaßnahmen gegen die deutsche Invasion aus Kent ausgewiesen wurden, räumten die Bingleys einen Abstellraum in ihrem Haus aus und richteten ihn für Hildes Eltern ein.

Um Omi zu beruhigen, schickte Nans ihr eine Reihe Schwarz-Weiß-Fotos von Snowdon und Caernarfon Castle in der Hoffnung, Omi werde erkennen, dass Bobbys neue Heimat an Schönheit nicht hinter Österreich zurückstehe.

Als Robert sich 1943 anschickte fortzugehen, um zu studieren, adoptierte das Ehepaar einen sechsjährigen Jungen und etwa sechs Jahre später ein vierjähriges Mädchen namens Christine aus einem walisischen Kinderheim, in das sie gekommen war, als ihre junge Mutter sich nicht mehr hatte um sie kümmern können. Während der ersten Monate in ihrem neuen Zuhause hing Christine an Nans' Rockzipfel, schrie, wenn sie sie nicht mehr sehen konnte, und verinnerlichte in den folgenden Jahren die Herzlichkeit und die Kultur einer außergewöhnlichen Familie.

„Sie liebte Wörter und hatte ein Zitat für jede Gelegenheit", schrieb mir Christine aus ihrem Zuhause in Neuseeland, als ich sie bat, Nans zu beschreiben. Die Liebe zum gesprochenen Wort in Gedichten und Dramen verband sich mit der Ehrfurcht vor dem geschriebenen Wort. Sie sagte zu Christine: „Schreib nie etwas, was du nie wieder lesen möchtest."

Nach Kriegsende luden Reg und Nans deutsche Kriegsgefangene aus einem kleinen Lager in Bontnewydd am Stadtrand von Caernarfon ein, während ihrer langen Wartezeit die Sonntage bei ihnen zu verbringen. Einige wurden erst 1948 nach Hause geschickt. Die Einladungen erfolgten im Rahmen eines Programms, das von einer benachbarten Methodistenkirche organisiert wurde. Dazu gehörten eine Leihbücherei, gelegentliche Abendessen für die Gefangenen und die Suche nach Familien, die bereit waren, Gefangene an den Wochenenden aufzunehmen.

Die beiden Kriegsgefangenen, die regelmäßig in der Pen-Y-Garth zu Gast waren, hießen Hans Joachim Schweitzer und Konrad Beck. Sie konnten kaum Englisch und Reg sprach ausgezeichnet Deutsch. Noch jahrelang nach ihrer Rückkehr schrieben sie der Familie Briefe, in denen sie sich dankbar erinnerten und über ihr Leben im Nachkriegsdeutschland berichteten.

Das letzte Mitglied des Bingley-Haushalts war Megan Griffith, ein viertes Kind, welches das Paar informell in Pflege nahm. Megan war eine Schülerin von Nans an der County School und lebte in einem Waisenhaus in Bontnewydd, unweit des Gefangenenlagers. Nans hatte die Begabung des Mädchens erkannt und förderte sie, indem sie sie aufforderte, ihr Heim als zweites Zuhause zu betrachten, solange sie im Waisenhaus untergebracht war. In den Schulferien hätte Megan in die Einrichtung zurückkehren müssen, weil sie nirgendwo anders bleiben konnte, daher schlug ihr Nans vor, zu ihnen zu kommen und ihr bei der Betreuung von Christine zu helfen. Das Angebot, ein Zimmer bei ihnen zu beziehen, sollte nicht nach Barmherzigkeit aussehen.

„Sie hatte Megan, die sehr intelligent war, ins Herz geschlossen. Es schien, als hätte Nancy eine besondere Antenne für Menschen in Not“, sagte Megans Tochter Sian. „Eigentlich war es völlig undenkbar, dass ein Kind aus diesem Waisenhaus studierte.“

Von Nans angeleitet und ermutigt, wurde Megan in Caernarfon eine ausgezeichnete Schülerin und ging anschließend zum Studium an die University of Wales in Bangor. Während dieser Zeit wurde sie ein Mitglied der Familie.

Megan Griffith kannte Bobby natürlich sehr gut. Da sie beide unter einem Dach wohnten und in der Schule hervorragende Noten hatten, waren sie Freunde, aber auch Konkurrenten. Sie erkannte, wie ehrgeizig und hungrig er war – in der Schule wie in der Liebe.

Viele Jahre später, nachdem sie geheiratet hatte und Megan Stumbles hieß, erzählte sie mir: „Er hat sich ständig in etwas ältere, eher ungewöhnliche Mädchen verknallt, unter anderem einige Hilfsbibliothekarinnen."

Ein anderer Klassenkamerad von Robert aus der County School, Meurig Hainge, nahm im Mai 2021 Kontakt zu mir auf, nachdem mein Artikel über die Kinder in den Kleinanzeigen und über die Zeit meines Dads in Caernarfon im *Guardian* erschienen war. Damals war Meurig schwer krank, aber er bestand darauf, dass sein Sohn Mark sich mit mir in Verbindung setzte und ein Telefongespräch verabredete. Durch den Artikel hatte er zum ersten Mal von Roberts Tod erfahren, achtzig Jahre nachdem die beiden Jungen sich zum ersten Mal auf dem Spielplatz der Schule getroffen hatten. Trotzdem war er tief betroffen.

„Mir scheint, die Umstände haben irgendwie zusammengewirkt und zu seinem Tod geführt. Sie haben ihm keinen anderen Ausweg gelassen", sagte er.

Von dem Haus der Hainges konnte man in den Garten der Bingleys in der Y Glyn Road schauen. Meurig erinnerte sich, dass er 1938 hinübergeblickt und den Neuankömmling gesehen hatte.

„Ich wusste, dass dieser kleine Bursche gekommen war. Er hatte ein Holzbrett und Wurfmesser und spielte damit. Eigentlich hatte ich Lust rüberzugehen und ihn anzusprechen, aber Lehrer waren damals besondere Respektspersonen", sagte er. Seine Ehrfurcht vor der Stellung von Nans und Reg hielten ihn davon ab. „Ich wünschte, ich hätte es getan. Vielleicht wäre es dann anders gekommen."

„Ich kann mich nicht erinnern, dass Robert in der Schule jemals gelächelt hat. Er war ein stiller Junge", sagte Meurig in unserem Telefongespräch. Während er in Gedanken achtzig Jahre zurückging, überlegte er, ob nicht irgendein Schmetterlingseffekt, eine kleine Veränderung im Caernarfon der 1940er-Jahre, Roberts Geschick irgendeine Wendung hätte geben können.

„Wir waren ziemlich gleichgültig. Meine Eltern lebten sehr zurückgezogen. Sie hatten in der Weltwirtschaftskrise viel verloren", sagte er. „Dieser Junge tauchte plötzlich auf, und in der Rückschau denke ich, dass die Lehrer ihn hätten vorstellen sollen. Sie hätten uns etwas über seinen Hintergrund erzählen können. Vielleicht haben sie es absichtlich vermieden, damit er ein normaler Junge unter anderen Jungen sein konnte.

Es wäre besser gewesen, wenn die Schule uns über das Schicksal dieser Kinder informiert hätte, und wie es ist, wenn man von den eigenen Eltern fortgeschickt wird. Was Robert passiert ist, spricht für sich selbst. Der Junge hatte von Anfang an große Probleme. Die Leute interessierten sich nicht wirklich für seine Geschichte und sprachen nicht viel über das, was er durchgemacht hatte. Wir konnten uns nicht vorstellen, wie die Verhältnisse in Wien nach dem ‚Anschluss' waren", sagte Meurig.

Diese Erfahrungen hatten wenig Ähnlichkeit mit dem Leben in Wales. Es gab nur wenige Juden in der Stadt, etwa einen alten Mann, der Geigen bespannte und andere Musikinstrumente reparierte, aber keine Berichte über Antisemitismus. Wenn eine neue Familie in die Nachbarschaft zog, fragte Meurigs Mutter wohl: „Was sind sie?" Aber das hieß, in welche Kirche gehen sie: in die methodistische oder baptistische?

Für die Schulkinder in Caernarfon war wichtig, ob man Walisisch als Muttersprache hatte. Kinder, die Walisisch sprachen, waren zweisprachig, während die englischen meist nur ein paar Brocken der Landessprache konnten. Dennoch hatten die einsprachigen Kinder einen höheren Status. „Wir hielte sie für was Besseres", sagte Meurig.

In Caernarfon und Umgebung gab es keinen Mangel an Handarbeit, wenn jemand also irgendwoher aus der englischsprachigen Welt kam, nahm man an, er übe einen höherqualifizierten, nichtmanuellen Beruf aus. Und Robert, so meinte Meurig sich zu erinnern, hatte eine Aussprache wie ein englischer Junge.

„Es muss eine seltsame Welt für Robert gewesen sein. Es war eine zutiefst walisische Stadt, so wie eine französische Stadt zutiefst französisch sein kann", meinte er zu mir.

Mein Dad hatte ein wenig Walisisch gelernt, aber er sprach es beileibe nicht fließend. Von Anfang an gab es ein Missverständnis mit Meurigs Freundesgruppe, wenn einer von ihnen in Roberts Hörweite fragte: *„Sais, ydy e?"* (Ist er englisch?) *Sais,* das auf Walisisch „englisch" heißt, klingt so ähnlich wie das deutsche Wort „Scheiße". Robert, der aus Wien daran gewöhnt war, beleidigt zu werden, reagierte sichtlich verärgert, bis sich das Missverständnis aufklärte.

Gareth Williams, ein anderer Klassenkamerad meines Vaters, erzählte mir, dass dieser, als er an die County School kam, „von allen Schülern anstandslos akzeptiert wurde, obwohl er sich, glaube ich, nicht sonderlich für Sport interessierte!“

Die Jungs waren damals besessen von Rugby und Fußball. Mein Dad interessierte sich mehr für Mädchen.

Eines Tages fuhren Gareth und seine Freunde Kajak auf der Menai-Meerenge, Caernarfons Nordgrenze, als sie Robert sahen, der „eng umschlungen mit einer Klassenkameradin am Strand saß, die ausgerechnet die Tochter des örtlichen Pfarrers war“.

Robert war zu einem Zeitpunkt in Caernarfon eingetroffen, als Reg Bingley, ein hochbegabter Mathematiker, der neben Deutsch noch mehrere andere Sprachen beherrschte, aus Krankheitsgründen an das Haus gefesselt war, aber das Unterrichten schrecklich vermisste. Deshalb trichterte Reg dem Flüchtlingskind in dem kleinen Reihenendhaus in der Y Glyn Road sein ganzes Wissen ein. Als Robert dann die Schule erstmals betrat, stellte er alle anderen in den Schatten, sogar Megan Griffith.

1943, mit knapp sechzehn und nach fünf Jahren im Land, erhielt er das höchste Stipendium für einen Studienplatz in Bangor, der Universität, die, am anderen Ende der Menai-Meerenge gelegen, Caernarfon am nächsten ist, und eine Woche später ein Stipendium der University of Aberystwyth. Die höchste Auszeichnung jedoch war ein Studienplatz an der Cardiff University, der führenden Hochschule in Wales, an der sich die Bingleys kennengelernt hatten.

Nans schrieb an das German Jewish Aid Committee im Bloomsbury House, das die Borgers unterstützte, und erklärte, Robert sei ein Kind von „herausragender Befähigung“. Der Junge hoffe, ein Stipendium zu bekommen, das einen Teil seiner Kosten an der Cardiff University abdecke, wo er Naturwissenschaften zu studieren gedenke. Obwohl die Bingleys wie Leo, der in einer Wäscherei vier Pfund die Woche verdiente, etwas zu den Kosten beitragen könnten, so schrieb sie, würde der Junge wohl weitere finanzielle Unterstützung benötigen. Einige Tage später fragte Omi nach und wollte wissen, ob es einen Fonds für begabte Kinder wie ihren Sohn gebe.

Wie sich herausstellte, erwies sich die Hilfe des Bloomsbury House als überflüssig. In einem Brief vom November teilte Nans dem Komitee mit, Robert habe das County-Stipendium erhalten, drei Jahre lang sechzig Pfund pro Jahr, sowie das höchste Aufnahmestipendium der Cardiff University – drei Jahre lang fünfzig Pfund im Jahr. „Keine weitere Hilfe erforderlich!“, schrieb ein Mitarbeiter des Bloomsbury House auf den unteren Rand des Briefs.

Doch das alles war viel zu viel und viel zu früh für Robert. Er war zwei bis drei Jahre jünger als die anderen Studenten. Mit elf war er von seinen Eltern getrennt worden, jetzt passierte ihm das Gleiche mit seinen Pflegeeltern. Er war gut in der Schule, aber weniger gut in der Selbstständigkeit. Er versagte im ersten Jahr an der Cardiff – „eine Krise des Selbstvertrauens", meinte Megan zu mir – und Nans musste eingreifen. Er verbrachte einige Zeit zu Hause in der Pen-Y-Garth, dann entschied man, dass er stattdessen nach Bangor gehen solle, weil es nicht so weit entfernt und der Druck geringer war. Dort machte er dann einen erstklassigen Abschluss.

Das Haus der Bingleys in der Pen-Y-Garth in Caernarfon um 1950. Nans und Reg Bingley (oben links und rechts), Erna Borger (Mitte links), Megan Roberts (Mitte), Regs Mutter Mary Bingley (Mitte rechts), Jimmy Bingley (unten links) und Robert Borger (unten rechts).

Seine Leistungen spornten seinen Ehrgeiz an und sein Ehrgeiz steigerte seine Unzufriedenheit. Er klagte Megan gegenüber, „dass andere Flüchtlingskinder von reichen Familien adoptiert worden seien und in Oxford oder Cambridge studiert hätten“. Als Megan Stumbles mir das erzählte, war mein Vater seit fast vierzig Jahren tot, brachte es aber immer noch fertig, in mir den Wunsch zu wecken, vor Wut und Scham im Boden zu versinken.

Diese Äußerung von ihm war nicht nur zutiefst undankbar und egoistisch, sie war auch einfach nicht wahr. Ich fand kein einziges Flüchtlingskind, das mit seinen Pflegeeltern größeres Glück gehabt hätte. Viele Familien, die Wiener Kinder aus dem *Manchester Guardian* aufnahmen, waren unter dem Deckmantel der Menschenfreundlichkeit bestrebt, billige und wehrlose Arbeitskräfte auszubeuten.

George Mandler wurde am Bahnhof Liverpool Street von Mrs. Shearer abgeholt, der Mitarbeiterin einer jüdischen Hilfsorganisation, die ihn quer durch London begleitete und in einen Zug nach Bournemouth an der Südküste setzte. George war vom hektischen Londoner Verkehr tief beeindruckt, den er als „einzigartiges Ereignis“ beschrieb.

„Ein Bus nach dem anderen in Abständen von drei Metern, alle rennen und der Lärm ist schrecklich“, berichtete er den Eltern am 10. Oktober 1938 in seinem ersten Brief nach Hause. Sofort nach seiner Ankunft schickte er ein Telegramm mit zwei englischen Wörtern: *„Good arrived“*, eine wörtliche Übersetzung der deutschen Redewendung „Gut angekommen“. Er wollte in einem englischen Postamt kein Deutsch benutzen.

An einem dunklen Oktoberabend kam er in Bournemouth an und wurde von Donald Langdon, dem Direktor der Schule St Mary's Lodge, und einem Schüler seines Alters abgeholt, der ihn begleiten sollte. Er ging sofort schlafen und hatte am Morgen seine erste wenig glückliche Begegnung mit der englischen Teekultur. Jemand brachte ihm eine Teekanne, hatte aber vergessen, heißes Wasser hineinzugeben, sodass George, als er den Deckel abnahm, am Boden nur eine gelbbraune Mischung aus Tee und Zucker erblickte.

„Alle sind sehr nett, und ich bin überrascht, wie viel Englisch ich kann; ich bin in der Lage, mich hervorragend zu verständigen“, schrieb er. Allerdings, so fügte er hinzu „ist das Essen schrecklich, das Mittagessen geht, aber ansonsten: morgens, nachmittags und abends heißer Tee mit Milch, ohne Zucker, ohne Zitrone oder Rum."

Wie viele der kleinen, privaten Internate, die über Großbritannien verstreut sind, war St Mary's Lodge, das zwei Wohnblocks von der Seepromenade entfernt in einem Privathaus untergebracht war, eine etwas seltsame Institution. Donald Langdon war ein entlassener Jesuitenpriester und Mitglied der British Union of Fascists von Oswald Mosley, der sich allerdings, vor allem wohl aus finanziellen Gründen, damit einverstanden erklärt hatte, einige jüdische Flüchtlingskinder wie Mandler aufzunehmen. George nahm auch keine offenkundigen Anzeichen von Antisemitismus wahr.

Die Qualität des Unterrichts war bestenfalls gemischt. Von einem der Lehrer, Paddy Minogue, schrieb Mandler, er sei „zwar ein Lehrmeister des Französischen, aber nicht wirklich ein Meister des Französischen". Trotzdem verhalf ihm St Mary's Lodge in nur acht Monaten nach seiner Ankunft in England zu seinem Oxford School Certificate in englischer Sprache und Literatur, Französisch, Deutsch und Mathematik – die Voraussetzung für ein Studium in Großbritannien.

In den ersten Wochen war William Eade Georges Lieblingslehrer, doch es stellte sich rasch heraus, dass Eade mit seiner anfänglichen Aufmerksamkeit – er deponierte Süßigkeiten und Zettel mit aufmunternden Worten unter Georges Kopfkissen – bestimmte Absichten verfolgte. Zwar machte ihm Eade nie eindeutige Avancen, rechnete aber zweifellos damit, dass George auf die Bemühungen seines Lehrers eingehen werde. Als dies auch nach einem Jahr noch nicht der Fall war, schickte Eade seinem Schüler eine bösartige Mitteilung, in der er ihm Niedertracht und Unzuverlässigkeit vorwarf und zu dem Schluss gelangte, alle Juden seien Abschaum.

Etwas überrascht war George, dass die anderen Jungen kaum zu Schikanen gegenüber dem ausländischen Neuankömmling neigten. Das häufigste Thema in dem Tagebuch, das er während seiner Schulzeit führte, war das grauenhafte Essen.

Die tiefste und dauerhafteste Beziehung, die George Mandler in Großbritannien knüpfte, betraf niemanden in St Mary's Lodge, sondern eine Familie Isaac, der er von der Flüchtlingsorganisation als Feriengast zugewiesen war. Für George wie für andere Flüchtlingskinder schien die Frage, ob sie bei ihrer Ankunft in Großbritannien freundlich oder gleichgültig aufgenommen wurden, eine Glückssache zu sein.

Gina und Stanley Isaac sowie ihre Kinder Alan und Anne (Tuffy) wurden seine zweite Familie. Alan, der George im Alter nahestand, nahm ihn auf anspruchsvolle Radtouren mit. Die beiden blieben bis an ihr Lebensende befreundet. Während der Ferien fuhren die Isaacs immer nach Poole, einem Seebad unweit von Bournemouth. Dort verbrachte George einen Großteil seiner Zeit mit ihnen. Auch bei Kriegsausbruch im September 1939 war er bei ihnen. Er konnte sich noch erinnern, dass alle vor dem Radio hockten, aber das Ereignis hinterließ keinen tieferen Eindruck bei ihm, „denn für mich schien es nur eine Fortsetzung des Zustands der Welt zu sein, in dem sie sich befand", schrieb er.

Während dieser ganzen Zeit, in der er neue Freundschaften schloss, eine neue Sprache lernte und Examen in seiner neuen Schule ablegte, übernahm George die Verantwortung dafür, seine Eltern und seine Schwester aus Wien herauszuholen, Mutter und Vater sichere Arbeitsvisa und Trudi einen Platz an einer örtlichen Schule zu besorgen. Neben vielen anderen Aufgaben bedeutete es, zahllose Briefe zu schreiben, in denen er um die Schirmherrschaft der Reichen und Berühmten bat, etwa des Autoherstellers und Philanthropen Viscount Nuffield oder des ungarischen Emigranten Stefan Lorant, des Mitbegründers der Zeitschrift *Picture Post*. Entweder antworten sie gar nicht oder erteilten ihm eine Absage.

Stattdessen kam die Rettung aus den langsam mahlenden Mühlen der US-Bürokratie. Die Visa für Georges Eltern und seine Schwester Trudi trafen gerade noch so rechtzeitig ein, dass sie durch Italien reisen und ein Schiff nach New York erreichen konnten, bevor der Krieg begann. Von da an brauchte George sich nicht mehr um Schirmherrschaften und finanzielle Unterstützung zu kümmern, eine Tätigkeit, die sich zu einer Vollzeitbeschäftigung entwickelt hatte.

„Manchmal vergesse ich, dass ich in diesem Rückblick von einem Jungen im Alter von dreizehn bis sechzehn Jahren berichte. In meiner Erinnerung bin ich mehr ein Erwachsener, vermutlich, weil mir die Aufgaben von Erwachsenen auferlegt wurden", schrieb er. „Ich fand immer, dass die Emigration und die mit ihr verbundenen Ereignisse meine Generation ihrer Jugend beraubt haben."[24]

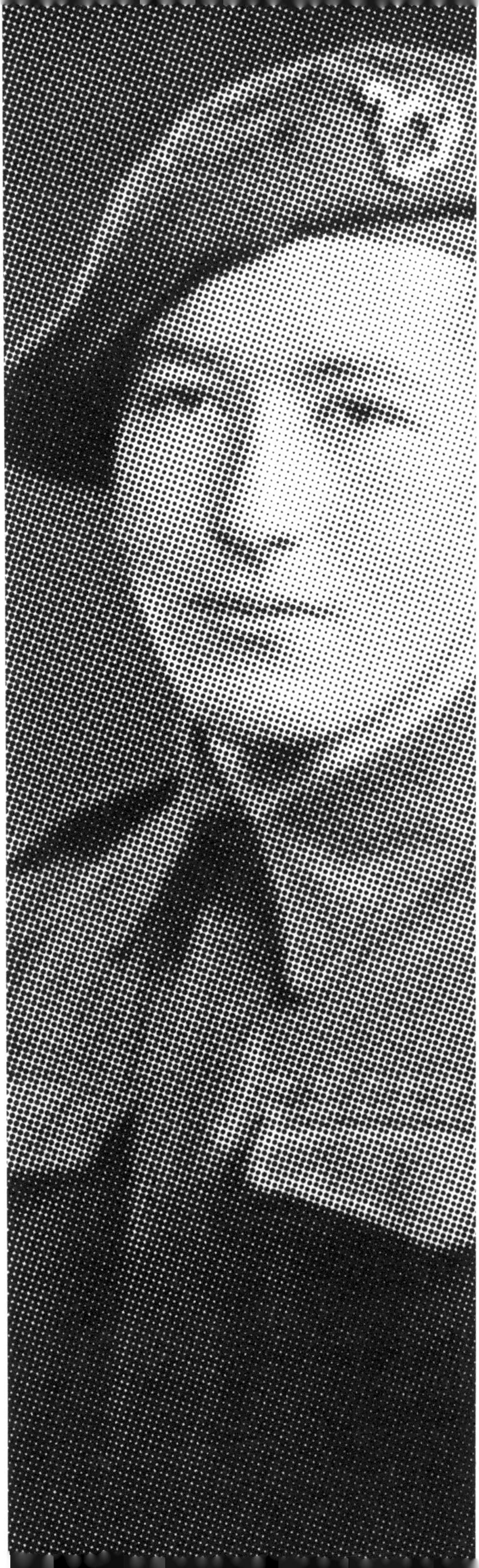

6

Siegfried, Paula und die Ankunft in Großbritannien

Siegfried und Paulas Vater wurde umgebracht, noch bevor sie Wien verließen. Karl Neumann, ein Rechtsanwalt, war verhaftet und im April, einen Monat nach der Nazi-Okkupation, nach Dachau geschickt worden – ein Opfer der vollkommen willkürlichen Dachau-Lotterie. Einig Tage später zerstörten Braunhemden die Wohnung der Familie in der Favoritenstraßen, eine der längsten Straßen in Wien, voller Geschäfte und Restaurants, im zehnten Bezirk.

Ohne den Vater und Ernährer mussten die Kinder und die Ehefrau Berta aus eigener Kraft überleben, so gut es ging. Am 10. Oktober 1938 gab Siegfried, gerade sechzehn geworden, sein Inserat im *Manchester Guardian* selbst auf. Der Wortlaut: „Ich würde sehr gerne Lehrling oder Au-pair werden“, und fügte hinzu, dass er sechs Gymnasialklassen absolviert habe, bevor ihm klar geworden sei, dass er – in Klammern gesetzt – Jude sei.

Inzwischen war ihr Vater ins Lager Buchenwald gebracht worden. Im Dezember 1938 erhielt die Familie ein Telegramm, in dem ihr sein Tod mitgeteilt und sie davon in Kenntnis gesetzt wurden, dass sein Leichnam, wenn sie ihn nicht binnen vierundzwanzig Stunde abholten, eingeäschert würde.

„Meinen Bruder, der diese schreckliche Nachricht als Erster las, ließ der Schock vollkommen erbleichen, und die Angst und Verzweiflung meiner Mutter boten einen entsetzlichen Anblick", schrieb Paula in einem Erinnerungsbericht, den sie sehr viel später für ihre Familie verfasste. „Ich beobachtete Bruder und Mutter und hatte das Gefühl, die Welt, die ich gekannt hatte, zerfiele vor meinen Augen."

Berta brach sofort auf, um dafür zu sorgen, dass Karl nach jüdischem Ritus beerdigt wurde. Das geschah in Gotha, der Stadt, in der sich, soweit sie feststellen konnte, der jüdische Friedhof befand, der dem Lager am nächsten war. Von einem Mithäftling hörte die Familie später, Karl sei im Buchenwalder „Krankenrevier" an einer der Krankheiten gestorben, die im Lager grassierten, höchstwahrscheinlich an Typhus.

Anfang 1939 wurde das Leben in Wien gefährlicher. Nachbarskinder schrien „Jude" und bewarfen Siegfried und Paula mit Steinen. Im April wurde Siegfried mit jüdischen Jungen zusammengetrieben und verschwand für einige Tage. Sie mussten Zwangsarbeit leisten, bevor sie wieder nach Hause zu ihren verzweifelten Eltern zurückkehren durften.

Auf seine Bitte um eine Lehrstelle wurde Siegfried ein Ausbildungsplatz zum Möbeltischler in Liverpool angeboten, wo eine Familie sich bereit erklärte, ihn aufzunehmen, während das Deutsch-Jüdische Hilfskomitee ein weiteres Visum für seine Schwester beschaffte. Mitte April verabschiedeten Berta and Paula Siegfried auf dem Westbahnhof, am 12. Mai war Paula an der Reihe. An diesem Morgen ging Berta in die Stadt, um noch in letzter Minute Einkäufe zu erledigen. Paula sog die Einzelheiten jeder Straße in sich auf, weil sie dachte: „Es ist das letzte Mal. Morgen bin ich weit weg und werde das alles nicht mehr wiedersehen."

Ihr Zug fuhr um 18 Uhr ab. Beim Betreten des Bahnhofs empfand sie Angst – sie war knapp neun Jahre alt –, aber auch Erleichterung, weil sie entkommen konnte. Nachdem sie und ihr Cousin Erni, der mit ihr reiste, ihre Sitze gefunden hatten, kam sie ans Fenster, um ihrer Mutter auf dem

Bahnsteig ein letztes Mal zuzuwinken. Sie hatten abgesprochen, wann und wo sie wieder zusammenkommen würden, aber die Kinder sollten Berta nie mehr wiedersehen.

Als Erstes fiel Paula bei ihrer Ankunft in Harwich eine „wunderbare Veränderung der Atmosphäre“ auf. Sie und die anderen Kinder wurden von britischen Polizisten und Offiziellen umringt, aber diese waren da, um ihnen zu helfen, im Gegensatz zu ihren Nazi-Pendants, die sie nach Wertsachen abgetastet hatten. In Harwich reichte man ihnen in kleinen Pappschachteln etwas zu essen, einschließlich einer Tafel Schokolade, und geleitete sie zur nächsten Etappe der Reise, die nach London führte.

Auf dem Bahnhof Liverpool Street ergoss sich die Menge der Kinder auf den Bahnhof, jedes mit einer Nummer auf einem Zettel, den es um den Hals trug. Zwischen ihnen befanden sich eine Handvoll Erwachsener mit sehr kleinen Kindern, die sie hatten begleiten dürfen, unter anderem eine Frau, die in einem Korb Zwillinge im Säuglingsalter trug.

Auf dem gleichen Weg, den Bobby Borger und die anderen Kinder aus dem *Manchester Guardian* genommen hatten, wurden sie in die Bahnhofshalle gebracht, wo sich die künftigen Pflegeeltern aus dem ganzen Vereinigten Königreich versammelt hatten und nun etwas ängstlich nach einem Kind mit der Nummer Ausschau hielten, die ihnen zugewiesen worden war. Diese ersten Begegnungen lösten eine höchst ambivalente Mischung von Empfindungen und Impulsen aus: Freundlichkeit und Beklommenheit; Sehnsucht und die fast unvermeidliche Enttäuschung.

Den Eindruck, den Paula Neumann von der Frau hatte, die sie am Bahnhof Liverpool Street abholte, beschrieb sie wie folgt: „... eine Dame, die nicht unfreundlich, aber vollkommen und zutiefst anders war als alles, was ich gekannt und erwartet hatte. Ich fühlte mich einsam und verängstigt und von da an auch ‚anders‘. Natürlich war es nicht das Gefühl der ‚Andersartigkeit‘, das ein jüdisches Kind unter der Naziherrschaft empfindet, aber doch das Empfinden, nicht zu der Gesellschaft zu gehören, die mich jetzt umgab.“

Ettie Lebovitz, Paulas Pflegemutter, eine Ostjüdin aus einer früheren Einwanderungswelle, war ihrerseits über die Andersartigkeit des Mädchens bestürzt, das sie vor sich sah.

Sie war mit ihrer Schwester aus Liverpool angereist, und beide waren zum ersten Mal in London. Sie hatten vorgehabt, sich mit ihrem neuen

Paula Neumann als junge Frau, um 1952.

Schützling die Stadt ein wenig anzusehen, doch als sie sahen, wie „seltsam“ Paula angezogen war, beschlossen sie, mit dem nächsten Zug nach Hause zu fahren.

Liverpool wurde ein tiefer Schock. Paulas Eltern hatten in Wien gelegentlich mit finanziellen Engpässen zu kämpfen gehabt, aber für sie und Siegfried war immer gesorgt gewesen – gutes Essen, schöne Kleidung und angemessene Ausbildung. In ihrer Wohnung in der Favoritenstraße lebten die Neumanns in der Pracht und Eleganz einer postimperialen Hauptstadt. Liverpool war eine Industriestadt und war von der Weltwirtschaftskrise stark in Mitleidenschaft gezogen worden. Ettie und Isaac Lebovitz' Haus lag in der Great Homer Street im Stadtteil Everton, einer Reihe schwärzlicher Backsteinhäuser, die im Erdgeschoss überwiegend Läden enthielten. Das Ehepaar verkaufte in ihrem Geschäft Herrenanzüge, neue und gebrauchte.

„Es gab Straßen über Straßen mit diesen düsteren Häusern und überall Schmutz und Armut“, schrieb Paula. Entsetzt registrierte sie die „verdreckten, zerlumpten und barfüßigen Kinder auf den Gassen“, die stinkenden Außentoiletten und den Lärm des betrunkenen Gesangs und Gezänks, wenn sie nachts einschlafen wollte.

Inmitten dieses überwältigenden Gefühls der Fremdheit gab es wenigstens einen Trost. Ihre Pflegeeltern sprachen Jiddisch, das mit Paulas Wienerdeutsch genügend Ähnlichkeit hatte, um eine Verständigung zwischen ihnen zu ermöglichen.

Siegfried hatte in der Pflegeeltern-Lotterie mehr Glück. Auch seine waren arm, aber verständnisvoller. Jeden Samstagnachmittag besuchte er Paula, dann gingen sie spazieren, kauften Schokolade bei Woolworth und sprachen über ihre Probleme. „Für mich wurde er Vater und Mutter, und ich hing an ihm, weil er damals der einzige Mensch war, dem ich mich nahe fühlte, und das blieb so viele Jahre lang“, schrieb sie.

Auch dieser einzige Trost wurde ihr genommen, als Siegfried 1940 interniert wurde, obwohl er erst achtzehn Jahre alt war, und als „feindlicher Ausländer“ nach seiner Freilassung wegen der strategischen Bedeutung des Hafens von Liverpool nicht mehr in der Stadt leben durfte. Er zog nach Manchester und ging dann zum Militär, wodurch sich seine Treffen mit Paula sehr verkürzten.

Paula besuchte die jüdische Schule King David, eine halbstündige Straßenbahnfahrt von der Great Homer Street entfernt. Nach drei Monaten sprach sie genügend Englisch, um zurechtzukommen und Freunde zu finden, auch unter nichtjüdischen Mädchen, die in Everton wohnten und sie mit ins Kino nahmen. Von dort aus machten sie Ausflüge an den Strand von New Brighton in Wallasey auf der anderen Seite der Mersey-Mündung, von wo aus Paula aufs Meer hinausblickte und sich aus Liverpool fortwünschte.

Zwar nannte sie Ettie und Isaac Lebovitz „Tante“ und „Onkel“, aber es war eine kühle Beziehung zu ihnen. „Selten“ kam es zu Küssen und Umarmungen, und seit dem ersten Augenblick auf dem Bahnhof Liverpool Street wurde sie ständig daran erinnert, dass sie „seltsam“ war, weil sie klassische Musik liebte, gerne tanzte und Weinkrämpfe bekam, wenn sie ihre Eltern vermisste.

„Ich war nicht das hübsche, fröhliche Kind, das meine Pflegeeltern gerne gehabt hätten“, erinnerte sie sich. Immer wenn es ein Problem mit ihrem Verhalten gab, wurde sie daran erinnert, dass ein Mädchen in ihrer Situation aus lauter Dankbarkeit vermeiden müsse, Probleme zu machen.

Eine Generation zuvor waren die Lebovitzes aus Westrussland nach England gekommen und mussten ab ihrem zwölften Lebensjahr arbeiten, um zum Lebensunterhalt der Familie beizutragen. Nur Jungen bekamen ein Jahr Cheder (Unterweisung in der jüdischen Religion), daher zeigten sie ungeachtet Siegfrieds Bitten wenig Verständnis für Paulas Wunsch nach einem weiterführenden Schulbesuch.

Ihr Pflegebruder Sam war genauso alt wie Siegfried, aber absolut kein Ersatz für diesen. Er habe „sich kaum um sie gekümmert“, schrieb sie, abgesehen davon, dass er sie wegen ihrer mageren Statur aufgezogen habe. Lizzy, das Knochengestell, nannte er sie.

Im Sommer 1939 stand Paula in regem Briefwechsel mit ihrer Mutter, und die Tochter klammerte sich an die Hoffnung, Berta werde eines Tages nach Liverpool kommen und sie wieder zu sich holen. Doch mit der Kriegserklärung im September blieben die Briefe aus. Danach kam 1941 nur noch ein Telegramm von Berta, in dem sie fragte, ob die Kinder lebten und wohlauf seien. Das war die letzte Nachricht, die Paula von ihrer Mutter bekam. Nie konnte sie in Erfahrung bringen, ob ihre Antwort Berta noch erreicht hatte.

Auf dem Höhepunkt der deutschen Luftangriffe wurde ihre Schule nach Chester evakuiert, und so befand sie sich ein weiteres Mal mit einem Zettel um den Hals und von verängstigten und weinenden Kindern umringt auf einem Bahnsteig. Doch ihre Gastfamilie in Chester vernachlässigte sie so sehr, dass sie, als ihre Pflegemutter nach drei Wochen zu Besuch kam, sofort darauf bestand, trotz der ständigen Bombendrohungen wieder nach Liverpool mitgenommen zu werden. 1940 verbrachte die Familie die meisten Nächte in einem Luftschutzbunker, ihr Viertel in der Nähe des Hafens wurde schwer beschädigt. Die Great Homer Street selbst war zur Hälfte zerbombt.

Die ganze Zeit beschlich die Neumann-Kinder ein unbestimmtes Gefühl der Trauer, während sich ihre schlimmsten Ängste allmählich bewahrheiteten. Niemand aus der engeren Verwandtschaft von Siegfried und Paula überlebte den Holocaust. Ihre Mutter Berta wurde am 28. November 1941 von Wien nach Minsk deportiert und kam unterwegs ums Leben. Selbst nachdem sie eine Bestätigung des Roten Kreuzes erhalten hatte, klammerte sich Paula noch an die vergebliche Hoffnung, ihre Mutter könnte durch ein Wunder noch am Leben sein. Es dauerte Jahre, bis sie diese Hoffnung aufgab.

Obwohl Paula während ihrer ersten neun Lebensjahre Deutsch und während der längsten Phase ihres Erwachsenenlebens in Israel Hebräisch sprach, blieb Englisch ihre bevorzugte Sprache. In Liverpool las sie fast jeden literarischen Klassiker, den sie finden konnte, und gab einen Großteil ihres Lohns für das Theater aus. Wortschatz und Wohlklang der Theatersprache haben einen bleibenden Eindruck auf sie gemacht.

Das war zu der Zeit, als Paula selbstständig wurde. Mit vierzehn Jahren hatte sie begonnen, ihren Lebensunterhalt als Friseurin zu verdienen. Als sie fast zwanzig war, starb ihr Chef plötzlich an einem Blutgerinnsel, woraufhin sie gebeten wurde, den Betrieb zu übernehmen.

1951 – mit einundzwanzig – beschloss sie, bei ihren Pflegeeltern auszuziehen, Liverpool zu verlassen und ihren Lebensunterhalt in London zu verdienen. Sie hatte keine Ahnung, was sie den Lebovitzes sagen sollte, daher verschob sie die Mitteilung bis zu dem Tag vor ihrer Abreise. Die Nachricht wurde mit Schweigen aufgenommen, das bis zu dem Moment anhielt, da sie zur Tür hinausging. Sie hatte keine Gewissensbisse.

„Ich habe mich in den insgesamt zwölf Jahren unserer Beziehung nie glücklich gefühlt", sagte sie und schrieb es der Gefühlskälte ihrer Pflegeeltern zu, der zunehmenden Radikalität ihrer eigenen linken Anschauungen, ihren atheistischen Tendenzen und ihrem Bestreben, mehr als nur ein „einfaches Arbeitermädchen" zu sein.

Nach dem Krieg schlossen sich Siegfried und Paula der Young Communist League an und besuchten Treffen in Moskau und verschiedenen Ostblockländern. Paula wurde zudem Mitglied im Unity Theatre, dem aus Laienschauspielern bestehenden „dramatischen Arm" der britischen Kommunistischen Partei. Für das Ehepaar Lebovitz war das ein schlagender Beweis für Gottlosigkeit.

In der Rückschau vermisste sie beim Gedanken an das Zusammenleben mit ihrer Pflegefamilie nur die gemeinsamen Winterabende, an denen ihr „Onkel" jiddische Artikel aus der New Yorker Zeitung *The Forward* vorlas. Davon abgesehen, gab es nichts. Ettie und Isaac Lebovitz, die ihr bei ihrer Rettung geholfen hatten, hielten es nie für notwendig, ihr wirklich das Gefühl zu geben, willkommen zu sein.

Einige der *Guardian*-Kinder erlebten in Großbritannien nur Ausbeutung, die notdürftig als Wohltätigkeit getarnt war. Liese Feiks, ein achtzehnjähriges Mädchen, wurde am 28. Juni 1938 als „Wiener Tochter des leitenden Direktors einer Versicherungsgesellschaft" beschrieben, die gerade ihren Schulabschluss gemacht habe, Deutsch, Englisch und Französisch spreche, ausgezeichnet Klavier spiele sowie Steno und Schreibmaschine in Englisch und Deutsch beherrsche. Eine britische Familie war bereit, sie aufzunehmen, aber auch gewillt, sie auszunutzen.

„Man nahm sie nicht nur aus ihrer Familie heraus, sondern zwängte sie in die Rolle des Dienstmädchens und ließ sie spüren, dass sie nicht auf gleicher Stufe mit den Leuten stand, für die sie arbeitete", erzählte mir ihr Sohn Martin Tompa, ein Informatikprofessor der University of Washington. Liese wurde konsequent von der Familie getrennt und musste alle ihre Mahlzeiten allein in der Küche zu sich nehmen. „Immer wieder hat sie mir versichert, dass dies die unglücklichste Zeit ihres Lebens war", sagte Martin.

In keinem der Fälle, mit denen ich mich beschäftigte, gab es wirkliche Grausamkeit vonseiten der Pflegeeltern, wohl aber viel Ambivalenz – auf der einen Seite den Wunsch, den Kindern und Jugendlichen in Not zu helfen, auf der anderen offenbar die Unfähigkeit, wahres Mitgefühl

Siegfried Neumann in britischer Uniform, etwa 1945.

oder Verständnis für ihr Leiden aufzubringen – oder es wuchs sogar eine Abneigung gegen ihre Schutzbefohlenen, weil sie nicht fröhlich genug oder einfach anders waren.

An die Zeit, die Gertrude Batscha bei ihrer ersten Pflegefamilie in Großbritannien verbrachte, dachte sie mit einem Gefühl sowohl der Dankbarkeit wie der Kränkung zurück.

Annie Partington, die sie in Bristol vom Zug abholte, war eine eindrucksvolle Erscheinung, von Kopf bis Fuß in Tweed gekleidet („altmodischere Kleidung habe ich nie zu Gesicht bekommen", schrieb Gertrude Jahrzehnte später), ein Filzhelm als Hut und ein Schal, der eine vom Kinn zur Wange verlaufende Brandnarbe zur Hälfte verdeckte.

Die Engländerin unterzog Gerti einer gründlichen Musterung, besah sie sich von oben bis unten, bevor sie ihren Koffer mit den Worten „Komm mit!" aufnahm, das Mädchen zu ihrem Auto führte und nach Keynsham fuhr, einer kleinen Ortschaft zwischen Bristol und Bath.

Dort kam sie in eine sehr englische, sehr „mittelschichtige" Familie. Mrs. Partington war eine treibende Kraft im örtlichen Women's Institute und verbrachte viel Zeit auf dem Golf- und Tennisplatz. Ihr Mann Frederick, der Leiter einer nahe gelegenen Fachschule, war gut aussehend und humorvoll, las viel und sprach nur sehr selten mit Gerti. Sie hatten zwei sommersprossige, rotschopfige Kinder, den dreizehnjährigen Geoffrey, der sich über den österreichischen Ankömmling meist lustig machte, und die siebzehnjährige Denly, ein zurückhaltendes Mädchen, das unter der Fuchtel ihrer Mutter stand und Gerti gegenüber zwischen Abneigung und einer Art verschwörerischer Solidarität schwankte.

Es wurde rasch deutlich, dass Annie Partington sehr unterschiedliche Beweggründe hatte, Gerti aufzunehmen. Zum einen stärkte es am Women's Institute ihren Ruf als Philanthropin, zum anderen war das Flüchtlingskind eine kostenlose Arbeitskraft, die man zum Hausputz einsetzen konnte.

Gerti musste am Morgen als Erste aufstehen, den Flur und Gartenweg fegen und die Milch holen. Nach dem Frühstück wusch sie ab und begann dann mit dem Reinemachen: Zimmer, Treppenhaus, Abstauben aller Oberflächen.

Mrs. Partington kontrollierte sie, indem sie mit dem Finger in verborgene Ecken und Winkel fuhr, um sicherzugehen, dass sie auch gründlich sauber gemacht hatte. Genau die gleichen Pflichten erlegte sie Denly auf, die nicht verhehlte, wie erleichtert sie war, dass Gerti ihr einen Teil der Last abnahm. Nichts dergleichen wurde von Geoffrey erwartet, der von allen diesen Aufgaben entbunden war.

Nach einigen Monaten bat Gerti Mrs. Partington, ihr das Kochen beizubringen, nur um die Auskunft zu erhalten, dass sie es in der Kunst des Reinemachens noch nicht weit genug gebracht habe, um diese höheren Weihen zu empfangen.

In ihren Erinnerungen unterstreicht Gerti, wie dankbar sie dieser schwierigen Engländerin dafür sei, „dass sie mich aus der Nazi-Hölle herausgeholt hat", gleichzeitig jedoch geht aus ihren Aufzeichnungen hervor, dass Mrs. Partington unter einem erstaunlichen Empathiedefizit litt. Rasch wurde sie ungeduldig, wenn Gerti weinte, weil sie Heimweh hatte oder sich um ihre Eltern sorgte.

Gerti befürchtete, sie könnte vergessen, wie ihre Mutter und ihr Vater ausgesehen hatten. Sie nannte es „Vergessensangst", und diese Angst veranlasste sie zu einem geheimen Ritual: Sie unternahm Spaziergänge durch die Straßen von Keynsham und tat so, als sei sie mit ihrer Mutter in Wien unterwegs, blicke mit ihr in die Schaufenster und folge bestimmten Lieblingsstrecken, wobei sie die Namen der Geschäfte vor sich her sagte und Wiener Operettenmelodien summte.

Sie war entsetzt, dass die Erinnerung an ihre Eltern verblasste, hoffte aber, sie könne diese durch einen bloßen Willensakt in ihrem Gedächtnis lebendig erhalten. Vor dem September 1939, als täglich ein Brief von der Mutter kam, war es leichter gewesen, doch nach Ausbruch des Krieges trafen keine Briefe mehr ein und die Vergessensangst nahm zu.

„Ich betrachtete ihre Fotografie und verlor im selben Augenblick ihr wirkliches Bild vor meinem geistigen Auge", schrieb sie. „Das ist eine fast traumatische Erfahrung; ich glaube, sie ist schwerer zu ertragen als getrennt zu sein und verwandelt mit Sicherheit eine längere Trennung in eine endlose Qual."

Gerti bezeichnete diesen allmählichen Verlust als „schleichende Verwaisung". 1942 war sie, ohne es zu wissen, tatsächlich zur Waise geworden. Weitere drei Jahre blieb der Tod ihrer Eltern unbestätigt.

„Im Laufe der Jahre verwandelten sich die Gesichter meiner Familie in die Gesichter ihrer Fotografien. Lange Zeit konnte ich das ‚wirkliche'

Aussehen meines Vaters und meiner Mutter heraufbeschwören, indem ich die Augen fest zusammenkniff", schrieb sie später. Diese extreme Konzentration auf ihre real existierenden Eltern war anfangs intensiv genug, um ihr Aussehen auf den Fotografien zu verdrängen, aber schließlich wurden die zweidimensionalen Schwarz-Weiß-Fotografien stärker als die Erinnerungsbilder und ersetzten sie, wie es bereits mit ihren verlorenen Großeltern, Onkeln und Tanten geschehen war.

Annie Partington bemerkte nichts von den Schwierigkeiten, die Gerti mit der Verdrängung hatte, und konnte nicht verstehen, dass das Mädchen so wenig mit der englischen Lebensweise anzufangen wusste. Sie bestand darauf, dass Gerti am Sonntag mit der Familie in die Kirche ging, und lehnte das Angebot des örtlichen jüdischen Flüchtlingskomitees ab, das Mädchen an den Wochenenden nach Bath in den Cheder zu holen.

Am schlimmsten aber war, dass das Ehepaar offenbar nie ernsthaft auf Gertis Bitten einging, ihren Eltern bei der Beschaffung eines Stellenangebots zu helfen. In Keynsham lebte ein anderes jüdisches Flüchtlingsmädchen aus Wien, Ruth Deutsch, ein Jahr jünger als Gerti, in einer Pflegefamilie, die nicht so wohlhabend, aber sehr viel herzlicher war als die Partingtons. Im Frühling hatte diese Familie geholfen, Aufenthaltserlaubnisse für Ruths Eltern zu organisieren, sodass diese aus dem Nazireich fliehen und nach Keynsham kommen konnten. Offensichtlich hatte sich dieser Rettungsakt mit ein bisschen Mühe vonseiten der britischen Pflegeeltern bewerkstelligen lassen, obwohl diese weder die Beziehungen noch die Bildung der Partingtons hatten.

Irgendwie gelang es Gerti in ihrem späteren Leben, ihnen zu vergeben. Annie war eine „fröhliche Frau, die versuchte, nett zu sein", schrieb sie. „So elend ich mich unter diesen Umständen auch fühlte und so unglücklich mich Mrs. P. und ihr Sohn auch häufig machten, ich empfand nichts als Dankbarkeit ihnen gegenüber … Aus nicht ganz erkennbaren Motiven hatten sie, die Gojim, die nötigen Vorkehrungen getroffen und ein jüdisches Kind gerettet", schrieb sie später als Yehudith Segal.

Doch im Sommer 1939 hatte Gerti das Gefühl, dass die ohnehin begrenzte Willkommensenergie der Familie verbraucht sei, besonders, als Mrs. Partington Andeutungen machte, dass die Familie sie nicht mit in den Sommerurlaub nehmen würde.

Das vierzehnjährige Wiener Mädchen ging einen Schritt weiter und suchte sich eine neue Bleibe. Sie schrieb an die Familie Katz, die ostjüdischen Freunde aus Wien, die mit den Eltern zusammen Fluchtmöglichkeiten erörtert hatten und denen es gelungen war, nach Leeds zu gelangen. Sie hatten Gertis Eltern zugesagt, sich in England ihrer anzunehmen, und ihnen versichert, dass sie auf immer in Adolf Batschas Schuld stünden, weil er geholfen habe, ihre Söhne aus Dachau zu befreien. Als Gerti ihnen schrieb, antworteten sie umgehend. „Komm sofort", schrieben sie. „Unser Heim ist dein Heim."

Anfang Juli 1939 zog sie nach Leeds. Annie Partington fuhr sie zum Bahnhof und wirkte traurig und erleichtert zugleich, als sie sie zum Zug brachte.

Das Leben bei der Familie Katz in Leeds war das genaue Gegenteil des Aufenthalts bei den Partingtons. Gerti schrieb, sie seien herzlich, gastfreundlich und fröhlich, aber mittellos gewesen. Die große Familie teilte sich zwei Zimmer über einer koscheren Schlachterei. In den wenigen verfügbaren Betten mussten sie abwechselnd schlafen, obwohl Gerti anfangs eine „königliche Behandlung" zuteilwurde und sie ein Bett für sich allein bekam. Aber angesichts der Knappheit von Ressourcen und Platz konnte sie dort nicht dauerhaft wohnen.

Gerti zog zu einer Frau namens Rosie Fisher, die in einem sehr viel größeren Haus, aber einer unglücklicheren Familie lebte. Sie war beträchtlich jünger als ihr Ehemann und stritt häufig mit ihm. Ständig belästigte er Gerti (der einzige Fall von sexuellem Missbrauch, der mir untergekommen ist), und beide, seine Frau und er, behandelten sie wie eine Dienstmagd.

Ein düsterer Tiefpunkt, der zusätzlich von den Ereignissen in Europa verstärkt wurde. Sie war bei den Fishers, als die Nazis am 1. September 1939 in Polen einfielen, und am 3. September hatten sie sich um das Radio versammelt, als Neville Chamberlain den Krieg erklärte. Von dem Augenblick an hatten ihre Eltern keine Chance mehr, nach Großbritannien zu gelangen.

Abgeschnitten von Heimat und Familie, hingen die Flüchtlingskinder nun gänzlich vom Wohlwollen Fremder und den Launen des Schicksals ab. Schlussendlich hatte Gerti mehr Glück: Eine Frau namens Sophie Cainer, eine Cousine der Fishers, meldete sich bei ihr. Sie hatten sich einige

Wochen zuvor kennengelernt und Cainer wusste von Gertis misslicher Lage. Die Familie war im Begriff, nach Bradford zu ziehen, wo ihr Mann, ein Arzt, eine Praxis eröffnen wollte.

Sie schlug Gertrude vor, zu ihnen zu ziehen und ihr mit ihren beiden Kindern zu helfen, der neunjährigen Vera und David, der fast sechs war. Sophie Cainer hatte ein Dienstmädchen eingestellt und Gerti versichert, man werde sie als Familienangehörige und nicht als kostenlose Arbeitskraft behandeln.

Gerti wollte wissen, ob sie wieder in die Schule gehen könne, denn seit dem letzten Juni in Wien hatte sie kein Klassenzimmer von innen gesehen. Doch der Schulbesuch war in ihrem Alter nicht mehr kostenlos, und eine Privatschule konnten sich die Cainers nicht leisten. Sie waren aber bereit, ihr Abendkurse zu bezahlen, und Sophie versprach, Gertrude nach Kräften im Englischen zu helfen.

In dem neuen Haus fand Gerti Batscha nun endlich etwas Frieden und Glück in England. Sophie Cainer war die erste Gastmutter, die nicht versuchte, sie auszubeuten. Sie lehrte das Mädchen nähen, kochen, Brot backen, frischen Fisch auf dem Markt zu kaufen und Küken großzuziehen, um die Kriegsrationen der Familie mit eigenen Eiern aufzubessern. Als die Zeit reif war, half sie dem Mädchen, etwas Berufserfahrung zu sammeln.

Gerti bekam eine Stellung in einer Kinderkrippe und betreute Kinder, deren Mütter arbeiten mussten, während ihre Männer im Krieg waren. Ihre Kolleginnen und die Mütter kamen aus der Arbeiterklasse Bradfords, und ihr wurde klar, dass sie das Rückgrat des Krieges gegen die Nazis waren.

„Alle erschienen sie mir stets fröhlich, mutig, unerschütterlich und ‚diesem Hitler' gegenüber von tiefer Verachtung erfüllt, der ihnen viel zu lächerlich erschien, um ihn wirklich hassen zu können", meinte sie später. „Ich bewunderte sie zutiefst und wurde zu einer überzeugten Anglophilen!"

In ihrem Erinnerungsbericht schrieb sie: „Es waren schwierige, entbehrungsreiche Zeiten mit dem Krieg und den entsetzlichen Enthüllungen über das Schicksal meiner ganzen Familie. England hat mich unauslöschlich geprägt, und ich glaube, dass es eine positive Prägung ist. Ich mochte die Engländer, ob Juden oder Nichtjuden. Es fiel mir leicht, mich an die englische Mentalität zu gewöhnen, und ich denke, es lag nicht daran, dass ich jung war. Augenscheinlich sagte sie mir zu und verband sich reibungslos mit meiner Wiener Erfahrung und Erziehung. Vor allem aber mochte ich den englischen Humor, und das ist bis heute so geblieben!"

„England im Allgemeinen und die Engländer im Allgemeinen behandelten die Flüchtlingskinder sehr human und nahmen sich ihrer seelischen Verletzungen an", schloss sie.

Doch noch bevor der Krieg beendet war, nahm Gertrude sich vor, England zu verlassen. Die Cainers und viele ihrer Freunde in Bradford waren Zionisten, und Gerti ließ sich von ihrer Begeisterung für das jüdische Heimatland anstecken. Sie schloss sich der sozialistisch-zionistischen Jugendbewegung an und zog nach Manchester, um neben ihrer Arbeit ehrenamtlich andere jüdische Jugendliche zu betreuen, die die Absicht hatten, nach Palästina zu emigrieren.

Als am 8. Mai 1945 der Krieg schließlich endete, strömte ganz Manchester auf die Straßen, um das Ereignis zu feiern, aber für die jüdischen Flüchtlinge kam mit dem Ende der Feindseligkeiten auch ein entsetzliches Trauma, die Bestätigung ihrer schlimmsten Befürchtungen, als die alliierten Streitkräfte die Tore der Konzentrationslager erreichten.

Angehörige der jüdischen Brigade der britischen Armee, die zur Erholung nach Manchester geschickt wurden, berichteten den Jugendlichen aus Gertrudes zionistischer Gruppe, was sie in Bergen-Belsen gesehen hatten.

„Was bis dahin in Gemüt und Bewusstsein als Gerücht oder Verdacht abgetan werden konnte, erwies sich jetzt als unabweisbare Realität, eine Realität, die schrecklicher als der schlimmste Albtraum war", schrieb sie.

Die schwache Hoffnung, ihre Eltern könnten in irgendeinem Lager lebend gefunden werden, erschien unendlich gering, aber solange noch einige Überlebende entdeckt wurden, gab es noch Hoffnung. Sie ließ sich beim Internationalen Komitee vom Roten Kreuz (IKRK) registrieren, das eine riesige Datenbank einrichtete, die den Familien helfen sollte, sich in den Trümmern des Krieges wiederzufinden.

Zunächst wurden ihre Hoffnungen geweckt, als es in einer Nachricht des IKRK hieß, jemand suche nach ihr, dort aber nicht mitgeteilt wurde, wer nach ihr suche. Drei Monate lang glaubte sie, es seien ihre Eltern, bevor sie erfuhr, dass es sich um ihre Tante Liese handelte, eine Cousine ihrer Mutter, die Theresienstadt überlebt hatte.

Dann traf ein dicker Briefumschlag ein. Als Gerti ihn öffnete, fielen Familienfotos heraus. Der Begleitbrief stammte jedoch nicht von ihren Eltern, sondern von nichtjüdischen Freunden, auf deren Obst- und Honighof vor den Toren Wiens sie in den ersten beiden Kriegsjahren gelegentlich zu Besuch gewesen waren. Adolf und Vally hatten diesem Ehepaar ihre Wertsachen anvertraut. Nicht lange danach kam ein dünnes Kuvert vom IKRK mit einer kurzen Auflistung von Namen, Plätzen und ungefähren Todesdaten ihrer Familie.

„Ich habe nicht die geringste Erinnerung daran, wie ich diesen Brief geöffnet habe oder wie er ausgesehen hat oder wohin er verschwunden ist", sagte sie. „Alles, was ich habe, ist – tief zwischen meinen anderen Dokumenten vergraben – ein Stück Papier mit einer Bleistiftkopie dieser Liste in meiner Handschrift, die ich nur etwa alle zehn Jahre heraushole und anschaue."

Als sie das Schreiben zum ersten Mal las, saß sie mit den anderen jüdischen Freiwilligen zusammen. Sie hatte einen Zusammenbruch, war nicht mehr ansprechbar, musste ins Bett gebracht werden, blieb dort drei Tage lang und weinte.

„Ich hatte das Gefühl, mir wäre die Schnur, mit der ich meine Nerven, Gefühle und Reaktionen in Zaum hielt, plötzlich aus der Hand gerutscht, und ich hätte nun keine Kontrolle mehr über mich", schrieb sie.

Die Mitglieder der Familie Hess waren gezwungen, getrennt aus Wien zu fliehen, aber sie überlebten alle. Alice Hess kam am Montag, den 13. März 1939, in London an, genau ein Jahr nach der Proklamation des „Anschlusses". Ihre Mutter ließ sich vorübergehend von ihren Pflichten als Hausangestellte entbinden, holte sie am Bahnhof Liverpool Street ab und verbrachte eine kurze Zeit mit ihrer Tochter, bevor sie sie in den Zug nach Manchester setzte.

Ihr Vater Béla, dem es gelungen war, sich aus Dachau zu befreien, traf Ende März ein. Zwar hatte Josefine jemand aufgetrieben, der eine Beschäftigungsgarantie für ihren Ehemann unterzeichnet hatte, aber es wartete keine echte Stelle auf ihn. Josefine teilte ihren Wochenlohn mit ihm. Zehn Shilling brauchte er für die Miete und weitere zehn Shilling fürs Essen. Alice schrieb: „Meine Mutter wurde als Hausangestellte sehr schlecht behandelt, konnte sich aber eine Kündigung nicht leisten, weil mein Vater das Geld brauchte, um zu überleben."

Als Letzte aus der engeren Familie Hess entkam Gerty, die jüngste Tochter, die bei der Großmutter geblieben war. Sie traf Ende Mai 1939 in London ein und blieb bei Josefine und Béla in London, wo sie eine Lehrstelle als Friseurin bekam. Alice blieb bei der Familie in Manchester, die sich auf ihr Zeitungsinserat gemeldet hatte, und fand Arbeit in einer Textilfabrik.

Ihren Vater sah sie erst im Juni 1940 wieder, als er zu Besuch nach Manchester kam, Tage, bevor er mit Tausenden von Männern aus Deutschland und Österreich auf der Isle of Man interniert wurde. Fünf Monate später schien das Schicksal der kleinen Familie wieder eine andere Wende zu nehmen. Sie erfuhren, dass ihre US-Visa bewilligt worden waren.

Béla wurde aus der Internierung entlassen, und Alice begab sich auf schnellstem Weg nach London, um sich in der Botschaft den erforderlichen medizinischen Untersuchungen zu unterziehen. Doch es war zu spät.

Mit jedem Tag, der verstrich, wurde die Atlantiküberquerung gefährlicher. Am 2. Juli 1940 wurde die *Arandora Star* auf dem Weg nach Kanada mit internierten Flüchtlingen und Kriegsgefangenen an Bord von einem deutschen U-Boot vor der irischen Küste torpediert und versenkt. Mehr als siebenhundert Internierte verloren ihr Leben. Am 17. Dezember wurde die *City of Benares*, unter deren Passagieren sich evakuierte britische Kinder befanden, auf der Überfahrt von Großbritannien nach Kanada von einem Torpedo getroffen. Unter den 258 Opfern befanden sich 77 Kinder und Jugendliche. Die Katastrophe veranlasste Premier Winston Churchill zur Aufgabe des Vorhabens, britische Kinder nach Nordamerika in Sicherheit zu bringen. Der Fluchtweg über den Atlantik war versperrt.

Familie Hess blieb nichts anderes übrig, als während der deutschen Luftangriffe in London zu bleiben, wo sie sich in St John's Wood ein Zimmer teilten. Alice arbeitete als Schneiderin, Gerty als Friseurin und Béla fand Arbeit in einem Londoner Büro.

1941 erließ Englands Arbeitsminister Ernest Bevin die Essential Work Order, die zusätzliche Arbeitskräfte der Kriegsindustrie zuwies und die Meldepflicht für Frauen im arbeitsfähigen Alter einführte. Alice und Béla trugen sich beide für eine Ausbildung in Metallverarbeitung ein. Sie lernte, wie man an einer Drehbank Schrauben herstellt, und er, Stahl zu fräsen.

An ihrem ersten Arbeitstag stand Alice an ihrer Drehbank einem anderen jüdischen Flüchtling aus Österreich gegenüber, Richard Schoen, einem einundzwanzigjährigen Mann aus Groß-Siegharts, einer Kleinstadt, die ungefähr hundert Kilometer nordwestlich von Wien liegt.

Richard hatte vier Monate Dachau überlebt – Schläge, Zwangsarbeit und Frost – und war als Einziger aus seiner Familie entkommen. Er hatte mitangesehen, wie sein älterer Bruder Poldi in der Pogromnacht von der Polizei in einen Notarrest fortgeschleppt wurde, weil er sich über die Behandlung beschwert hatte. Er hat ihn nie wiedergesehen. Richard wurde von seinen Eltern aus Dachau herausgeholt, indem sie ihm ein Visum für Shanghai besorgten, obwohl man seine Freilassung aus dem Lager um einen Monat verzögerte, damit seine Verletzungen ausheilen konnten. Als er wieder bei seinen Eltern in Wien eintraf, bot sich ihm die Möglichkeit, durch die Israelitische Kultusgemeinde, die Dachau-Überlebende bevorzugt behandelte, ein Arbeitsvisum für Großbritannien zu bekommen.

Nach seiner Ankunft setzte Richard alles daran, seine kleine Schwester Irma zu retten, die der Vater zu Verwandten in Mannheim geschickt hatte, weil er aus irgendeinem Grund angenommen hatte, sie sei dort sicherer. Aber das brauchte Zeit. Irma war fünfzehn, jenseits der Schulpflicht, aber zu jung für eine Hausangestellte. Als es ihm schließlich gelang, ihr eine Arbeitsgarantie und die nötigen Papiere zur Ausreise aus dem Reich zu besorgen, war es zu spät. Der Krieg brach aus – und die Fluchtroute war abgeschnitten.

Richard konnte es nicht wissen, aber im Juli 1942, zu der Zeit, als er Alice Hess an der Drehbank kennenlernte, wurden seine Eltern von Wien nach Theresienstadt deportiert und von dort einige Zeit später nach Treblinka. Im folgenden Monat, am 17. August 1942, wurde die neunzehnjährige Irma in einen Zug gepfercht, der sie nach Maly Trostenez südlich von Minsk brachte, wo sie vier Tage später erschossen wurde.

1944 heirateten Alice und Richard und fanden eine Wohnung in der Westbourne Park Road in Notting Hill. Als der Krieg vorbei war, arbeitete sie wieder als Schneiderin, während er, wie seine Schwägerin, sein Glück als Friseur versuchte. Im Dezember 1947 stellte Alice fest, dass die schwanger war. Wenige Monate später erhielt das Paar Einwanderungsvisa für die USA, die sie vor die schwierige Frage stellten, wo sie leben sollten. Am Ende entschieden sie sich für die Atlantiküberquerung nach Amerika, wo sie hofften, Söhne großzuziehen und Freude am Leben zu finden. Richard aber brachte einen Abgrund mit hinüber, den er nie zuzuschütten vermochte.

Ihr Sohn Dennis schrieb, Richard habe sich „nie von dem Schuldgefühl erholt, weil er meinte, er hätte mehr tun müssen, um Bruder und Schwester zu retten. Das quälte ihn sein Leben lang. Er litt entsetzlich unter der Frage, warum er als Einziger aus der Familie überlebte."

Wien

7

Rettung und Gefangenschaft

Meine beiden Großeltern fanden in England Zuflucht. Erna, unsere Omi, arbeitete als Hausangestellte im Londoner Stadtteil Bayswater, zwei Blocks vom Hyde Park entfernt, für die Familie Samek und verdiente fünfundzwanzig Shilling die Woche. Zusätzlich erhielt sie vom German Jewish Aid Committee im Bloomsbury House, einem ehemaligen Hotel, das nach dem März 1938 Sitz mehrerer Flüchtlingsorganisationen wurde, ein Pfund im Monat und einige gespendete Kleidungsstücke. Diese Spenden sind mit roter Schrift in den Unterlagen des Komitees vermerkt: „Kleid, Schuhe, 1 Unterkleid, 1 Schlüpfer".

Leo bekam ein Visum dank einer Arbeitsgarantie von Walter Williamson, einem Farmer aus Edgmond, einer kleinen Ortschaft in Shropshire, der ein

Zimmer angeboten hatte, entweder durch Vermittlung des Komitees oder der Quäker. Mein Großvater war sich nicht ganz sicher.

Die offizielle Begründung für Leos Visum war die Zusage, dass er eine unbezahlte Ausbildung als Landarbeiter erhalten würde. Im Protokoll seines ersten Gesprächs beim Committee heißt es: „Er sucht Hilfe." Bloomsbury House gab ihm für seine ersten Monate in London etwas mehr als sechs Pfund und das Geld für eine Fahrkarte nach Shropshire.

Von Mai bis Oktober arbeitete Leo als Landarbeiter auf dem Hof von Williamson in Standford Hall, als dort keine Arbeit mehr für ihn war, zog er die Straße ein Stück hinunter in ein altes Pfarrhaus in Chetwynd, dem Heim von Shropshires berüchtigtstem Gespenst. Madam Pigott, so geht die Legende, war etliche Jahrhunderte zuvor im Kindbett gestorben, nachdem sie der örtliche Gutsherr verstoßen hatte. Seither erschien sie von Zeit zu Zeit in einem weißen Kleid, ihr ungeborenes Kind eng an sich gedrückt.

Leo wurde von Hochwürden Henry Temple Robins aufgenommen, einem achtundsechzigjährigen Pfarrer, der für seine leidenschaftlichen Predigten bekannt war, in denen er seine Schäflein wegen ihrer leichtfertigen Lebensweise abkanzelte. Sieben Jahre später brachte Robins es noch einmal zu einer gewissen Berühmtheit, weil er auf sehr ungewöhnliche Weise aus dem Leben schied. Irrtümlich hielt er eine Flasche Ätznatron für Kommunionswein, trank daraus und starb einen extrem qualvollen Tod.

Anfang 1940 dachte Leo daran, nach London zu ziehen, doch mit ihren fünfundzwanzig Shilling im Monat konnte Omi ihn beim besten Willen nicht miternähren, noch nicht einmal vorübergehend, während er auf Stellensuche war. Im Februar 1940 wurde eine Stelle bei Morris & Co frei, Shrewsburys größtem Arbeitgeber, der eine ganze Firmenkette betrieb, vom Ölhandel bis zu Kleinhandelsgeschäften, Bäckereien und Cafés. So gelangte Leo in die Stadt, in der er den Rest seines Lebens verbringen sollte.

Wie damals alle Immigranten musste Leo seine Ausländerbescheinigung immer bei sich haben, ein Heftchen, in dem seine Adresse und die Pflichtbesuche auf der örtlichen Polizeiwache verzeichnet waren. Am 27. Oktober 1939 war ihm dort gerichtlich bescheinigt worden, dass er der Kategorie C angehöre, der untersten Opferkategorie der „Flüchtlinge vor Nazirepression".

„Der Inhaber dieser Bescheinigung ist bis auf Weiteres von der Internierung und den besonderen Beschränkungen ausgenommen, die für feindliche Ausländer gelten", hieß es auf einem Stempel in dem Heftchen.

Von den 73.000 deutschen und österreichischen Staatsbürgern, deren Status als feindliche Ausländer gerichtlich überprüft wurde, kamen 66.000 in die Kategorie C, in der sie angeblich vor Haft und speziellen Einschränkungen geschützt waren.

Dieses Versprechen hatte keine zwölf Monate Bestand. Im Frühjahr 1940 griff in Regierungskreisen eine Panik vor der „Fünften Kolonne" um sich, ein Begriff, der erst kurz davor geprägt worden war. Nach der Besetzung der Niederlande durch Hitlers Truppen, reichte Sir Nevile Bland, ein Sondergesandter bei der niederländischen Regierung, einen hochspekulativen Bericht über die Rolle von Nazi-Agenten ein, die getarnt hinter die holländischen Linien gelangt seien.

„Jeder deutsche oder österreichische Staatsbeamte, mag er oberflächlich auch noch so liebenswürdig und entgegenkommend sein, ist eine reale und ernstzunehmende Gefahr", hieß es im Bland-Bericht.[25] Er gelangte zu König George VI., der die Regierung zum Handeln aufforderte, und wurde von der BBC veröffentlicht.

Am 11. Mai 1940, bei seiner ersten Kabinettssitzung als Premierminister, ordnete Churchill an, „feindliche Ausländer" männlichen Geschlechts im Alter zwischen sechzehn und sechzig in Einrichtungen zu internieren. Ursprünglich war die Anweisung auf die Küsten-Grafschaften beschränkt, weil die Angehörigen der „Fünften Kolonne" im Falle einer Invasion dort den größten Schaden anrichten konnten, doch nach wenigen Tagen wurde die Anordnung auf das ganze Land ausgedehnt.

Zu den Internierten gehörten die Ausländer der Kategorie C, überwiegend Männer, aber auch einige Frauen. Nachdem Italien am 10. Juni 1940 England den Krieg erklärt hatte, wurden auch alle Italiener, die weniger als zwanzig Jahre im Land lebten, erfasst. Alles in allem sperrte man rund 27.000 Flüchtlinge weg.

Hitler verwandelte den Internierungsbefehl in einen Propagandasieg und krähte triumphierend: „Die Briten haben genau die Leute in Konzentrationslager gesteckt, deren Inhaftierung auch wir für notwendig hielten."

In einer Rede vor dem Parlament gestand Churchill am 4. Juni 1940 ein, dass von dem Erlass viele Menschen betroffen sein würden, die „leidenschaftliche Gegner" Nazideutschlands seien. „Sie tun mir sehr leid", fügte er hinzu, „aber wir können nicht ... alle Unterscheidungen treffen, die wir gerne vornehmen würden."

Das löste eine Flut von Artikeln in der rechten Presse aus, die die Gefahr aufbauschten, und selbst der *Manchester Guardian*, der sich immer als ein Anwalt der Flüchtlingsrechte verstand, stellte Churchills Anweisung als notwendiges Übel dar.

„Es ist unangenehm für die, die sie erleiden und ertragen müssen, aber nachdem wir wissen, wie es Hitler gelungen ist, so viele Länder von innen her anzugreifen, müssen wir die Situation außerordentlich ernst nehmen", hieß es im Leitartikel des *Guardian*.

„Die Flüchtlinge sind willkommen, weil sie Hitlers Sturz herbeisehnen. Sie empfinden wie wir und brennen darauf, uns zu helfen, aber wir wären töricht, gingen wir nicht davon aus, dass er alles versuchen wird, seinen Fallschirmjägern und Truppentransportern, sollte er sie eines Tages schicken, Helfer bereitzustellen", schrieb der Leitartikler und fügte hinzu: „Da werden keine halbherzigen Maßnahmen genügen."

Vor dieser Debatte hatte einer großen Umfrage zufolge kein einziger der Befragten Flüchtlingen Spionageabsichten unterstellt oder vertrat die Ansicht, sie müssten interniert werden. Doch nach Churchills Rede erklärte die Hälfte der Befragten, sie würden die Maßnahmen begrüßen, was deutlich belegt, welchen Einfluss Presse und Regierung auf die öffentliche Meinung über Einwanderinnen und Einwanderer ausübte.

Mein Großvater Leo, dem es gelungen war, Dachau zu entkommen, wurde per Schiff von Liverpool zum Central Internment Camp verbracht, vierunddreißig beschlagnahmte Häuser an der Seepromenade in Douglas auf der Isle of Man, und dort vom Sommer 1940 bis zum 27. Januar 1941 festgehalten. Über seine Erfahrungen hat er nie gesprochen, vielleicht weil er darin einen bedauerlichen und vorübergehenden Ausrutscher der Nation sah, der er, wie er meinte, seine Rettung verdankte.

Siegfried Neumann, der 1940 achtzehn wurde, hielt man in einem anderen Stadtteil von Douglas, dem Hutchinson Camp, gefangen, das als „Künstlerkolonie" bezeichnet wurde, weil dort viele künstlerisch begabte Flüchtlinge untergebracht waren.

Auch Alice Hess' Vater Béla war auf der Isle of Man interniert, wurde aber freigelassen, sobald er nachgewiesen hatte, dass seine Familie und er Visa für die Einreise in die USA erhalten hatten.

Als Gertrude Batscha sechzehn wurde, musste sie vor Gericht erscheinen, weil entschieden werden sollte, ob sie ebenfalls zu internieren sei. Ihr wurde nachträglich ein Kategorie-C-Status eingeräumt, da Churchills Anordnung ursprünglich nur für Männer und ältere Jungen galt. Sie „kam durch", musste sich aber von Zeit zu Zeit im Rathaus melden und durfte nicht in den strategisch wichtigen Küstenregionen im Süden und Osten leben, in denen eine Invasion erwartet wurde.

Die Internierung ist ein lange vergessener Makel in Großbritanniens Kriegsgeschichte. Die Betroffenen, von denen viele zuvor bei den Nazis Gefangenschaft oder Verfolgung erlitten hatten oder seit Jahrzehnten in Großbritannien gelebt hatten, ließ man wie Kriegsgefangene durch die Straßen marschieren. Bei der Registrierung raubten ihnen Soldaten und Polizisten häufig ihre Wertsachen. Während in Lagern wie Hutchinson eine entspannte und relativ wohlwollende Atmosphäre herrschte, war es in anderen viel schlimmer. Im Lager Warth Mills am Stadtrand von Manchester waren zweitausend Menschen untergebracht, die sich sechzig Eimer als Abtritte teilten und auf Holzpaletten unter einem undichten Dach schliefen.[26]

Es bedurfte einer Tragödie und eines Skandals, um diesen Aberwitz zu beenden. Mit mehr als 1.200 Internierten an Bord, bei denen es sich angeblich um gefährliche Nazis und italienische Faschisten handelte, stach am 1. Juli die *Arandora Star*, ein umgebauter Luxusliner, von Liverpool aus in See und nahm Kurs auf Kanada. Um die Situation in den überfüllten britischen Internierungslagern zu entspannen, wurden zusätzlich viele jüdische Flüchtlinge und unschuldige Italiener, die seit Jahren in England lebten, gezwungen, mit diesen politischen Extremisten an Bord zu gehen. Am zweiten Tag auf See, kurz nach Umrundung der Nordspitze Irlands, wurde das Schiff von dem Torpedo eines deutschen U-Boots getroffen. Weder die Mannschaft noch die Passagiere waren durch Evakuierungsübungen auf den Ernstfall vorbereitet worden, es waren nicht genügend Rettungsboote vorhanden. Siebenhundert Passagiere – Italiener, Deutsche, Österreicher und Briten – sowie hundert Mann Besatzung ertranken.

Die Toten allein hätten wohl nicht ausgereicht, um die Deportationspraxis zu stoppen, doch eine knappe Woche später kamen viele Überlebende der *Arandora Star* auf ein anderes Schiff, die *Dunera*, mit Kurs auf Australien. An Bord nahmen ihnen die Soldaten und

Polizisten, die sie bewachten, ihre persönlichen Besitztümer ab, schlugen viele von ihnen zusammen, ließen sie hungern und pferchten sie unter unerträglichen Bedingungen zusammen.

Zusammen genügten die beiden Ereignisse, um einen Umschwung der öffentlichen Meinung zu bewirken und Sympathie für die Flüchtlinge zu wecken. Das Innen- und das Außenministerium gaben eine gemeinsame Erklärung heraus, in der es hieß, sie seien nicht über die Transporte informiert gewesen. Daraufhin wurde die ganze Internierungspraxis umgestellt. Bis Dezember 1940 wurden achttausend Gefangene freigelassen, weitere viertausend folgten in den ersten Monaten 1941. So gut sie konnten versuchten sie ihr Leben wieder aufzunehmen, wobei ihnen die unverändert hohe Nachfrage auf dem Arbeitsmarkt half. Leo kehrte nach Shrewsbury zurück, wo ihm eine weitere Garantie gegen Internierung in sein *Enemy Alien Certificate* eingetragen wurde. Etwa zwei Jahre später wurde in der Bescheinigung vermerkt, dass man ihn zum Luftschutzwart ernannt hatte. Am 30. Dezember stand dort zu lesen: „Er hat die Erlaubnis, ein bei der Polizei Shrewsbury registriertes Schiebefahrrad zu besitzen und zu nutzen."

Nach einem Jahr bei Morris & Co nahm Leo eine Stellung als Hausmeister in einer neuen Fabrik namens Silhouette in Shrewsbury an. Zwei deutsch-jüdische Familien, die Lobbenbergs und Blumenaus, konnten nach der Flucht ihre Unterwäsche-Firma wiedereröffnen und hatten sich ursprünglich in London niedergelassen.

Damals war das bekannteste Produkt des Unternehmens das Korsett „Radiante" – das strahlende Korsett –, so benannt, weil dem Stoff Radium beigemischt wurde, um ihm, wie das Unternehmen behauptete, eine „anregende, ja verjüngende Wirkung" zu verleihen. Die Strahlung sollte „das Gefühl von Müdigkeit und Abgeschlagenheit beseitigen" und gleichzeitig „zur Gewichtsreduzierung beitragen". Die Firma hatte sich sogar vom Marie-Curie-Institut bescheinigen lassen, dass das Produkt Strahlung abgebe.

Wir wissen nicht, wie vielen Frauen diese Korsetts möglicherweise geschadet haben. Zu Beginn des Krieges jedenfalls wurde die Herstellung des strahlenden Korsetts untersagt und der Firma aufgetragen, Fallschirme und Unterwäsche für Soldaten herzustellen. Das Unternehmen verlegte seine Produktion nach Shrewsbury, um den deutschen Luftangriffen zu entgehen, Leo begann dort als Handlanger auf der niedrigsten Stufe. Er verdiente vier Pfund die Woche und mietete sich in der Stadt ein Arbeiterhäuschen, doch seine Stellung verbesserte sich rasch. 1945 wurde er zum „Zuschneider" befördert und bekam eine eigene Werkbank, eine Position, die er behielt, bis er in Rente ging. Zu meinen frühesten Erinnerungen gehören die Besuche bei Leo in der Werkstatt und die Art, wie er, der stolze Großvater, mich hochhob und auf die kalte Metallfläche der Werkbank setzte. Er schien ein unkomplizierter Mann zu sein, der mit seinem Schicksal zufrieden war und Freude an seinen Enkelkindern hatte. Stets blieb er der tief verwurzelten Sparsamkeit seiner Flüchtlingstage treu und trug jahraus, jahrein dieselbe Kleidung. Wenn er nicht ausging oder Besucher empfing, sicherte er seine Hosen mit einem Strick.

In der Silhouette-Fabrik nannte man ihn den „Friseur", eine Anspielung auf den geplanten Notjob. Friseur war der Brotberuf, dessen Grundfertigkeiten sich Leo nach dem „Anschluss" in aller Eile angeeignet hatte. In England erschien er dann selten ohne seine kleine braune Gladstone-Ledertasche zur Arbeit, die Scheren und Haarschneidemaschinen enthielt, falls seine Fertigkeiten gefragt sein sollten. Peter Lobbenberg, der Sohn eines der Firmeneigner, erinnert sich an improvisierte Haarschneideaktionen mit Leo, der sich dieser Fähigkeit offensichtlich so sicher war, dass er dem Jungen die Haare ohne Einwilligung der Eltern schnitt.

Dasselbe machte er mit mir, als wir eines Sommers auf unserem Weg nach Irland bei ihm haltmachten und er mir, ohne meine Eltern zu fragen, einen Bürstenhaarschnitt verpasste. Ich fand, er fühle sich gut an, wie ein Tierfell, wenn ich vom Nacken aus mit der Hand nach oben fuhr, aber meine Mutter weinte fast auf der ganzen Fahrt zur Holyhead-Fähre.

Infolge ihrer Visa und Lebensbedingungen waren Leo und Omi gezwungen, getrennt voneinander und von ihrem Sohn zu leben und zu arbeiten. Sie glaubten, er werde in dem neuen Land bessere Chancen haben, wenn er in einer englischsprachigen Familie aufwachse. Aber sie blieben in Verbindung. Nans ließ Bobby Postkarten in Englisch an seine Eltern schreiben, damit sie sahen, welche Fortschritte er machte. Als Kleidung während des Krieges und der Nachkriegszeit schwer zu beschaffen war, nähte Leo seinem Sohn Oberhemden aus Korsettstoff, dunkelrot mit tiefgrünen Streifen, zu denen er eine Fliege trug.

Leos Häuschen lag hinter Shrewsburys Gefängnis aus dem 18. Jahrhundert. Schließlich zog auch Omi dort ein, und Robert kam in den Semesterferien. Sie schlossen sich einem Kreis von Flüchtlingen in der Stadt an, überwiegend Wiener Juden, die mit der Silhouette-Fabrik gekommen oder einfach dorthin gezogen waren, um den Luftangriffen zu entkommen.

Doch das etwas schäbige rote Backsteinhäuschen in Shrewsbury hatte wenig Ähnlichkeit mit der stattlichen Wohnung in der Hintzerstraße. Und vor allem für Omi waren Fabrikarbeit oder die Stellung als Hausangestellte ein enormer Abstieg im Vergleich zum Besitz und der Leitung eines Geschäfts. Leo, der fünf Monate länger als Omi unter der Naziherrschaft verbracht hatte, wollte auf keinen Fall zurückkehren, wohl auch deswegen ging ihre Ehe in den 1950ern in die Brüche. Leo berichtete seinem Sohn, dass seine Mutter und er sich scheiden lassen wollten – just, als dieser anrief, um ihm mitzuteilen, dass er vorhabe zu heiraten.

Bobby lehrte Psychologie an der Manchester University und hatte die Lehrerin Wyn Frost kennengelernt. Ein gemeinsamer Freund hatte sie bei einem Gruppenausflug zum jährlichen Mai-Jahrmarkt in der Ortschaft Knutsford zusammengebracht, gut dreißig Kilometer südwestlich von Manchester. Er fuhr in einem alten Rover-Cabrio hin und trug eine flotte Mütze, und sie fand ihn gut aussehend, fesch und interessant.

Später klagte Omi bei Nans, dass ihr Bobby nach all dieser akademischen Ausbildung sich doch ein jüdisches Mädchen aus einer wohlhabenden Familie hätte suchen können. Mabel Winifred Frost war eine Nichtjüdin aus einer Arbeiterfamilie in Manchester. Ihr Vater William war Spediteur bei der Bahn, brachte jeden Abend den *Manchester Guardian* nach Hause und forderte sie auf, Rechtschreibfehler zu finden. Ihre Großmutter betrieb im Haus nebenan einen Tante-Emma-Laden und pflegte Wyns Tante Mabel, die an der Afrikanischen Schlafkrankheit litt. Verantwortlich war eine Tsetsefliege, die in einem Baumwollballen an ihren Arbeitsplatz in einer Textilfabrik gelangt war. Sie saß zitternd in einem Rollstuhl, bis die Krankheit sie mit zweiunddreißig Jahren dahinraffte.

Mit sechzehn hatte Wyn die Schule verlassen, sich dann aber doch überreden lassen, ihr Abitur zu machen, und war an der Kunstakademie in Corsham, Wiltshire, angenommen worden. Die Kunstakademie und der Wunsch, für ihren Freund eine gebildete Engländerin zu werden, ersetzten ihren Manchester-Dialekt durch das sterile „britische Standardenglisch“ der 1950er-Jahre, etwa die Ausdrucksweise der königlichen Familie.

Das Paar heiratete am 16. Februar 1957 auf dem Standesamt in Manchester und Wyns Eltern, William und Annie, richteten eine kleine Feier aus.

Leo, mittlerweile geschieden, zog aus dem Haus hinter dem Gefängnis in Shrewsbury aus und mietete ein Zimmer in einer Pension, um Geld zu sparen. Die Besitzerin dieses geräumigen Hauses in der London Road war eine weitere Wiener Emigrantin, die zur gleichen Zeit wie Leo nach England gekommen war und im Textilhandel gearbeitet hatte, ehrgeiziger und energischer als er. Sie wurde als „eine kleine, bewegliche, glitzernde Person mit einem knallroten Lippenstiftlächeln“ beschrieben.

Während Leo damit zufrieden war, den Rest seines Lebens Zuschneider zu bleiben, leitete Vally in den 1950er-Jahren ihre eigene kleine Fabrik, in der Aertex-Blusen und andere Frauenkleidung hergestellt wurden.

Sie wurde als Valerie Elisabeth Kohn im fünfzehnten Wiener Bezirk zwischen Westbahnhof und Schloss Schönbrunn geboren. Ihre Mutter Anna arbeitete in einem Kleidergeschäft, ihr Vater Peter führte einen Spirituosenladen.

Sie hatten einen Verkäufer, Rudolf Klinger, der in beiden Geschäften arbeitete und acht Jahre älter als Vally war. Die beiden verliebten sich und heirateten 1928, als sie einundzwanzig und er neunundzwanzig war.

Peter Kohn erlebte den Anschluss nicht mehr. 1931 starb er an einer Blinddarmentzündung, die die Ärzte nicht rechtzeitig erkannt hatten.

Als sich die Nazis 1938 Österreich einverleibten, mussten sich Vally, Rudolf und Anna beim örtlichen Polizeirevier, das jetzt als Gestapostelle diente, anstellen, um sich als Juden registrieren zu lassen.

Als Vally an der Reihe war, sah sie, dass der Beamte, der ihre Angaben notierte, einer ihrer Nachbarn war, doch er tat so, als kenne er sie nicht.

„Nicht ein einziges Mal hat er mich angesehen“, erinnerte sie sich.

Der Mann murmelte etwas, und sie erhielt Eimer und Bürste und den Befehl, hinauszugehen und das Pflaster draußen zu säubern. Vally ließ sich auf Hände und Knie nieder und schrubbte mit den anderen Juden.

Es wurde immer gefährlicher, sich auf den Straßen aufzuhalten, aber man konnte keinen Fluchtweg finden, ohne hinauszugehen, daher schlossen sich die Klingers den langen Schlangen vor der amerikanischen und der englischen Botschaft an. Jemand aus der Familie hatte Vally eine eidesstattliche Erklärung besorgt, in der ihr eine Stellung als Hausangestellte in den Vereinigten Staaten zugesagt wurde, was ihr ermöglichte, sich ein amerikanisches Visum zu beschaffen.

Angeblich war eine zweite Erklärung für Rudolf unterwegs. Die beiden rechneten so fest mit ihr, dass sie ihr Gepäck nach Hamburg schickten, von wo es in die USA weitergeleitet werden sollte.

Aber das Dokument traf nicht ein und die Panik nahm zu. Im Frühjahr 1939 beschloss die Familie, Vally solle sich um ein britisches Dienstbotenvisum bewerben und auf halbem Weg zu ihrem Ziel auf Rudolf warten. Ihre Mutter Anna, eine Witwe in den Fünfzigern, hatte offenbar die Hoffnung aufgegeben, noch ein Visum zu bekommen.

Sie und Rudolf brachten Vally im Juli zum Westbahnhof, um sie in einen Zug in die Schweiz zu setzen. Von dort aus sollte sie an die niederländische Küste weiterreisen. Alle schworen, dass sie sich bald wieder treffen würden, aber es war das letzte Mal, dass sie sich sahen. Im März 1941 wurde Rudolf in ein Lager in Riga deportiert und schließlich nach Buchenwald überstellt, wo er im Februar 1945 starb, nur zwei Monate, bevor US-Einheiten das Lager befreiten.

Gleich nach dem Krieg hatte Vally vorgehabt, nach Polen zu reisen, weil sie glaubte, sie könne ihn dort unter den Überlebenden der Lager finden, aber der Brief des Roten Kreuzes mit der Bestätigung seines Todes traf ein, bevor sie aufgebrochen war.

Vallys Mutter Anna wurde 1942 deportiert und kam vermutlich in Maly Trostenez ums Leben, wo Tausende von Wiener Juden in einem Wald bei Minsk erschossen wurden.

Wir Kinder hatten keine Ahnung, welche Abgründe von Verlust sich hinter unseren Ferien in Shrewsbury auftaten, während wir im Wohnzimmer saßen, Kuchen aßen und die Erwachsenen Nescafé tranken. Es war ein tiefes Loch unter einer Falltür, die sich unter einem bunten Teppich und ein paar Scherzen verbarg.

Bei ihrer Ankunft in Großbritannien fand Vally eine Stellung als Hausangestellte bei einer älteren Ärztin im Ruhestand, die auf einem heckenumsäumten und baumbestandenen Grundstück in Hindhead, Surrey, lebte.

Clara Fitter war eine Pionierin in einem Beruf gewesen, in dem Frauen noch eine seltene Spezies waren. Nun erwies sie sich als eine freundliche

Arbeitgeberin, die sich – wie so viele Menschen – zu dieser zierlichen, tatkräftigen Emigrantin hingezogen fühlte.

„In meinem ganzen Leben habe ich nie so wenig gearbeitet wie als Dienstmädchen“, erzählte Vally mir.

Als der Krieg begann und die deutschen Luftangriffe einsetzten, hatte man im nahe der englischen Südküste gelegenen Hindhead das Gefühl, man sei den Deutschen, die sich an der französischen Küste sammelten, zu nah. 1940 glaubten viele Menschen in Großbritannien, es sei nur eine Frage von Monaten, bis Hitler sich zur Invasion entschlösse.

In dem Flüchtlingsclub in London, den Vally an ihren freien Tagen aufsuchte, weil sie hoffte, Neuigkeiten über Rudolf oder Anna zu hören, hing über jedem Gespräch der drohende Angriff. Wer ein US-Visum hatte, erwog eine Schifffahrt von Liverpool nach New York, aber Atlantiküberquerungen drohte Gefahr von den deutschen U-Booten. Die Alternative war, in den Norden zu übersiedeln.

Von der Furcht der anderen Flüchtlinge angesteckt, fuhr Vally nach Hindhead zurück und kündigte. Aber, so erzählte Vally, davon wollte Dr. Fitter nichts wissen.

„Das ist kein Grund zu kündigen“, sagte sie. „Wir gehen beide nach Norden!“ Fitter verkaufte ihr Haus und sie zogen nach Shrewsbury, wo die betagte Ärztin Verwandte hatte, die sie aufnehmen konnten.

Fitter, die inzwischen über achtzig war, wurde nach einem Jahr krank und zog in ein Pflegeheim, sodass Vally sich in Shrewsbury nach einer anderen Arbeit umsehen musste. Sie bewarb sich als Zuschneiderin in einer Textilfabrik, wobei sie in ihrer Bewerbung auf das Kleidergeschäft ihrer Mutter verwies.

Tatsächlich hatte ihre Mutter Anna Kohn überwiegend Konfektionskleidung verkauft, daher verstand Vally kaum etwas vom Schneidern, was in dem Einstellungsgespräch peinlich zutage trat. Der Vorarbeiter händigte ihr eine Riesenschere aus und forderte sie auf, ihm zu zeigen, was sie konnte. Als sie den Stoff völlig ruinierte, blickte er einfach woandershin, weil ihm sein Bauchgefühl bereits gesagt hatte, dass sie intelligent und verzweifelt genug war, um alles Erforderliche zu lernen.

Später wurde sie sogar zur Chefzuschneiderin ernannt oder vom Management ausgeschickt, die grollenden Arbeiter zu besänftigen, wenn sie wieder einmal eine Gewerkschaft forderten. Schließlich beförderte man sie zur Fabrikdirektorin und sie kaufte ein Haus in der London Road sowie das Arbeiterhäuschen auf der anderen Seite der Stadt, das sie vermietete.

Als Leo in die London Road kam, um sich ein Zimmer zu mieten, war Vally seit fast zwei Jahren Single. Sie waren beide aus dem gleichen Holz geschnitzt: Wiener, jüdisch und einsam. Als sie 1957 heirateten, sagte Vally gelassen: „Weißt du, wir leben nun seit Jahren unter einem Dach. Dann können wir auch heiraten."

Ihr Haus war ein stattliches Gebäude aus der Jahrhundertwende, etwas zurückgesetzt mit einem gepflasterten Weg und einer Seitenpforte zu einem Garten, in dem Leo Himbeeren zog. Im Sommer standen stets Himbeertörtchen im Kühlschrank. Ich kann an das Haus nicht denken, ohne den Geschmack wieder im Mund zu haben.

Wie viele Flüchtlinge in Shrewsbury traten sie in den Bridge-Club der Stadt ein, als dieser nach neuen Spielern suchte. Sein Vorsitzender, Ernest Greasley, war ein hochgewachsener Versicherungsvertreter, der während des Krieges von Liverpool in die Stadt gezogen und dortgeblieben war. Seine Frau und er kamen zu Vally und Leo ins Haus in der London Road und machten sie mit den raffinierten Feinheiten des Spiels vertraut, während ihre Schüler Schwarzbrot, saure Gurken und Wurstscheiben servierten (Vally hatte nie eine besondere Neigung zum Kochen). Virginia, die Tochter der Greasleys, schaute bei ihnen fern.

Vally und Leo schafften sich erst in ihrem späteren Leben ein Auto an. Leo machte nie einen Führerschein, daher nahmen die Greasleys sie mit zu Ausflügen in die Landschaft von Shropshire, zu den Grashügeln von Church Stretton, dem Long Mynd, und zum höchsten Punkt der Region, *The Wrekin*.

Diese Orte wurden unsere bevorzugten Ausflugsziele für Picknicks mit Liptauer-Aufstrich oder Salami auf Schwarzbrot. Wir liefen auf Bergpfaden umher und über das kurzgefressene, mit Schafskot übersäte Gras der Hügel.

Als Leo und Vally in Rente waren, zogen sie in eine Neubausiedlung, anderthalb Kilometer westlich in der Nähe des Cricket-Clubs gelegen. Es war ein schlichter Bungalow, außen im sachlichen Stil der 1970er-Jahre, innen Wien des frühen 20. Jahrhunderts, mit weinroten Perserteppichen, Reproduktionen alter Landschaftsgemälde und einer Dame mit Hündchen. Um das Haus herum hatte Leo Zweige drapiert, die seiner Ansicht nach wie Tiere oder Vögel aussahen, eine Ähnlichkeit, der er durch Schnitzereien und bunte Reißzwecken nachzuhelfen versuchte.

Wenn wir dort nach dreistündiger Autobahnfahrt ankamen, ließ sich mein Dad in seinen Sessel sinken, wechselte ins Wienerische und entspannte sich, wie mir schien. Doch schon bald ärgerte er sich wieder über etwas, was gesagt wurde, oder etwas, was viel zu lange im Kühlschrank gestanden hatte (Vallys Kochkünste verbesserten sich nie und Leo hatte nie welche besessen), aber in der Zeit dazwischen war er wieder Bobby, erwachsen zwar, aber keiner, der etwas beweisen oder eine Fassade aufrechterhalten musste.

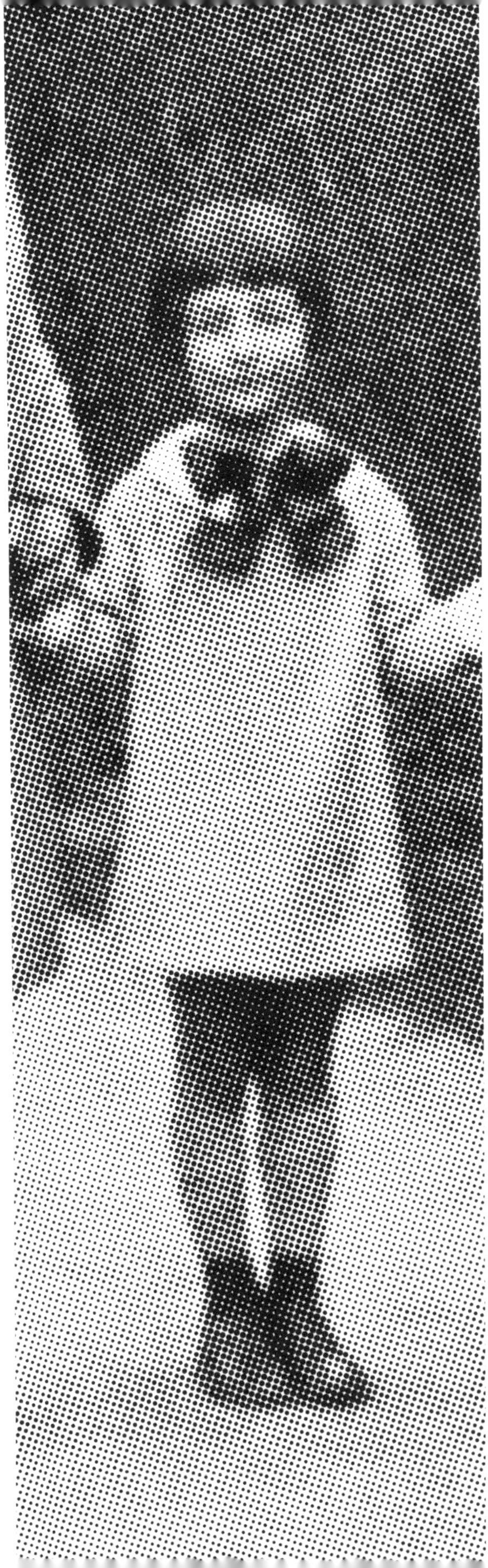

8

Letzter Ausweg Shanghai

Früh am Morgen nach dem Beginn des Novemberpogroms, am 10. November 1938, klopften Besucher an der Tür der Langer'schen Wohnung, Praterstraße 14, die mitten im zweiten Bezirk lag, der Leopoldstadt, dem alten jüdischen Viertel Wiens, in dem die Synagogen die ganze Nacht hindurch gebrannt hatten.

Die Besucher waren jüdische Männer, die es geschafft hatten, der ersten Welle des Kesseltreibens zu entgehen, aber nun verzweifelt nach einem Versteck suchten. Sie gingen zu Karl Langer, einem Anwalt für internationales Recht, und seiner Frau Sofie, weil sie sich darauf verlassen konnten, dass das Ehepaar seine Freunde nicht im Stich lassen und in ihrer weitläufigen Wohnung ein Versteck für sie finden würde. Sie war einst Teil eines alten Palastes aus der Habsburger-Zeit gewesen und noch immer voller Geheimgänge und versteckter Räume. Die Langers hatten alles für die Flüchtlinge vorbereitet und genügend Nahrung und Getränke, um sie eine Woche zu versorgen.

Karl und Sofies vierzehnjährige Tochter Gertrude achteten darauf, dass jeder Neuankömmling in seiner Kammer bequem untergebracht und ausreichend versorgt war. Sofie war auch anwesend, als später die Gestapoleute eintrafen und ihr Vater ihnen die Tür öffnete. Karl Langer hatte sich geweigert, ein Versteck aufzusuchen, und sich als Jurist darauf berufen, dass er kein Gesetz gebrochen habe. Nur hatten Gesetze keinerlei Bedeutung mehr.

„Sind Sie Jude?", lautete die erste Frage des Polizisten an der Tür. Karl erwiderte, er gehöre dieser Glaubensgemeinschaft in der Tat an. Ob sich in der Wohnung außer seiner Frau und seiner Tochter noch jemand befinde? Der Rechtsanwalt erklärte mit Nachdruck, es sei niemand da, und forderte die Gestapoleute auf, hereinzukommen und sich umzusehen, eine Einladung, die so überzeugend vorgebracht wurde, dass die Polizei ihn nicht beim Wort nahm – sondern stattdessen mitnahm. Karl wurde aufs Polizeirevier gebracht und dann umgehend in den Zug nach Dachau gesteckt.

Die Novemberpogrome machten alle Hoffnungen der Langers zunichte, sie könnten in Wien unter den Nazis überleben. Als Karl mitgenommen wurde, kamen er und Sofie überein, dass alles getan werden müsse, um Gertrude so schnell wie möglich außer Landes zu schaffen.

Schon drei Monate zuvor hatte das Ehepaar begonnen, nach geeigneten Orten zu suchen. Karl hatte ein Inserat in den *Manchester Guardian* gesetzt, in dem er fragte: „Gibt es einen Menschenfreund, der bereit ist, ein hochbegabtes Mädchen, 14 Jahre alt, Tochter eines jüdisch-österreichischen Rechtsanwalts, als Pflegekind aufzunehmen?"

Die Anzeige erschien am gleichen Tag und in derselben Spalte wie die Bitte meiner Großeltern an einen „liebevollen Menschen", sich um meinen Vater zu kümmern. Doch der hatte mehr Glück, denn er hatte Wochen vor den Novemberpogromen Pflegeeltern gefunden und Wien verlassen, während Gertrude Langer dort noch festsaß.

Es war ziemlich leicht, Dr. Karl Langer in den Synagogenunterlagen auf JewishGen zu finden: verheiratet mit Sofie Öhler, eine gemeinsame Tochter, Gertrude. In den britischen Archiven gab es eine Meldebescheinigung für Ausländer aus Feindländern, die aussah wie ein Kofferanhänger und auf eine Gertrude Langer ausgestellt war, geboren am 2. Juni 1924. Aus der Karte ging hervor, dass sie 1939 in Maidenhead, Berkshire, lebte, was bewies, dass sie überlebt hatte.

Sie kam mithilfe von Familienbeziehungen hinaus. Ein Onkel, der in der Bildungsabteilung der jüdischen Gemeinde arbeitete, hatte sie auf die Liste eines der ersten Kindertransport-Züge gesetzt, die Wien verließen. Der Umstand, dass sie die Tochter eines Dachau-Häftlings war, garantierte ihr eine bevorzugte Behandlung.

Aus den Unterlagen geht nicht eindeutig hervor, wie es Gertrude Langer nach Maidenhead erging. Als ich die britischen Archive zum ersten Mal durchsah, fand ich keinen Hinweis darauf, wohin sie sich von dort aus gewandt hatte. Doch einige Monate später lösten einige heruntergeladene Dokumente das Rätsel. Gertrudes Name tauchte auf einer Passagierliste der *Suwa Maru* auf, einem Schiffs der japanischen Nippon-Yusen-Kaisha-Linie, das am 30. August von Liverpool nach Yokohama fuhr. Sie und neun andere Passagiere, ausnahmslos europäische Juden, überwiegend Halbwüchsige, hatten Passagen nach Shanghai gebucht.

Die chinesische Hafenstadt war schon einige Male in den Unterlagen aufgetaucht, als ich versuchte, den Weg der Inseraten-Kinder zu verfolgen, aber erst Gertrudes bemerkenswerte Geschichte führte tiefer in dieses wenig bekannte Kapitel der jüdischen Holocaust-Erfahrung hinein, eine Episode, die immer neue Überraschungen für mich bereithielt. In dieser kosmopolitischen Stadt hatten Juden vermutlich mehr Einfluss und Wirtschaftsmacht als irgendwo sonst auf der Welt. Von Wien aus gesehen lag Shanghai am anderen Ende der Welt, was aber, wie sich herausstellte, nicht weit genug war, um dem Einfluss der Nazis zu entgehen. Die Stadt war ein lebensrettender Zufluchtsort, der zum Gefängnis wurde.

Gab man Shanghai und Gertrudes Namen gemeinsam in eine Suchanfrage in US-amerikanischen Zeitungsarchiven ein, erhielt man ein bemerkenswertes Ergebnis: den Nachruf auf den Rabbiner Theodore „Ted" Alexander, der im Oktober 2016 gestorben war und nun in den *Jewish News of Northern California* als „fortschrittliche, aufgeschlossene Führungspersönlichkeit" bezeichnet wurde.

1920 in Berlin geboren, hatte er einen Gebetsmantel und eine Thorarolle aus der örtlichen Synagoge gerettet, als sie während der Novemberpogrome in Brand gesteckt worden war. Seine Eltern und er waren mit diesen geretteten Kostbarkeiten aus Deutschland geflohen und nach Shanghai gelangt, wo er Gertrude Langer aus Wien heiratete.

Gertrude hat ihn nur um drei Jahre überlebt, aber sie hatten ein Kind, Leslie Alexander aus Los Gatos, die 1985 Amerikas erste Rabbinerin an einer Synagoge des Conservative Judaism wurde. Durch eine ihrer Töchter, deren E-Mail-Adresse online zu finden war, schickte ich ihr am 11. Januar 2021 eine E-Mail mit dem *Guardian*-Inserat als Anhang. Nach wenigen Stunden, kurz vor Mitternacht, kam eine Antwort von Leslie Alexander persönlich.

Leslie bestätigte, dass sie die Tochter von Gertrude Langer sei, der Schülerin aus dem Inserat, das sie nun zum ersten Mal gesehen und das bei ihr „Überraschung, Schock und heftige Gefühle" ausgelöst habe.

Gertrude war im November 2019 gestorben und hatte, soweit ihre Tochter wusste, nie von der Anzeige gewusst.

„Es wäre wunderbar gewesen, ihr die Annonce zu zeigen und mit ihr über die Pläne zu sprechen, die ihre Eltern mit ihr hatten", sagte Leslie.

Gertrude hat keine schriftlichen Erinnerungen an ihre Erlebnisse hinterlassen, aber sie gab ausführliche Interviews für die Dokumentation *Exil Shanghai*, die von der deutschen Avantgarde-Künstlerin und Filmemacherin Ulrike Ottinger stammt und diese außerhalb Wiens wenig bekannte Episode der jüdischen Geschichte in China behandelt. In diesem Film sitzen Gertrude und Theodore nebeneinander und erzählen ihre Geschichte in einer Mischung aus Deutsch und Englisch.

Gertrude verließ Wien im Dezember 1938. Während einige Kinder, die die Züge im Westbahnhof bestiegen, freudig erregt waren, weil sie zu einem Abenteuer aufbrachen und den Nazis entkamen, weinte Gertrude Langer und hatte entsetzliche Furcht. Noch nie war sie irgendwo auf sich allein gestellt gewesen, ihr Vater befand sich noch immer in Dachau.

Ihre Stimmung hob sich, sobald der Zug über die Grenze nach Holland fuhr, ein Augenblick der Erleichterung und Befreiung, den die meisten Flüchtlingskinder empfanden, die mit dem Zug in die Freiheit fuhren. Holländer kamen in den Zug, beglückwünschten die Kinder und schenkten ihnen Schokolade.

Als Gertrude nach England kam, wurde sie von keiner bestimmten Familie erwartet und der Gruppe der noch nicht untergebrachten jüdischen Kinder zugewiesen. Sie kam in ein Lager, das eigentlich als Sommercamp

Sofie, Gertrude und Karl Langer
in Wien, 1928.

gedacht war, nur dass es Mitte Dezember und bitterkalt war. Es gab keine Heizung, daher mussten sich die Kinder mit Wärmflaschen begnügen.

Gertrude flehte die Camp-Organisatoren an, sie nach London fahren zu lassen, da sie dort jemand kannte, eine Tante, die ein Jahr zuvor emigriert war. Das Hilfskomitee war einverstanden, und sie wurde mit einem Dutzend anderer Kinder in einem großen Haus untergebracht, das von anonymen Spendern finanziert wurde. Dort kümmerte sich eine Betreuergruppe um sie, die dafür sorgte, dass sie in die Schule und Synagoge gingen.

„Sie haben uns sehr gut behandelt", erinnerte sich Gertrude.

Inzwischen erfuhr sie aus Wien, dass ihr Vater aus Dachau entlassen worden war. Sofie hatte an seine ausländischen Kunden geschrieben, die sich bei den Nazis für ihn eingesetzt hatten, und zwar mit Erfolg, weil die Nazis, wie Gertrude später sagte, „damals noch Rücksicht darauf nahmen, wie die Menschen im Ausland über sie dachten".

In Dachau hatte Karl Langer die Brutalität des NS-Regimes aus nächster Nähe erlebt und wusste jetzt, dass ihnen wenig Zeit für eine Flucht blieb. Einer der letzten zur Verfügung stehenden Auswege war ein Visum für Shanghai. Für den offenen chinesischen Hafen war eigentlich kein Visum erforderlich, aber die Nazi-Behörden verlangten eines für die Erlaubnis, das Reich zu verlassen.

In Wien hatte sich herumgesprochen, dass der chinesische Generalkonsul Feng-Shan Ho trotz gegenteiliger Anweisung der Botschaft in Berlin bereitwillig Visa erteilte.[27] Der siebenunddreißigjährige Ho war in einer ländlichen Region Chinas aufgewachsen und hatte in einer kostenlosen norwegisch-lutherischen Missionsschule Englisch und Deutsch gelernt, bevor er ein Stipendium zum Wirtschaftsstudium in München gewann.

1937 wurde er Generalkonsul in Wien, hielt Vorträge über chinesische Kultur und Geschichte, freundete sich mit der jüdischen Intelligenzia an und war sich der Gefahr, die aus dem Norden drohte, nur allzu bewusst. Eine in München zu Besuch weilende chinesische Delegation warnte Ho mit den Worten: „Die Situation gleicht einem Feuer in einer Papiertüte, das jederzeit durchbrechen kann … Die Folgen werden fatal sein, vor allem für die Juden."[28]

Che Jie, der chinesische Botschafter in Berlin, ein deutschfreundlicher Diplomat, war empört über Hos freigebigen Umgang mit Einreisevisa und versuchte, dem Einhalt zu gebieten. Er schickte sogar Botschaftsangestellte nach Wien, die untersuchen sollten, ob die Reisedokumente verkauft wurden, doch es konnten keine Unregelmäßigkeiten entdeckt werden. Ho wandte ein, die Einschränkung der Visavergabe verstoße gegen die geltende Praxis des Außenministeriums, und erteilte weiterhin Visa an alle Juden, die sie beantragten.

Während der Novemberpogrome befand sich Ho auf der Straße, unterwegs zu einem jüdischen Ölmanager, der ihn zu sich nach Hause eingeladen hatte. Dort trafen zwei Gestapo-Schläger zur selben Zeit ein wie der chinesische Diplomat, der ihnen die Stirn bot, indem er sich weigerte, ihnen seinen Ausweis zu zeigen, bevor sie ihm den ihren gezeigt hatten.

Nach seinem Tod im Jahr 1997 wurde Hos Name in Yad Vashem den „Gerechten unter den Völkern" hinzugefügt. In einer Anmerkung zur englischen Ausgabe von Hos Memoiren *My Forty Years as a Diplomat* schrieb sein Sohn und Übersetzer Monto Ho, er habe „einfach und selbstverständlich als anständiger Mensch gehandelt".

Insgesamt stellte Ho fast zweitausend Visa aus, und zwei von ihnen waren für die Langers. Nun mussten sie nur noch nach Shanghai gelangen. Bloß wie? Letztlich bekamen sie Hilfe von Gertrudes Onkel in Frankreich, der Beziehungen zum Schiffshandel hatte und ihnen dadurch eine Passage auf einem Schiff besorgen konnte, das von Marseille auslief.

Sie mussten fast ein Jahr warten, bis Gertrude nachkommen konnte, denn es war fast unmöglich, Schiffspassagen nach Fernost zu erhalten. Erst im November 1940 konnte sie dank der Stornierung anderer jüdischer Flüchtlinge eine Koje auf einem Dampfer nach Shanghai buchen, hatte aber nur eine Frist von vierundzwanzig Stunden, um von London nach Liverpool zu gelangen, von wo aus die *Suwa Maru* in See stechen sollte.

An Bord waren sie acht Kinder in einer Kabine, und Gertrudes Koje befand sich unter der Wasserlinie, nahe dem Maschinenraum. Noch während die letzten Passagiere ihre Plätze einnahmen, begannen die Dampfkessel zu dröhnen und das Schiff legte ab. Als die *Suwa Maru* Kurs auf die Irische See nahm, kletterte Gertrude in ihre Koje und fiel in einen tiefen Schlaf.

Sie hatte keine Ahnung, wie lange sie geschlafen hatte, als sie plötzlich auffuhr, weil Sirenen durch die Kabine heulten. Entsetzt blickte sie um sich – aber ihre Kabinengenossinnen schüttelten sich vor Lachen. Das Sirenengeheul, das sie geweckt hatte, war die Entwarnung gewesen. Sie hatte einen der schlimmsten Luftangriffe auf Liverpool verschlafen, den die Stadt je erleben sollte. Um sie herum waren Schiffe in Flammen aufgegangen, aber die *Suwa Maru* hatte die Lichter ausgeschaltet und war, ein massiger Schatten, aus dem brennenden Hafen hinausgeglitten.

In den nächsten Tagen mussten alle Passagiere ihre Schwimmwesten ständig tragen, während sie die Irische See durchquerten und in Belfast anlegten, bevor sie nach Süden Richtung Lissabon und Südatlantik fuhren, um schließlich Kurs auf das Kap der Guten Hoffnung zu nehmen. Da das Mittelmeer und der Suezkanal für sie geschlossen waren, blieb ihnen für die Fahrt nach China nur die Umrundung Afrikas zum Indischen Ozean. Die Passagiere hatten drei Monate Zeit, sich kennenzulernen.

Viele der Mitreisenden waren Kinder von englischen Kolonialbeamten, die in Internaten gewesen waren und deren Eltern panische Angst vor einer möglichen Nazi-Invasion hatten. Außerdem gab es noch japanische Staatsangehörige, die aus Großbritannien zurück in ihr Heimatland wollten, in dem bislang noch Frieden herrschte, sowie eine Reihe von Südafrikanern und Indern, die unterwegs in Anlaufhäfen von Bord gehen wollten.

Gertrude gewöhnte sich an das Leben an Bord, das wahrhaftig nicht beschwerlich war. Die *Suwa Maru* war berühmt für ihren Luxus. Charlie Chaplin war 1932 auf ihr nach Japan gefahren. Besonders gut war das Essen. Eines der Mittagsmenüs bewahrte Gertrude zur Erinnerung auf. Es umfasste frisches Hummerfilet, Hasenpfeffer à la flamande und gebratene Kalbsnuss.

Die Passagiere vertrieben sich die Zeit mit Shuffleboard und anderen Deckspielen. Es gab genügend Kinder, mit denen sich Gertrude unterhalten konnte, und sie tauschten ihre kurzen, aber zumeist dramatischen Lebensgeschichten aus.

„Es war nicht so furchterregend, wie es gewesen wäre, wenn ich mich allein unter vielen besorgten Erwachsenen befunden hätte“, sagte sie.

Gertrudes Reise war eine der der letzten Fahrten der *Suwa Maru* als ziviler Passagierdampfer. 1941 wurde sie als Truppentransporter requiriert, und das blieb sie, bis sie 1943 vom Torpedo eines US-amerikanischen U-Boots getroffen wurde und auf ein Riff bei Wake Island im Pazifik lief.

Als Gertrude schließlich in Shanghai eintraf, hatte sie kaum eine Vorstellung von dem, was sie dort erwartete. Um den Platz auf dem Schiff zu ergattern, war sie in solcher Eile aufgebrochen, dass sie keine

Zeit gehabt hatte, sich mit ihren Eltern in Verbindung zu setzen. Aber sie standen in der wartenden Menge am Kai – so wie bei jeder Ankunft eines Schiffs aus Großbritannien, das in den vorangegangenen Wochen im Hafen angekommen war.

In der Zwischenzeit hatte sich das Ehepaar Langer bereits in Shanghai eingerichtet. Ihr Vater war Richter an einem internationalen Gericht, das ins Leben gerufen worden war, um nichtchinesischsprachigen Personen Gelegenheit zu geben, ihre Differenzen selbst beizulegen. Das gehörte alles zur Blase der Internationalen Siedlung (International Settlement) in Shanghai, die im Wesentlichen von britischen und amerikanischen Geschäftsleuten zum eigenen Vorteil betrieben wurde. Seine privilegierte Existenz verdankte die Internationale Siedlung im Wesentlichen den japanischen Besatzungsbehörden, die seit dem Fall der Stadt im Jahr 1937 zuständig waren.

Die Japaner hatten eine komplizierte Beziehung zu den Juden. Einerseits half Jahrzehnte zuvor der jüdische Bankier Jacob Schiff, der deutschstämmige Präsident von Kuhn, Loeb & Co, bei der Finanzierung der japanischen Kriegsmarine, als andere Banken ablehnten, und trug damit zum Sieg Japans gegen Russland im Jahr 1905 bei. Andererseits kehrten die japanischen Soldaten aus diesem Krieg mit den *Protokollen der Weisen von Zion* zurück, einem antisemitischen Pamphlet über einen jüdischen Plan zur Übernahme der Weltherrschaft. Die Verschwörungstheorie, die damals im russischen Zarenreich kursierte, hatte sich danach in Teilen der japanischen Gesellschaft eingenistet. Im Allgemeinen hatten die Japaner Hochachtung vor den Juden und waren von ihrem Einfluss beeindruckt, besonders in Shanghai, das eine der auffälligsten jüdischen Gemeinden der Welt aufwies, die ihre Wurzeln bis ins 19. Jahrhundert zurückverfolgen konnte – bis zum Eintreffen der beiden bedeutenden irakisch-jüdischen Dynastien, den Sassoons und den Kadoories.

David, der aus Bagdad eingewanderte Patriarch der Sassoon-Familie, entstammte einer Linie von Juden, die König Nebukadnezar zu Beginn der babylonischen Gefangenschaft als Zwangsarbeiter aus Jerusalem geholt hatte. Die Sassoons hatten es zur wohlhabendsten Familie der Stadt gebracht, was die osmanischen Herrscher Ende des 18. Jahrhunderts veranlasste, sie in den Fürstenstand zu erheben.

David Sassoon wurde 1792 geboren und zu einem Prinzen in Bagdad erzogen, das damals unter osmanischer Herrschaft stand. In den 1820er-Jahren entwickelten sich die Reibereien zwischen den einzelnen osmanischen Fraktionen zu einem offenen Konflikt und der Sieger war kein Freund der in der Stadt lebenden Juden. 1829 wurde Sassoon verhaftet und musste aus dem Gefängnis freigekauft und dann verkleidet aus der Stadt hinausgeschmuggelt werden.

Seine Familie und er schlugen sich nach Buschehr und dann nach Bombay durch, wo er 1832 eintraf, just zu der Zeit, als der Monopolhandel der Britischen Ostindien-Kompanie endete und die Dampfschiffe aufkamen. Es war ein günstiger Augenblick für jemanden mit raschem Verstand. In dem folgenden Wirtschaftsboom machten die Sassoons glänzende Geschäfte, sodass David nach zehn Jahren einer der reichsten Männer Indiens war.

Das Geheimnis seines Erfolgs waren, um es mit einem Wort zu sagen, Drogen. Mit Begeisterung nahmen die Sassoons an Großbritanniens Opiumhandel teil und führten das Rauschgift trotz des Verbots der kaiserlichen Regierung nach China ein.

Die zynische Überschwemmung Chinas mit Opium führte zum ersten Opiumkrieg und dem Vertrag von Nanking, in dem China gezwungen wurde, Hongkong an Großbritannien abzutreten und fünf Städte, darunter Shanghai an der Mündung des Jangtse, als freie Häfen für den internationalen Handel zu öffnen. Dort hatte das chinesische Recht keine Geltung für westliche Händler.

Die Verbindung der Sassoons mit Shanghai wurde durch einen Zufall geknüpft. David Sassoon ging gerne persönlich in das Hauptpostamt in Bombay, um seine Geschäftskorrespondenz abzuholen und den neuesten Klatsch zu hören. Ihm fiel auf, dass ein britischer Konkurrent eine große Anzahl von Postsendungen aus Shanghai bekam, und er fragte sich, was der Familie dieses Mannes fehlen mochte.

1850 entsandte der Patriarch einen seiner Söhne, den dreißigjährigen Elias, in die chinesische Stadt, damit er dort im Hafen einen Außenposten des Familienunternehmens einrichtete. Standort war die Straße, die am Jangtse entlangführte und „Bund“ hieß, das Urdu-Wort für Uferböschung, das die indischen Kolonialisten aus Indien mitgebracht hatten.

Shanghais Blütezeit in den 1930er-Jahren.

Sobald Elias das Geschäft gegründet hatte, begann er Opium und indische Gewürze einzuführen und schickte Seide, Tee und Felle zurück. Er kaufte eigene Lagerhäuser, statt sie zu mieten, um die Gewinne zu maximieren. Einige der ersten Telegramme, die nach Asien gingen, waren verschlüsselte Nachrichten zwischen den Brüdern Sassoon, in denen es um Opiumpreise ging.

In den 1870er-Jahren kontrollierten die Sassoons siebzig Prozent des Opiumhandels, verdrängten das Unternehmen Jardine, Matheson & Co und katapultierten das Familienvermögen in ungeahnte Höhen, sehr zur Empörung zumindest eines Verwandten, Siegfried Sassoon, der Anfang des 20. Jahrhunderts einer der bekanntesten Dichter Großbritanniens werden sollte. Er wütete gegen den „monströsen Reichtum" seiner Sippe, den sie mit dem „schmutzigen Rauschgifthandel" gescheffelt hatte.[29]

Die kommunistische Regierung Chinas schätzte später, dass die Sassoons mit dem Opiumhandel nach dem Geldwert von 2018 2,7 Milliarden Dollar verdient haben. Als viele westliche Länder ihn 1912 verboten, nahm die Familie einfach einen Kurswechsel vor, indem sie ihr Drogengeld in Immobilien und Wertpapiere steckte, womit sie ihren Gewinn abermals verdoppelte.

Die andere große Shanghai-Dynastie, die Kadoories, verließ Bagdad kurz nach den Sassoons. Elly Kadoorie wurde, als er fünfzehn war, mit drei seiner Brüder nach Bagdad geschickt, um bei den Sassoons in die Schule zu gehen. Nach seinen ersten Schritten in der Wirtschaft folgte er der Spur der Sassoons nach Shanghai, machte zunächst ein Vermögen in der Gummi-Industrie, dann in Immobilien, baute an der Bund Shanghais prächtigste Villa Marble Hall und mit dem Majestic sein größtes Hotel.

Inzwischen war Victor Sassoon, Davids Enkel, zum begehrtesten Junggesellen des International Settlement geworden, unvorstellbar reich, monokelbewehrt und weltgewandt. Trotz einer weitgehenden Lähmung, die er sich bei einem Flugzeugabsturz als Pilot des Royal Naval Air Service zugezogen hatte, nahm er aktiv am gesellschaftlichen Leben teil.

Ende der 1920er-Jahre löste er angesichts der wachsenden antiimperialistischen Bewegung Mahatma Gandhis die Besitzungen der Familie in Indien auf und verlegte sie nach Shanghai, wo die Gefahr einer Revolution zumindest vorläufig gebannt schien.

Unter der Schirmherrschaft von Chiang Kai-shek wetteiferte Victor Sassoon mit den Kadoories in prahlerischer Verschwendungssucht, indem er den Firmensitz Sassoon House erbaute, mit neun Stockwerken das höchste Gebäude der Stadt, und dann ein Hotel, das Elly Kadoories Majestic in den Schatten stellen sollte. Er nannte es Cathay.

Mitte der 1930er-Jahre besuchten pro Jahr vierzigtausend Touristen Shanghai. Noël Coward schrieb das Theaterstück *Private Lives* im Hotel Cathay, während er sich von einer Grippe erholte. Charlie Chaplin wohnte dort mit Paulette Goddard, seiner künftigen Frau.

Der Einfluss der Sassoons und der Kadoories machte Shanghai für Juden, die Anfang des 20. Jahrhunderts vor Pogromen in Russland flohen, zu einem legendenumwobenen Fluchtort. Obwohl die beiden Familien für Arbeit, Unterkunft, Aus- und Fortbildung sowie Sozialleistungen sorgten, legten sie Wert darauf, die neugegründete Gemeinde auf Distanz zu halten, sahen sie sich doch als Teil des britischen Establishments und nach Gesellschaftsschicht und Sprache absolut verschieden von den russischen Juden.

Die ersten jüdischen Flüchtlinge aus Deutschland und Österreich trafen im November 1938 an Bord des italienischen Luxusliners *Conte Biancamano* in der Stadt ein. Im August 1939 kamen mehr als fünfzehntausend weitere Flüchtlinge an und wurden in das Viertel Tilanqiao im Distrikt Hongkou geschickt, ein Gebiet, das zwei Jahre zuvor in den Kämpfen zwischen den chinesischen und japanischen Streitkräften schwer beschädigt worden war, mit dem Ergebnis, dass dort jetzt entsetzliche Bedingungen herrschten. Krankheiten wie Diphtherie, Scharlach, Tuberkulose, Masern und Typhus grassierten unter den Einwanderern.

Victor Sassoon und Elly Kadoorie organisierten die medizinische Versorgung, Unterkunft und Verpflegung der Neuankömmlinge. Horace, Elly Kadoories Sohn, gründete die Shanghai Jewish Youth Association, finanzierte berufsbildende Kurse, sportliche Wettbewerbe und kulturelle Veranstaltungen. Gleichzeitig gründete er neue Flüchtlingsschulen, in denen ausschließlich auf Englisch unterrichtet wurde. Sassoon zahlte die Zollgebühren und richtete im Embankment Building, einem repräsentativen Art-déco-Bau, ein Empfangszentrum ein, in dem jeder Neuankömmling Decken, Laken sowie einen Löffel, einen Napf und einen Becher erhielt. Eine Küche im Untergeschoss lieferte 1.800 Mahlzeiten pro Tag. Eine der Sassoon-Fabriken wurde in ein Wohnheim umgewandelt, außerdem entstand ein Ausbildungszentrum für Mechaniker und Tischler.

Zu den Flüchtlingen, die Victor Sassoon einstellte, gehörte Ted Alexander, Gertrudes zukünftiger Ehemann, der eine Stelle als Einkäufer bekam. Ted war mit seinen Eltern und seiner Schwester aus Berlin geflohen, zunächst mit dem Zug nach Triest und dann mit dem Schiff nach Shanghai. Das Gold und die Wertpapiere der Familie hatten sie in einer Matratze und im Futter von Teds Kleidung versteckt.

Während der Seefahrt erlaubte die gestrenge Mutter keinem ihrer drei Kinder, egal, wie rau die See war, während der Mahlzeit vom Tisch aufzustehen, wobei sie erklärte: „In meiner Familie wird niemand seekrank. Wir wissen nicht, wann wir wieder Essen oder wann wir wieder Freude haben werden."

Bei der Ankunft in Shanghai im März 1939 wandte sie sich ihrem Sohn zu und sagte zu ihm: „Das ist eine der sündigsten Städte dieser

Welt. Du bist achtzehn Jahre alt. Ich werde dir nicht verbieten, in Bars zu gehen, aber du versprichst mir, dass du, wenn du mit einem Mädchen zusammen warst, am nächsten Morgen zu einem Arzt gehst und dir eine Spritze geben lässt."[30]

Ted hielt sein Versprechen und sagte, er habe „nie ein Problem gehabt wie so viele junge Burschen". Doch nicht lange nach der Ankunft sah Alexander Gertrude, und danach wurden alle anderen Mädchen bedeutungslos.

Sobald Gertrude in Shanghai gelandet war, ging sie auf Arbeitssuche. Sie hatte sich mit Modedesign beschäftigt und einen Skizzenblock mit ihren Entwürfen bei sich, die sie in den Modesalons der Stadt vorzeigte, unter anderem auch in dem nobelsten, dem Palace Hotel, einem der prächtigen Hochhäuser an der Bund. Der Besitzer warf einen Blick auf ihre Skizzen und stellte sie ein.

„Ich war sehr stolz auf mich, denn ich war extrem jung und hätte eigentlich noch in die Schule gehen müssen, stattdessen aber hatte ich eine sehr gute Stellung, die mir wirklich gefiel", schrieb sie.

Sie setzte sich mit den Kundinnen hin und unterhielt sich mit ihnen, dann warf sie ein paar angedeutete Kleiderskizzen aufs Papier, die auf den Ideen der Kundinnen beruhten und zeigten, wie sie aussehen könnten. In der Stadt um sie herum entstand ein „Klein-Wien", als die Neuankömmlinge Restaurants und Cafés einrichteten und auf diese Weise rasch wiedererstehen ließen, was man ihnen in ihrem Heimatland geraubt hatte.

Diesem idyllischen Wien am Jangtse war kein langes Leben beschieden. Die Hoffnung der Flüchtlinge, sie könnten dem Krieg davonlaufen, war eine Illusion. Er ließ sich nicht auf Europa eingrenzen. Am 8. Dezember 1941, noch während des Überfalls auf Pearl Harbor, marschierten japanische Truppen in die Internationale Siedlung in Shanghai ein, ohne auf nennenswerten Widerstand zu stoßen. Amerikaner und Engländer hatten am Fluss je ein Kanonenboot mit Rumpfbesatzung vertäut, im Wesentlichen, um die Verbindungen zu London und Washington aufrechtzuerhalten. Das amerikanische Schiff wurde gekapert, das britische, die *Peterel*, versenkt.

Die britischen Regimenter, die einst in der Internationalen Siedlung stationiert waren, waren 1940 abgezogen und andernorts im Empire eingesetzt worden, während das Shanghai Volunteer Corps – eine bunte Mischung aus Schotten in Kilts, einem russischen Regiment und einer jüdischen Kompanie – den Befehl erhielt, sich zurückzuziehen, als die Japaner einmarschierten.

Ted Alexander war ein Freiwilliger voll tollkühner Entschlossenheit, die er auf seine preußische Erziehung zurückführte. Als er die Japaner kommen sah, zog er seine Uniform an, nahm sein Gewehr und stürzte auf die Straße, wo er sofort entwaffnet wurde. Er konnte sich glücklich schätzen, dass man ihn nicht einfach erschoss.

Japanische Marinesoldaten in Panzern und anderen gepanzerten Fahrzeugen fuhren in die Internationale Siedlung und begannen, auf der Bund zu patrouillieren. Die britischen und amerikanischen Bewohner wurden angewiesen, sich im Hauptquartier der Geheimpolizei Kempeitai zu melden, das man in einem der Sassoon-Wohnblocks eingerichtet hatte. Dort erhielten die feindlichen Ausländer rote Armbänder – A für Amerikaner, B für Briten.

Koreshige Inuzuka, ein japanischer Kapitän zur See, war für die Übernahme der Internationalen Siedlung zuständig. Wie viele japanische Offiziere glaubte Inuzuka an Verschwörungstheorien nach Art der *Weisen von Zion*, in denen die Juden als die allmächtigen Strippenzieher in den westlichen Gesellschaften und China dargestellt wurden. Vor allem Chiang Kai-shek, den Führer der Kuomintang, hielt er für eine Marionette, die von jüdischen Plutokraten, vor allem Victor Sassoon, gegängelt würde, weshalb er mit dem Ziel nach Shanghai kam, Sassoon für die japanische Sache zu gewinnen.

Sassoon ging zunächst auf Inuzukas Spiel ein und führte lange Gespräche mit ihm. Aber der japanische Offizier bestand darauf, Sassoons Imperium mit einem japanischen Unternehmen zu fusionieren, damit es kontrolliert werden könne. Als Sassoon Bedenken äußerte, setzte ihm Inuzuka mit Drohungen zu, woraufhin der Tycoon, eine unmittelbare Verhaftung fürchtend, sich still und heimlich an Bord eines Schiffes begab und nach Indien entwischte.

Nach seiner überaus kurzen Widerstandsaktion wurde Ted Alexander am frühen Morgen in das Hotel Cathay gerufen, um beim Schreddern der Firmenunterlagen zu helfen, doch japanische Soldaten überraschten und verhafteten ihn samt den anderen Firmenangehörigen. Kurz darauf erschien Kapitän Inuzuka, um triumphierend hinter Victor Sassoons verlassenem Schreibtisch zu posieren.

Elly Kadoorie und sein Sohn Lawrence wurden im Internierungslager Chapei festgehalten, später durfte Elly in die Ställe seiner ehemaligen Prachtvilla Marble Hall zurückkehren, wo er im August 1944, ein Jahr vor der Befreiung, verstarb.

Die ausländischen Bewohner der Internationalen Siedlung wurden aus ihren Häusern vertrieben und die meisten im Lunghua Civilian Assembly Centre interniert, einem Konzentrationslager in der Nähe des Shanghaier Flughafens. Der Autor J. G. Ballard war eines der dort internierten Kinder. Die Erfahrungen dort lieferten ihm das Material für seinen Roman *Das Reich der Sonne*.

Nachdem Japan im September 1940 einen Pakt mit Deutschland und Italien geschlossen hatte, begann die Kempeitai mit der Gestapo zusammenzuarbeiten und gestattete ihr, Shanghais Klein-Wien zu betreten. Ein Anblick, der für seine Bewohner ein absoluter Horror gewesen sein muss, schließlich waren sie um die halbe Welt gereist, um der Geheimen Staatspolizei der Nazis zu entkommen. Wenige Tage nach Ankunft der Gestapo wurde ein Theaterstück über das Schicksal der Wiener Juden während des „Anschlusses“ abgesetzt.

Im Juli 1942 traf die SS ein. Sechs Monate zuvor hatte die Wannseekonferenz zur Durchführung der sogenannten „Endlösung“ stattgefunden, und der offizielle Besuch machte deutlich, wie entschlossen die Nazis waren, ihr Vernichtungsprogramm weltweit durchzusetzen.

Der Chef der SS-Delegation war Standartenführer Josef Meisinger, der angesichts der Effizienz und des Vergnügens, mit denen er im Distrikt Warschau Polen und Juden ermordet hatte, den Beinamen „Schlächter von Warschau“ trug.

„Er war eine furchterregende Erscheinung, ein grobschlächtiger, kahlköpfiger Mann mit einem unglaublich hässlichen Gesicht“, schrieb Walter Schellenberg, der Leiter des Auslandsnachrichtendienstes des Dritten Reichs.

Außerdem besaß Meisinger das bemerkenswerte Alleinstellungsmerkmal, von der SS wegen seiner Brutalität gemaßregelt worden zu sein. Laut Schellenberg hätte man ihn deswegen vors Kriegsgericht gebracht, wenn nicht Gestapo-Chef Reinhard Heydrich eingegriffen hätte, der den Vorsitz der Wannseekonferenz geführt hatte und mit Meisinger seit den frühen Tagen der Naziherrschaft befreundet war.[31]

„Meisinger wusste zu viel, deshalb verhinderte Heydrich das Kriegsgericht", schrieb Schellenberg. Stattdessen wurde Meisinger im April 1941 als Verbindungsoffizier zur Kempeitai geschickt. Er schlug eine ganze Reihe von Lösungen für das „Problem" vor, das die rund zwanzigtausend Juden Shanghais darstellten: Man könne sie entweder als Zwangsarbeiter in der Mandschurei einsetzen oder in einem speziell errichteten Lager auf einer Insel im Jangtse für „medizinische Experimente" verwenden. Das waren nur zwei seiner Vorschläge. Doch Meisingers Lieblingsplan sah vor, sie alle zusammenzutreiben und auf Schiffe zu verfrachten, die aufs offene Meer geschleppt und versenkt werden sollten.

Das japanische Marinekommando war geschockt. Diese Form des Massenmords war selbst für die Japaner, die für unzählige Grausamkeiten verantwortlich waren, zu viel. Sie sprachen sich für einen Kompromiss aus, nach dem die Juden in Shanghai festgehalten werden sollten, um in späteren Verhandlungen als Unterpfand zu dienen. Im Februar 1943 wurde eine Fläche von etwas mehr als einem Quadratkilometer im Bezirk Hongkou zur Designated Area for Stateless Refugees erklärt, und alle Flüchtlinge, die nach 1937 eingereist waren, mussten binnen drei Monaten dorthin ziehen. Praktisch betraf die Anordnung die gesamte jüdische Bevölkerung der Stadt. Das Getto wurde mit Stacheldraht eingezäunt und die Verpflegungsrationen wurden auf eine Hungerdiät reduziert, ein knappes halbes Pfund Brot pro Tag und Person.[32]

„Wir mussten in ein sehr primitives Haus ziehen", erinnerte sich Gertrude. „Wir fanden es ganz schrecklich, dass wir in diesem ausgewiesenen Bezirk leben mussten, den wir nur verlassen konnten, wenn wir einen Passierschein beantragten, und wir mussten einen Grund für das Verlassen des Gebiets angeben können, sonst kamen wir ins Gefängnis. Es lag eindeutig im schlimmsten Viertel Shanghais, das in einem früheren Krieg von den Japanern zerstört worden war. Und unsere Lebensbedingungen waren entsetzlich."

In dem neuen Zuhause der Langers im Shanghaier Getto standen Eimer anstelle von Toiletten in den Gassen, und statt Kochherden gab es Blumentöpfe voll Holzkohle, über denen alles zubereitet werden musste. Unter anderem hatte Gertrude die Aufgabe, bei den Töpfen zu hocken, das Feuer mit einem chinesischen Fächer anzufachen und gleichzeitig die zahllosen Mäuse und Ratten zu verscheuchen.

Die Japaner richteten Munitionsdepots in Hongkou ein, für die die weiße jüdische Bevölkerung als menschlicher Schutzschild dienen sollte. Im Falle einer Explosion wären die erheblichen Opferzahlen von geringerer Bedeutung gewesen. Zwar kamen Gettobewohner bei den amerikanischen Bombenangriffen ums Leben, aber Gertrude sagte, weit mehr seien an den Haftbedingungen gestorben. Bei den kleinsten Übertretungen wurden die Gettojuden eingesperrt, und sobald sie sich im Gefängnis befanden, wurden sie unweigerlich von Läusen gebissen, woraufhin sie dem Typhus erlagen, weil es keine Medikamente gab.

„Nach einer zweitägigen Haftstrafe kamen die Menschen aus dem Gefängnis und nahmen von all ihren Freunden Abschied, weil sie wussten, dass sie in drei Wochen nicht mehr leben würden“, sagte sie.

Inmitten dieses fortwährenden Sterbens nahm das jüdische Leben trotzdem seinen Fortgang. Ted Alexander wurde im Getto zum Rabbiner geweiht und seine Familie lud regelmäßig zu literarischen und philosophischen Zusammenkünften ein. Die überwältigende Mehrheit der Gettojuden überlebte die schreckliche Zeit dort. Sie verließen es abgemagert und in Lumpen, aber lebend.

Als ich 2016 nach Shanghai kam, standen die Hotels der Sassoons und Kadoories noch an der Bund, aber sie wurden jetzt von weit höheren gläsernen Wolkenkratzern überragt, deren ununterbrochener Glanz sich im Jangtse spiegelte. Die alte dreistöckige Ohel-Moshe-Synagoge, einst der Mittelpunkt des russisch-jüdischen Lebens in Tilanqiao, ist heute das Jüdische Flüchtlingsmuseum. Und das von den Briten erbaute und von den Japanern beschlagnahmte Gefängnis Ward Row, in dem eine kurze Haftstrafe tödlich sein konnte, stand noch immer und diente jetzt hinter seinem kompakten Tor aus Beton und Ziegeln als das Gefängnis von Tilanqiao. Nach dem Krieg richteten die Amerikaner dort japanische Kriegsverbrecher hin. Dann übernahm es die Nationalchinesische Partei Kuomintang, um dort Kommunisten einzusperren und zu exekutieren.

Nach 1945 unternahmen Mao Zedongs Streitkräfte einen Versuch, das Machtvakuum in Shanghai auszunützen, das der Rückzug der Japaner hinterlassen hatte, aber die Kuomintang behauptete sich gegen die Kommunisten, befreite dreieinhalb Millionen chinesische Bewohner sowie sechstausend Europäer, Amerikaner und Australier aus dem Internierungslager Lunghua Civilian Assembly Centre sowie zwanzigtausend Juden. Chiang Kai-sheks nationalistische Behörden versuchten, die Ordnung zu bewahren, und verlangten, dass jeder bleibe, wo er sei, aber die aufgestaute Frustration im Getto war zu mächtig, um gebändigt werden zu können.

„Wir wollten nicht länger eingesperrt sein und brachen als Gruppe einfach aus", sagte Gertrude. Anschließend begaben sich die Gettobewohner zu den anderen Lagern, wo sie deren verängstigte Insassen zur Flucht überreden mussten. „Dort gab es viele Kinder, und sie fürchteten, den Kindern könnte was passieren. Bis wir kamen und ihnen sagten, dass sie sicher seien und fortgehen könnten, hatten sie Angst, diese schrecklichen Lager zu verlassen."

Als die Juden aus dem Getto Hongkou, die Europäer aus den Internierungslagern und Shanghais Bevölkerung aus dem Schutz ihrer Häuser traten, kreiste eine Vielzahl amerikanischer Flugzeuge über ihren Köpfen und warfen Flugblätter ab, die ihnen mitteilten, dass sie frei seien.

„Alle ... jubelten jenen Flugzeugen zu, die Shanghai bombardiert hatten, sie wurden jetzt als Befreier der Stadt begrüßt", sagte Gertrude. „Und es war wunderbar, die Menschen zu sehen, wie sie gleichzeitig lachten und weinten und schrien und die ganze Stadt feierte. Es waren keine japanischen Soldaten mehr zu erblicken. Ich habe keine Ahnung, wo sie sich versteckten, aber sie waren vollkommen unsichtbar, nachdem sie vorher überall gewesen waren."

Am Tag nach der Befreiung ging Ted Alexander in einem schäbigen Anzug und Schuhen mit Löchern in den Sohlen in die Bund, um E. D. Sassoon & Co zu repräsentieren und dessen Immobilienimperium zurückzufordern. „Es sah schrecklich aus", erklärte er, doch er habe „all unsere Vermögenswerte sichern können".

Das hätte auch schiefgehen können; der Kampf zwischen den chinesischen Kommunisten und den Nationalisten, der nie ganz zum Erliegen gekommen war, wurde nach der japanischen Niederlage mit der alten Verbissenheit wieder aufgenommen und rasch verbreiteten sich die kommunistisch-antiimperialistischen Ideen in Shanghai. Einige westliche Firmenchefs mussten bei ihrer Rückkehr feststellen, dass ihre chinesischen Angestellten nicht mehr bereit waren, den Status quo anzuerkennen.

Doch Ted wurde von den Sassoon-Mitarbeitern willkommen geheißen, die an ihren ehemaligen Arbeitsplatz zurückgekehrt waren. Er wurde in der Königlichen Suite des Hotels Cathay untergebracht, in die er Gertrude aufnahm und behauptete, sie sei seine Cousine, was bei der Hochzeit der beiden im folgenden Jahr für einiges Kopfschütteln sorgte. Als der Chefkoch die Küche des Hotels wieder übernahm und für Ted, Gertrude und andere Rückkehrer ein Festbankett zubereitete, erwies es sich als viel zu reichhaltig für ihre geschrumpften Mägen.

Gertrude bekam eine Stelle bei der US-Armee; sie malte Schilder, auf denen es hieß: „Kein Zutritt", „Vorsicht" und „Betreten verboten". Anschließend wurde sie „Fahnderin" für den Postdienst des US-Militärs, sie musste amerikanische Soldaten ausfindig machen, die auf andere Posten abkommandiert worden waren, damit ihnen ihre Post, wenn sie noch lebten, nachgeschickt werden konnte. Man hatte sich die richtige Frau für diese Aufgabe ausgesucht. Gertrude, die wusste, was es heißt, von der Familie getrennt zu sein, war nicht gewillt zuzulassen, dass diese „armen Menschen ohne ihre Post blieben", und stürzte sich in ihre Arbeit.

Am 9. Juni 1946 heirateten Gertrude und Ted. Sie, ihre Eltern und die Trauzeugen unterzeichneten eine chinesische Heiratsurkunde, auf der sie nicht ein einziges Wort lesen konnten. Sie fühlten sich zu Hause, tief verbunden mit Shanghai, aber es war klar, dass sie nicht bleiben konnten. Chiang Kai-sheks Zusicherungen, er habe den kommunistischen Aufstand unter Kontrolle, entsprangen offensichtlich einem Wunschdenken. Fortwährend liefen ihm die Soldaten fort.

Die Sassoons und Kadoories hatten gehofft, sie könnten mit Maos Kommunisten Geschäfte machen, wie sie es mit allen anderen gehalten hatten, aber sie bekamen eine Abfuhr. Als die Revolutionäre 1949 die Macht in der Stadt übernahmen, liquidierten sie auf Maos Befehl Tausende von Menschen im Shanghai Canidrome, der Hunderennbahn, und machten auf diese Weise klar, wie mit jenen verfahren wird, die mit Imperialisten kollaboriert hatten.

In den letzten Tagen der Kuomintang ließ das Regime zur Finanzierung der eigenen Armee, die verzweifelt versuchte, die vorrückenden Kommunisten aufzuhalten, Geld drucken und löste damit eine Hyperinflation aus. Als Gertrude und Ted ihre Passage in die USA bei den staatlichen American President Lines buchten, betrug der Preis 740 Dollar, musste aber in „chinesischen Dollars“ oder Yuan bezahlt werden. Das waren siebenundzwanzig Millionen Yuan, wobei die höchste Banknote zehn Yuan war. Das frisch vermählte Paar musste eine Rikscha mieten, um die Geldbündel zu transportieren. Aber in dem Zeitraum zwischen dem Währungstausch am Morgen und der Ankunft der Rikscha im Büro der Schifffahrtgesellschaft war der Yuan schon wieder im Wert gefallen, und sie mussten wieder ins Wechselbüro, um noch mehr Wechselgeld und eine weitere Rikscha zu holen.

An Jom Kippur 1947 kamen sie in San Francisco an und beide fanden binnen einer Woche Arbeit. Gertrude wurde Einkäuferin in einem Modehaus, während Ted zunächst bei einer Versicherung arbeitete, aber schon bald ebenfalls in die Modebranche wechselte. Am Tag war er Vertreter für Damenkleidung und am Abend Rabbiner.

Das Paar fand eine kleine Wohnung in Oakland und war schließlich in der Lage, Karl und Sofie Langer bei sich aufzunehmen, denen schon bald Teds Eltern folgten, die in einem deutschen Umsiedlungslager länger auf ihre US-Visa warten mussten.

Gertrude Langer, die Vierzehnjährige, deren Inserat zwei oder drei Zentimeter unter dem meines Vaters erschienen war, wurde später Zeichnerin und Modeschöpferin. Sie hatte ihre Zeichenblöcke aus der Zeit auf der Bund in Shanghai aufbewahrt und auf einer Landkarte Teds und ihre außerordentliche Odyssee mit Nadeln markiert.

„Sie haben später wundervolle Dinge in ihrem Leben vollbracht“, sagte ihre Tochter Leslie. „Meine Kinder und ich haben daraus gelernt, dass einem Schreckliches widerfahren kann, doch wenn man überlebt, was einem andere Menschen zufügen, wenn man es in seinem Inneren überlebt, kann man immer noch ein wahrhaft erfülltes Leben führen.“

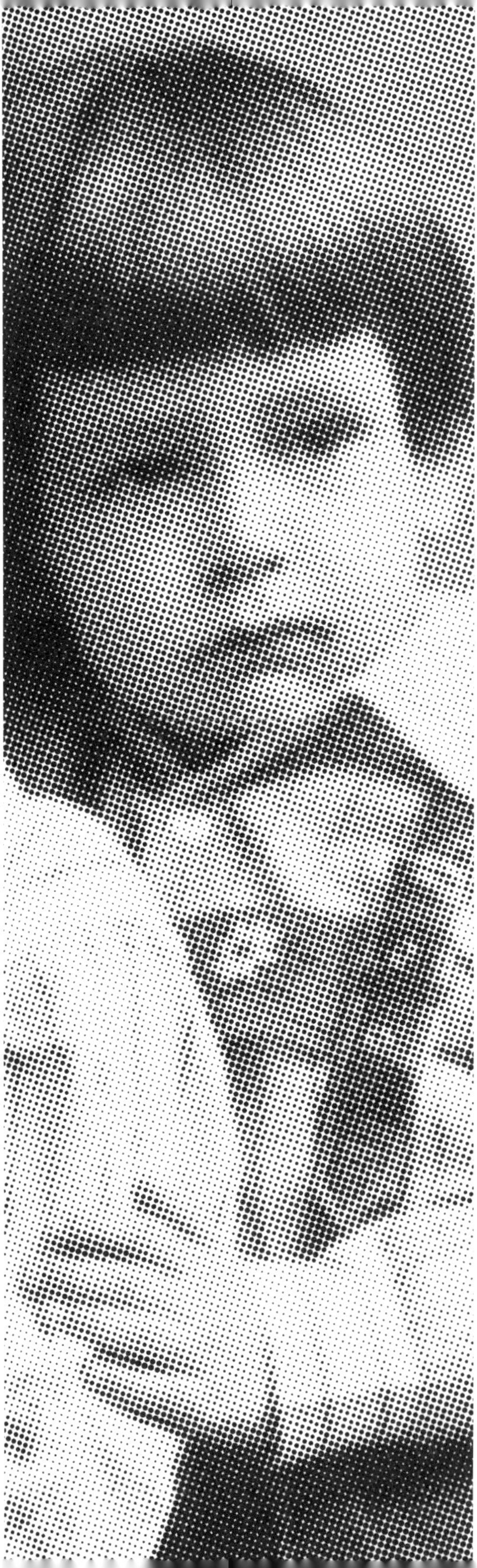

9

Fred und der Weg nach Auschwitz

Das Hotel Metropol, das eigentlich Hotel Métropole hieß, war die steingewordene Pracht und Eleganz des späten Habsburger-Wien. Es war ein fünfstöckiger neoklassizistischer Palast am Morzinplatz, wo die Altstadt an den Donaukanal heranreicht. Er war, finanziert von einer Aktiengesellschaft, für die Weltausstellung 1873 erbaut worden, die in diesem Jahr in der Hauptstadt des Kaiserreichs stattfand, im fünfundzwanzigsten Jahr der Regierungszeit Franz Josephs.

Das Metropol war ein Hochtempel des Luxus mit einem zentral gelegenen, überglasten Innenhof und ursprünglich 311 verschwenderisch eingerichteten Zimmern, in dem eine prominente internationale Klientel verkehrte. Mark Twain verbrachte dort acht Monate mit seiner Familie, vom Herbst 1897 bis Ende Frühjahr 1898, und kam während seines Aufenthalts mit dem Kaiser, Johann Strauss, Sigmund Freud und so gut wie jeder weiteren Wiener Berühmtheit zusammen.

Während seiner Abwesenheit von den Vereinigten Staaten kam das Gerücht auf, dass der große Autor verstorben sei, woraufhin die *New York World* einen Journalisten telegrafisch mit der Geschichte betraute und ihn anwies: „Wenn Mark Twain sehr krank, 500 Wörter, wenn tot 1.000."

Der Schriftsteller antwortete einem neugierigen Journalisten: „Der Bericht über meinen Tod war eine Übertreibung", woraus die Legendenbildung dann machte: „Berichte über meinen Tod sind erheblich übertrieben."[33]

Seine glorreiche Vergangenheit machte das Hotel für die Nazis zu einer unwiderstehlichen Verlockung. Es war ein Objekt, das sie für ihre Zwecke geradezu nutzen mussten. Nach dem Einmarsch der Wehrmacht in Wien requirierte die Gestapo das Hotel auf Wunsch von Reinhard Heydrich als ihr Hauptquartier und richtete hier ab dem 1. April 1938 die Gestapoleitstelle Wien ein. Allein durch seine Größe und Lage ermöglichte es das Hotel der Gestapo, ihre Herrschaft über die Stadt greifbar zum Ausdruck zu bringen.

Da die Hauptaktionäre des Hotels Juden waren, ließ es sich leicht beschlagnahmen – sie wurden einfach ins Gefängnis gesteckt. Die Gestapo konnte die Arrestzellen verwenden, die ein Stück weiter das Kanalufer hinunter im Polizeigebäude an der Rossauer Lände, der sogenannten „Liesl", lagen, sodass die meisten Zimmer des Metropol in Büros für die vielarmige Gestapo-Bürokratie umgewandelt werden konnten. Bloß im Dachgeschoss des Gebäudes gab es auch Zimmer für hochrangige „Ehren- und Sonderhäftlinge" wie Ex-Bundeskanzler Kurt Schuschnigg.

Das Judenreferat nahm einen Großteil des dritten Stockwerks ein und schickte sich nun an, die Karteien und Aufzeichnungen der Israelitischen Kultusgemeinde (IKG) zu beschlagnahmen, um sie als Datenbasis zu verwenden.

Die Familie Schwarz lebte gegenüber dem Metropol und konnte von ihren Fenstern aus sehen, wie die riesigen roten Hakenkreuzfahnen zwischen den korinthischen Säulen des ehemaligen Hotels entrollt wurden. Lange war ihnen dieser Anblick nicht vergönnt. Der Morzinplatz wurde abgesperrt und Anwohner ausquartiert, um feindliche Elemente fernzuhalten, zu denen natürlich alle Juden gehörten. Daher wurden der

Rechtsanwalt Alois Schwarz, seine Frau Helene und ihre beiden Söhne, der siebzehnjährige Fritz und der vierzehnjährige Manfred, ohne eine Entschädigung oder Ersatzlösung aus ihrer Wohnung vertrieben. Sie zogen zu Helenes Mutter in die Schmelzgasse auf der anderen Seite des Kanals im zweiten Bezirk, dem alten jüdischen Viertel und bevorzugten Wohngebiet jüdischer Einwanderer.

Die Leopoldstadt hatte im 19. Jahrhundert große Modernisierungsschübe erfahren, nur wenige alte Gebäude hatten überlebt. Das Haus, in dem die Familie Schwarz jetzt wohnte, war jedoch ein Meisterwerk des Jugendstils, mit geschwungener Marmortreppe und Türen, deren Rahmen mit verschlungenen Blumenreliefs verziert waren.

Das waren die letzten Monate, die die Schwarz-Jungen bei ihren Eltern in Wien verbrachten und die Manfred in schmerzlicher Erinnerung bleiben sollten. Helene, ihre fünfzigjährige Mutter, war „eine schöne Frau und fürsorgliche Mutter, mit sehr viel Energie und zwei goldenen Händen", und ihr Vater Alois, fünf Jahre älter als sie, ein Anwalt für Zivilrecht, ein geselliger Mensch mit gutem Ruf, dem plötzlich alles – Lebensunterhalt, Stellung, gesellschaftliche Geltung und Beruf – abhandengekommen war.[34] Ihm blieb nichts anderes übrig, als von Amt zu Amt zu gehen und nach einem Ausweg zu suchen. Die Stadt, die die Familie als ihre Heimat angesehen hatte, war zu einer Schraubzwinge geworden, die jeden Tag enger gedreht wurde.

Fritz (später, in holländischer Schreibweise, Frits), der achtzehn war und gerade die Maturaprüfungen absolvierte, wurde von einer Bande von Hitlerjungen ergriffen, die ihn der örtlichen Polizei übergaben und ihn zwangen, eine eidesstattliche Erklärung zu unterschreiben, in der er versichern musste, das Land bis Dezember zu verlassen. Sein Vater wurde auf die Polizeidienststelle gerufen, um das Dokument zu unterschreiben. Fred (wie Manfred später genannt wurde) musste die Schule verlassen, was er nicht als großen Verlust empfand. Er hatte sie nie gemocht und war lieber mit den Pfadfindern in der freien Natur unterwegs gewesen – bis auch sie verboten wurden. Frühere Freunde taten im besten Fall so, als würden sie sie nicht mehr kennen, und im schlimmsten machten sie als Hitlerjungen auf sie Jagd, um sie zu verprügeln.

In diesem Winter sah er seinen ersten Toten. Einen Mann, der im Treppenhaus ihres Wohngebäudes im vierten Stock über das Geländer gesprungen war. In einer Blutlache lag er auf dem weißen Marmorboden der Eingangshalle.

Fred arbeitete in der Kleiderfabrik der Familie und lernte den Umgang mit den Maschinen, während er einen Großteil der ihm verbleibenden Stunden in Menschenschlangen verbrachte. Das war die Hauptbeschäftigung der Wiener Juden nach dem „Anschluss". Der Bedarf an Dokumenten, die sie benötigten, schien kein Ende zu nehmen, besonders wenn sie vorhatten, die Stadt zu verlassen. Um einen neuen Pass des Reiches zu bekommen, stand Fred stundenlang in der Menge vor dem Palais Rothschild, das Adolf Eichmann beschlagnahmt hatte, um dort seine *Zentralstelle für jüdische Auswanderung* einzurichten. Am nächsten Tag stellte er sich wieder an, um sich das obligatorische J einstempeln zu lassen.[35]

Und dann folgten die Schlangen vor den ausländischen Botschaften, in denen es eine Möglichkeit zur Ausreise zu ergattern galt. Das war ein außerordentlich komplizierter und frustrierender Prozess. Österreicher waren mit Deutschen in einer gemeinsamen Quote für US-Visa zusammengefasst worden. Doch die deutschen Juden, die zu diesem Zeitpunkt fünf Jahre mehr Erfahrung mit der Naziherrschaft aufwiesen, hatten sich schon früher beworben und einen größeren Teil des zur Verfügung stehenden Kontingents erhalten.

Am 3. September 1938 gab Alois Schwarz ein Inserat im *Manchester Guardian* auf, in dem er um eine Stelle für Fred in England bat.

„Gesunder und bescheidener Wiener Junge, Sohn eines jüdischen Anwalts aus Wien, Gymnasiast, mehrmonatige Erfahrung im Maschinenstricken, sucht Aufnahme in englischer Familie zur Fortsetzung seiner Ausbildung", hieß es in dem Inserat. Unterzeichnet mit Dr. A. Schwarz.

Das las ich dreiundachtzig Jahre später. Als ich anhand dieser Hinweise dem Weg von Fred Schwarz und seinem Bruder Frits folgte, führten sie mich in eine vollkommen andere Richtung als die Kinder aus den anderen Inseraten – nicht hinaus und fort, sondern auf einem Schlingerkurs zurück in den Schlund der nationalsozialistischen Mordmaschine. Das erwies sich als die außergewöhnlichste Erzählung von Ausdauer und Überlebensfähigkeit, die ich jemals gehört habe.

Wie alle Inserate für Wiener Kinder und Jugendliche stand das von Fred auf der zweiten Seite, neben den Empfehlungen für die Radioprogramme, die an diesem Tag neue Filmmusik von Arthur Bliss ankündigten.

Die Annoncen standen in der umfangreichen Spalte für Stellengesuche, wo zahllose jüdische Ehepaare aus Wien sich gegen Unterkunft und Verpflegung als Dienstboten empfahlen.

Es war eine der Annoncen, deren Recherche mir anfangs zu schwierig erschien. Als ich den Namen Schwarz auf JewishGen für Österreich und die Tschechoslowakei eingab (die zusammengefasst waren), erhielt ich mehr als 3.600 Treffer. Das genügte, um mir beim ersten Anlauf den Mut zu nehmen, zumal nicht alle Ergebnisse in chronologischer Reihenfolge waren. Als ich mir etwas mehr Zeit nahm, fand ich ein paar Dutzend Jungen mit dem Namen Schwarz, die 1923 geboren waren, aber nur einen mit einem Vater, dessen Name mit einem A begann und der einen Doktortitel hatte. Alois Schwarz und Helene, geborene Quittner, hatten einen Sohn Manfred, der am 31. Oktober 1923 zur Welt gekommen war, also nicht ganz fünfzehn war, als die Anzeige erschien, was aber trotzdem im Alter hinkam.

Auf Findmypast.com gab es Hinweise auf einen Manfred Schwarz, der in London den Namen Fred George angenommen hatte, sowie auf einen anderen (möglicherweise denselben Mann), der sich in Großbritannien als Firmenchef hatte registrieren lassen, aber als Adresse die Gudrunstraße in Wien angegeben hatte. Wie sich herausstellte, war er die falsche Person.

Doch die Ausweitung der Suche auf Ancestry.com führte zu einem anderen Manfred Schwarz, der das gleiche Geburtsdatum hatte wie Fred, 31. Oktober 1923. Es gab Unterlagen aus einem deutschen Konzentrationslager, in denen die Namen seiner Eltern aufgelistet waren, woraus unzweifelhaft hervorging, dass es sich um den richtigen Fred handelte. Er war am 15. Juli 1942 im niederländischen Eindhoven festgenommen und nach Westerbork geschickt worden, ein Durchgangslager im Norden des Landes für Juden und andere Häftlinge. Am 8. September 1944 überstellte man ihn nach Theresienstadt, ein Getto und Konzentrationslager in der gleichnamigen Ortschaft, heute Terezín in der Tschechischen Republik. Drei Wochen später wurde er nach Auschwitz gebracht. Dort fand sich ein weiterer handschriftliche Eintrag in seinen Papieren: „KL“ für Konzentrationslager und „Bu“ möglicherweise für Buchenwald, am 30. Oktober 1944.

Unter seinem Namen fand sich noch ein zweites Dokument, eine Sterbeurkunde vom 5. Januar 2012 in Badhoevedorp, Niederlande, was darauf schließen ließ, dass er all diese Mordfabriken überlebt hat. Ich schrieb eine E-Mail an die jüdische Gemeinde in Amsterdam, die mir bestätigte, dass er auf dem jüdischen Friedhof in Muiderberg bestattet war und zwei Kinder hatte – Rolf, Jahrgang 1946, und Madelon, Jahrgang 1950.

Infolge der Datenschutzgesetze war es schwierig, Rolf und Madelon zu finden. Deshalb setzte ich mich mit Angelina Sutalo in Verbindung, die ich vom Internationalen Strafgerichtshof für das ehemalige Jugoslawien (IStGHJ) in Den Haag kannte. Sie fragte ihre ehemaligen Kollegen aus der Anklagebehörde, die, wie sie meinte, über die nötigen Verbindungen verfügten. Tatsächlich stießen diese auf einige Telefonnummern, die aber nicht mehr aktuell waren. Schließlich fand Angelina heraus, dass Rolf Schwarz eine Reihe von Büchern über Psychiatrie geschrieben hatte, und bot an, sich mit dem Verlag in Verbindung zu setzen. Eine Stunde später schickte sie eine Whatsapp-Nachricht mit sieben Ausrufezeichen. Alex, der Verleger, spielte alle zwei Wochen mit Rolf Tennis und hatte die Nachricht bereits weitergeleitet.

Rolf schrieb mir in seiner Nachricht vom 11. Februar 2021, „Mein geliebter Vater hieß in der Tat Manfred", und bestätigte die Eckdaten seines Lebens; er bat mich um eine Kopie des Inserats, das ihn und Madelon überrascht hatte. Fred hatte es seinen Kindern gegenüber nicht erwähnt und höchstwahrscheinlich gar nichts von ihm gewusst.

Rolf berichtete mir, sein Vater habe einen Erinnerungsbericht über seine Odyssee geschrieben, die von Wien durch den Horror der Lager führte. Der Bericht hieß *Treinen op Dood Spoor* und war auf Niederländisch veröffentlicht worden und erschien 1996 auf Deutsch unter dem Titel *Züge auf falschem Gleis* in einem Wiener Verlag. 2005 war der Bericht von Verwandten ins Englische übersetzt worden, wurde aber nie veröffentlicht. Er schickte ihn mir per E-Mail.

Frits' Buch ist eine erstaunliche Geschichte über Todesgefahr und Rettung, in der die Lager zwar sachlich, aber in einem so unerbittlichen, bedrängenden Präsens beschrieben werden, dass man an Primo Levis *Ist das ein Mensch?* erinnert ist. Das ist verstörend, aber auch erhebend. Ob man will oder nicht, verändert es einen, während man es liest, sodass man am Ende eine bessere Vorstellung davon hat, was der Mensch zu ertragen vermag.

Trains on a Dead Track beginnt mit der Übernahme des Hotels Metropol durch die Gestapo und folgt der Reise der Brüder Fred und

Frits durch die grauenhaftesten Schrecken, die die Welt je gesehen hat. Und doch gehen sie am Ende wie durch ein Wunder lebend aus ihnen hervor.

Vater Alois hatte das *Guardian*-Inserat für Fred im September 1938 aufgegeben, doch Frits brauchte eine raschere Ausreisemöglichkeit. Nachdem er von einer Nazipatrouille aufgegriffen worden war, hatte er sich, wie geschildert, schriftlich verpflichtet, das Land bis Ende des Jahres zu verlassen. Falls er dieses Versprechen nicht einlöste, drohten ihm mit hoher Wahrscheinlichkeit die Verhaftung und Deportation nach Dachau. Bis zum Herbst 1938 waren genügend Berichte durchgesickert, um der Familie klarzumachen, dass ihr ältester Sohn diesen Aufenthalt wahrscheinlich nicht überleben würde.

Hermann, ein wohlhabender Onkel, der in Sarajevo lebte, verschaffte Frits eine Stellung in Messina auf Sizilien. Auf dem Landweg nach Italien zu gelangen, war für einen Juden unmöglich, aber mit den richtigen Verbindungen und der richtigen Person am Schalter konnte man über Venedig fliegen. Die Familie brachte Frits zum Flughafen, doch der Plan scheiterte. Als die anderen Familienmitglieder nach Hause kamen, war Frits am Telefon und bat sie, ihn wieder abzuholen. Er hatte nicht die richtigen Papiere und durfte das Land nicht verlassen. Sie mussten einen anderen Weg in die Freiheit finden.

Damals machte in Wien das Gerücht die Runde, es gebe in Köln Führer, die Juden über die Grenze nach Holland schmuggelten, wo sie bleiben durften. Widerstrebend sahen Manfreds Eltern ein, dass dies für Frits unter einer Reihe dürftiger Optionen noch die beste war.

Dem Achtzehnjährigen gelang der Grenzübertritt beim zweiten Versuch. Umgehend informierte er die Familie über seine Ankunft in Amsterdam. Fred wollte seinem älteren Bruder unbedingt folgen, deshalb hatten sie vereinbart, dass Frits unterwegs auf Postämtern und an anderen markanten Punkten Wegbeschreibungen hinterlegte. Den Eltern erschien es sicherer, die beide Jungen außerhalb des Reichs am selben Ort zu wissen, als auf eine Antwort der *Guardian*-Anzeige zu warten, daher erklärten sie sich widerstrebend einverstanden damit, dass Fred sich auf die Reise begab, sofern er nicht allein war. Also machten sie sich auf die Suche nach geeigneten Reisegefährten.

Frits und Fred Schwarz als Jungen in Wien, um 1926.

Als sie sich in den Familien anderer Bekannter umhörten, stießen sie auf zwei Achtzehnjährige, die bereit waren, mit ihm zu reisen: Ernst Hahn, ein Pfadfinder-Freund, „dünn und groß wie ein Baum", und Joschi Frisch, „ein fröhlicher, dicker Bursche", der Stiefsohn einer Freundin von Helene.

Am 30. November 1938 brachten ihre Eltern die drei zum Westbahnhof. „Ich fühle mich zu alt zum Weinen, aber ich weiß sicher, dass meine Jugend jetzt vorbei ist", schrieb Fred. Für ihn wie für alle anderen Kinder, die aus Wien flohen, waren diese Abschiedsszenen auf dem Bahnsteig der Wendepunkt ihres Lebens: nicht nur der endgültige Abschluss ihrer Kindheit, sondern auch das Ende von Sicherheit und Gewissheit. In Fred Schwarz' Fall war es der Beginn eines immer steileren Abstiegs in Todesgefahr.

Fred und seine beiden neugefundenen Gefährten Ernst und Joschi hatten ein Abteil für sich und begannen ihre Reise in Hochstimmung. Die Eltern hatten ihnen die Taschen mit ihren Lieblingsspeisen gefüllt und Fred war ohnehin ein Eisenbahnnarr. Es war das größte Abenteuer seines Lebens.

Sie machten einen Zwischenstopp in Köln, wo sie den Dom besichtigten und die Türme bewunderten, die noch höher waren als der Südturm des Wiener Stephansdoms. Wie abgemacht hatte Frits einen Brief mit Anweisungen auf dem Hauptpostamt zurückgelassen, in dem es hieß, sie sollten in ein jüdisches Café gegenüber der ausgebrannten Hauptsynagoge der Stadt gehen und nach Herrn Jacobse fragen.

Schon am ersten Hindernis scheiterte der Plan kläglich. Im Café erzählten ihnen Stammgäste, Jacobse sei ein Verräter gewesen und sei verhaftet worden. „Ihr wäret besser gleich in Wien geblieben", erklärten sie den Ankömmlingen, „wenn es möglich wäre, nach Holland zu gelangen, wären wir schon lange drüben."

Die drei Jungen setzten sich zusammen und überlegten, was als Nächstes zu tun sei. Die Idee, nach Wien zurückzukehren, erschien ihnen wie eine Niederlage und sie kamen überein, dass das nur als äußerste Notlösung infrage käme. In Begleitung eines schlanken, rothaarigen Jungen, der sich ihnen anschließen wollte, gingen sie zum Bahnhof zurück, um das Schienennetz zu studieren. Die der holländischen Grenze am nächsten liegende Stadt war Kaldenkirchen. Sie kauften nur Hinfahrkarten und trafen bei beginnender Dunkelheit ein. Für ihr weiteres Vorgehen hatten sie keinen Plan, daher schlenderten sie die Hauptstraße entlang und hofften, sie würden auf irgendeinen Hinweis stoßen, der ihnen weiterhälfe.

Schließlich erblickten sie ein Schild – ein Gasthof im Zentrum der Ortschaft. „Zum Holländer“ lautete der Name, wie sich Fred erinnerte (heute ein Schnellimbiss, der für seine Pommes frites bekannt ist und „Zur Holländerin“ heißt). Sie gingen hinein und versuchten, sich möglichst unauffällig zu benehmen.

Bis auf den Wirt und zwei Männer in Lederjacken, die an der Bar saßen, war das Lokal leer. Der Wirt fragte die Jungen, was sie wünschten, und Fred platzte mit der Mitteilung heraus, dass sie hofften, über die Grenze nach Holland zu gelangen. Aus heutiger Sicht erscheint ihre Naivität erstaunlich, aber nachdem Plan A gescheitert war, wussten sie überhaupt nicht, wie es weitergehen sollte. Der Wirt nickte den beiden Männern in Leder zu, die aussahen, „als ob sie auf uns gewartet hätten“, und sie brachten sie direkt auf ein Polizeirevier.

Die vier Jungen wurden aufgefordert, Pässe und Geld herauszugeben, und anschließend durchsucht, aber alles, was sie bei sich hatten, waren ein paar Wurstscheiben und einige Stückchen Schokolade. Dann folgte eine Diskussion zwischen den Männern in Zivil und einem höheren Offizier in Uniform, die die Jungen nicht verstehen konnten.

Nach einigen Minuten erhielten sie ihre Pässe und das Geld zurück, und der Offizier teilte ihnen mit, man werde sie zum Postamt bringen, damit sie ihren Eltern das Geld zurücksenden könnten. Dann wurden sie in die Beiwagen zweier Motorräder gesetzt und die Männer fuhren mit abgeblendeten Scheinwerfern los. Die Jungen hatten keine Ahnung, wohin sie gebracht wurden.

Die Motorräder hielten in vollkommener Finsternis an, und sie wurden zum Aussteigen aufgefordert. Die Polizisten in Zivil deuteten auf ein Gebäude, das in einiger Entfernung undeutlich sichtbar war. Das befinde sich bereits in den Niederlanden, aber es sei ein Polizeirevier, daher täten die Jungen besser daran, ihm fernzubleiben. Am besten, sie trennten sich, dann würden sie weniger auffallen. Die beiden Männer wünschten den jungen Juden viel Glück, kletterten wieder auf ihre Motorräder und fuhren davon.

Die Jungen beschlossen, sich paarweise aufzuteilen: Fred mit Joschi, Ernst mit dem rothaarigen Jungen aus Köln, dann gingen sie in unterschiedliche Richtungen davon. Offenbar hatte man sie auf einem Hügel abgesetzt, denn nach einem Fußweg von einigen Minuten konnten Fred und Joschi die Scheinwerfer eines Autos und das graue Band der Maas unter sich sehen. Aber der Abstieg war tückisch. Sie befanden sich am Rand eines Steinbruchs und als sie hinunterblickten, konnten sie kaum bis auf den Grund sehen. Doch zurück konnten sie auf keinen Fall, also tasteten sie sich auf der gelblichen Gesteinsoberfläche vorwärts, bis sie einen Pfad fanden, der sich nach unten schlängelte, in einen schlammigen Weg überging und zu einer gepflasterten Straße führte.

Als sich ein Lastwagen näherte, nahmen sie ihren Mut zusammen und hielten ihn an. Erst als er stand und sie sehen konnten, dass er niederländische Nummernschilder hatte, wussten sie, dass es ihnen gelungen war, die Grenze zu überqueren.

Der Fahrer nahm sie bis Venlo mit, einer Grenzstadt, die sich am Ufer der Maas erstreckt, und hielt vor einem Laden. Er sprang auf die Straße und läutete an der Tür. Ein Mann kam heraus und nachdem die beiden ein paar Worte gewechselt hatten, forderte der Fahrer die Jungen auf auszusteigen und fuhr davon.

Der Mann an der Tür schien nicht gerade glücklich über die unerwarteten Gäste zu sein, sagte aber nichts und ließ sie herein. Fred wünschte ihm guten Abend auf Deutsch, aber Joschi sagte Schalom und der wortkarge Mann gab zu ihrer großen Erleichterung ein Schalom zurück. Er brachte ihnen Spiegeleier auf Brot und ein Glas Milch, die erste vernünftige Mahlzeit, die sie an diesem Tag bekamen, schüttelte den Kopf über die Unbesonnenheit ihres Abenteuers. Sie hätten Glück gehabt, sagte er, dass sie an einen Lastwagenfahrer geraten seien, den er zufällig gut kannte. Die Polizei, die den gesamten Grenzbereich patrouillierte, habe den Befehl, alle Flüchtlinge zurückzuschicken.

Nach niederländischem Gesetz habe jeder, der die Maas oder irgendeinen anderen der großen Flüsse überquert habe, das Anrecht auf eine Registrierung als Flüchtling und auf eine befristete Aufenthaltsgenehmigung. Doch wegen dieses Schlupflochs gebe es an allen Brücken Kontrollpunkte. Deswegen rate er ihnen, sich zu stellen, bevor sie Einheimische in Schwierigkeiten brächten. Empört lehnten sie das Ansinnen ab und standen auf, um zu gehen, doch ihr Gastgeber schien mit ihrer Reaktion gerechnet zu haben. Er forderte sie auf, sitzen zu bleiben, und ging hinaus. Die beiden Jungen fragten sich, ob sie bleiben oder fliehen sollten. War der Mann fortgegangen, um sie der Polizei zu übergeben? Doch als sie sich gerade anschickten fortzulaufen, kam er zurück und teilte ihnen mit, es sei alles geregelt.

Wenig später fuhren ein Mann und eine Frau in einem großen amerikanischen Wagen vor und forderten die beiden auf, sich hinten unter Decken zu verstecken, während sie die Kontrollpunkte der Polizei passierten. Jedes Mal, wenn sie halten mussten, wurden die Verhandlungen mit den Polizisten von der Frau übernommen, die elegant gekleidet und verschwenderisch parfümiert war, um die misstrauischen Ordnungshüter abzulenken.

Um drei Uhr morgens kamen sie in Rapenburg an, im Zentrum von Amsterdam, bei der Adresse einer Flüchtlingsunterkunft, die Frits in dem auf dem Kölner Postamt zurückgelassenen Brief erwähnt hatte. Als sie hineingingen, fanden sie ihn schlafend vor.

Das war der 2. Dezember 1938. Alles in allem hatte Fred seit seinem Aufbruch in Wien nur sechsunddreißig Stunden gebraucht, um seinen Bruder zu finden, obwohl der ursprüngliche Plan kläglich gescheitert war, sie verhaftet worden waren, er und seine Gefährten sich mitten in der Nacht einen Weg über die Grenze suchen und den Polizeipatrouillen ausweichen mussten. Es war ein Triumph reiner Entschlusskraft und Intuition. Am nächsten Morgen weckte Frits seinen Bruder auf und sie konnten ihre Eltern anrufen und von der sicheren Ankunft berichten. Dann ließen sie Fred beim Komitee für jüdische Flüchtlinge registrieren, wo sie eine Bescheinigung erhielten, in der das Komitee erklärte, dass es während Freds Aufenthalt in Holland für seinen Unterhalt sorgen würde. Mit diesem Dokument gingen sie zur niederländischen Einwanderungsbehörde und erhielten eine staatliche Registrierungskarte, die Freds Aufenthalt unter bestimmten Bedingungen erlaubte: Wenn er nicht zurückgeschickt werden wollte, durfte er nicht arbeiten, nicht zur Schule gehen, sich nicht außerhalb der Stadtgrenzen von Amsterdam bewegen. Als Nächstes suchten sie Freds neue Unterkunft auf, eine billige Gaststätte und Herberge namens Lohe's Lunchroom, die vom Flüchtlingskomitee für jedes belegte Bett 7,50 Gulden erhielt. Das Essen war gut, die Zimmer sauber, und bald zog Frits ebenfalls dorthin, um in Freds Nähe zu sein. Gemeinsam streiften sie durch die Stadt und staunten einerseits über die Armut des jüdischen Viertels und andererseits über die tiefe Verbundenheit der Gemeinde mit der Stadt – es gab im Viertel drei Hauptsynagogen, drei Krankenhäuser und ein modernes Altersheim. Anfang Dezember kamen bei einer Straßensammlung für jüdische Flüchtlinge zwei Millionen Gulden zusammen. Für Flüchtlinge war in einem alten Haus ein Gemeindezentrum für Flüchtlinge eingerichtet worden, in dem sie Gelegenheit hatten, Tischtennis und Shuffleboard zu spielen, Zeitung zu lesen und ihre zehn Cent Taschengeld pro Tag in Kaffee und Käsekuchen anzulegen. Fred schrieb sich sogar für einen Malkursus ein. Im Laufe der nächsten Wochen trudelten weitere Wiener Flüchtlinge über die Grenze ein. Einige hatten von Frits' und Freds Erfolg gehört und dieselbe Route gewählt. Sie berichteten, dass die Wiener Juden zunehmende Schwierigkeiten hatten, an Lebensmittel zu kommen, und dass immer mehr von ihnen verhaftet wurden.

Die Zuflucht in Lohe's Lunchroom hatte kaum mehr als zwei Wochen Bestand. Am 19. Dezember 1938 bekamen alle männlichen Flüchtlinge mit Ausnahme von Fred eine gelbe Karte, auf der sie aufgefordert wurden, sich bei der Einwanderungsbehörde zu melden. Frits und alle anderen begaben sich dorthin, während Fred bei den Frauen zurückblieb. Am Nachmittag waren sie noch immer nicht zurück, und am nächsten Morgen traf in der Unterkunft die Nachricht ein, dass alle Männer und Jungen im Alter zwischen sechzehn und dreißig in Busse verfrachtet und in Internierungslager gebracht worden waren. Mit seinen fünfzehn Jahren war Fred zu jung gewesen und daher von dieser Aktion verschont geblieben.

Frits und die anderen hatte man nach Veenhuizen gefahren, eine Ortschaft im Norden des Landes, in der es eine alte Strafkolonie aus barackenähnlichen Hütten gab, die quadratisch um einen großen Zentralplatz angeordnet waren. Heute ist dort das nationale Gefängnismuseum untergebracht. Frits schrieb Fred, er solle sich keine Sorgen machen, ihm gehe es gut, obwohl die Verhältnisse tatsächlich schrecklich waren.

In den ersten Tagen des Jahres 1939 wurden die Internierten aus verschiedenen Lagern nach Hellevoetsluis verlegt, einen Marinestützpunkt außerhalb von Rotterdam. Dort durfte Fred endlich seinen Bruder besuchen.

Im Laufe der Zeit gelang es der Regierung, ihre Grenzen besser gegen Einwanderer zu schließen, die versuchten, ohne gültige Papiere auf Schmugglerrouten ins Land zu kommen, doch einigen gelang es trotzdem. Einer von ihnen brachte das Kunststück Anfang 1939 fertig: Ignaz Feldmann, ein stämmiger Mann mit einer Boxernase, der berühmte Verteidiger und Mannschaftskapitän von Hakoah Wien, der mit meinem Großonkel Fritz zusammengespielt hatte. Ich habe ein Mannschaftsbild, auf dem Fritz hinter Feldmann steht, der später noch eine entscheidende Rolle in der Geschichte der Schwarz-Brüder spielen sollte.

Im Mai 1939 wurde Frits in ein offenes Lager für männliche Flüchtlinge unter achtzehn Jahren verlegt, das Dommelhuis in Eindhoven, im Süden des Landes. Daraufhin verließ Manfred Amsterdam und schloss sich seinem Bruder an.

Das Lager wurde von einer wohlhabenden ortsansässigen Dame geleitet, Frau Verwey-Jonker, Frau eines hochrangigen Mitarbeiters beim Elektrounternehmen Philips, eine kleine zierliche Person, die alle Wege mit dem Fahrrad machte und Vorsitzende des Flüchtlingskinder-Komitees war. Sie beriet die rund hundert Jungen, die dort untergebracht waren, zu Fragen der Emigration oder, wenn diese nicht möglich war, zu einer Berufsausbildung. Es war offensichtlich, dass die Schwarz-Jungen kaum Aussichten auf Erstere hatten. Niemand aus der Familie hatte Visa bekommen, daher besorgte Verwey-Jonker ihnen Arbeitsplätze: Frits war in einem Rundfunkwerk und Fred in einer Strickfabrik namens Tweka beschäftigt, die ihm sogar ein Fahrrad stellte.

Das Dommelhuis (nach dem nahe gelegenen Fluss Dommel benannt) befand sich, wie vieles in Eindhoven, im Besitz von Philips und war ursprünglich ein Wohnheim für ausländische Arbeitskräfte gewesen. Das Unternehmen hatte es dem Kinderkomitee zur Verfügung gestellt, das Sportstätten für Fußball und Gymnastik angelegt und die Benutzung eines Schwimmbads und Kinos ermöglicht hatte. Für Flüchtlingskinder wie Fred und Frits war es eine Zufluchtsstätte, wenn auch nur eine sehr vorübergehende.

Als im September 1939 der Krieg ausbrach, versuchten die Niederlande ursprünglich ihre Neutralität zu wahren, mobilisierten aber vorsorglich alle Männer im wehrfähigen Alter. Im Tweka-Werk wurden einige von Frits' Kollegen eingezogen, während die Produktion von Badehosen auf Uniformen umgestellt wurde, aber einige Monate lang passierte gar nichts. Jenseits des Meeres, in Großbritannien, nannte man es *Phoney War*, den Sitzkrieg.

Im Januar 1940 treffen endlich gute Nachrichten von den Eltern der Jungen ein: Mithilfe von Onkel Hermann in Sarajevo war es ihnen gelungen, die Grenze nach Jugoslawien zu überqueren, eine andere der illegalen Routen, die Wiener Juden benutzten, wenn es ihnen nicht gelungen war, Visa zu bekommen.

Die Reise war nervenaufreibend. Hermann hatte ihnen gesagt, sie sollten bis zur Grenze fahren und dann den Zug nach Zagreb nehmen. Offiziell durften sie keine Fahrkarten kaufen, aber man hatte sie angewiesen, sich in den letzten Waggon zu setzen, in dem die Lichter ausgeschaltet werden konnten. Wenige Augenblicke bevor der Zug sich in Bewegung setzte, kam der Schaffner und händigte ihnen ihre Fahrkarten wortlos aus.

Auf der jugoslawischen Seite der Grenze konnten sie hören, wie sich die Beamten, die die Passkontrolle durchführten, ihrem Abteil näherten, doch kurz bevor sie zu ihrem abgedunkelten Waggon kamen, hörten sie eine Stimme langsam und deutlich sagen: „Nein, hier ist niemand mehr. Wir können zurückgehen." Hermann hatte alles geregelt.

Sobald Sie in Zagreb waren, wurden sie mit einer größeren Gruppe von Flüchtlingen in den nahe gelegenen historischen Urlaubsort Samobor gebracht, wo sie in Privatzimmern untergebracht wurden, die in der Nachsaison leer standen. Die Mieten wurden von einer Flüchtlingsorganisation gezahlt, aber von Neuankömmlingen wurde erwartet, kleinere Arbeiten zu übernehmen. Alois Schwarz unterrichtete Englisch und hackte Holz.

Die „Sitzphase" des Krieges kam am 10. Mai 1940 zu einem jähen Ende, als sich Hitlers Wehrmacht über Hollands offiziellen Neutralitätsstatus hinwegsetzte und mit der ganzen Wucht des „Blitzkrieges" in das Land einfiel, um kurz darauf Frankreich zur Kapitulation zu zwingen. Zu diesem Zeitpunkt befanden sich Fred und Frits Schwarz in Noordwijk, einer kleinen Küstenstadt zwischen Amsterdam und Den Haag, in die wenige Tage zuvor Arbeiter aus Eindhoven evakuiert worden waren. Die Jungen wurden vom Motorengeräusch der deutschen Bomber geweckt, die, von der Flak beschossen, im Tiefflug über die Küste flogen. Sie beobachteten, wie die Flugzeuge eine weite Kurve über See beschrieben, eine List, die die holländischen Verteidiger in dem Glauben wiegen sollte, das eigentliche Ziel sei Großbritannien, bevor sie plötzlich wendeten und im Sturzflug zur Bombardierung Den Haags ansetzten.

Sobald die Invasion begonnen hatte, sahen sich die jüdischen Flüchtlinge von zwei Seiten bedroht: den neuen Nazibesatzern, die nach Juden suchten; direkter aber von niederländischen Polizisten und Soldaten auf der Suche nach deutschen Infiltratoren in Zivil, die sich unter die einheimische Bevölkerung gemischt hatten.

Freunde der Familie organisierten eine Polizeieskorte, die die Jungen eigentlich in Sicherheit bringen sollte, sie aber stattdessen in eine provisorische Hafteinrichtung einlieferte, in der Mitglieder der holländischen *Nationaal-Socialistische Beweging* untergebracht waren. Vergeblich protestierten Fred und Frits. Die Polizisten zuckten nur mit den Schultern, und die beiden Jungen wurden mit all den vermeintlichen Angehörigen der „Fünften Kolonne" zu einem Stall in Haarlem gebracht, in dem sie die Nacht verbrachten. Doch ihre Haft dauerte nur einige Stunden, so lange, wie das letzte Aufbäumen des holländischen Widerstands währte. Am Mittwoch, dem 15. Mai 1940, um sechs Uhr morgens kletterte ein niederländischer Offizier auf eine Kiste und verkündete die Nachricht von der Kapitulation. Nach dem Flächenbombardement Rotterdams und der Drohung, mit Utrecht genauso zu verfahren, sollten nicht noch mehr Zivilisten umkommen. Die Häftlinge seien frei und könnten gehen.

Alles schwieg in dem Stall, selbst die Nationalsozialisten, und dann kam es zu einem wilden Gedränge. Die Jungen entschieden, dass sie sich ohne ihre Koffer rascher bewegen könnten, und gingen von Tür zu Tür, bis sie jemanden fanden, der bereit war, auf ihr Gepäck aufzupassen, während sie nach einer Fluchtroute suchten. Sie liefen zum Bahnhof von Haarlem, um mit dem Zug nach IJmuiden zu fahren, einem kleinen Hafen rechts und links des Nordseekanals, der nach Amsterdam führt, wo sie, wie sie hofften, auf ein Schiff gelangen konnten. Sie erreichten den Zug gerade noch rechtzeitig und liefen, in IJmuiden angekommen, zum Hafen hinunter, wo sie aber auf eine Menschenmenge stießen, die die gleiche Idee gehabt hatte. Enttäuscht starrten alle auf ein halb untergegangenes Schiff, das die holländische Kriegsmarine versenkt hatte, um den Kanal für die Deutschen unpassierbar zu machen. Die Fluchtroute war geschlossen.

Rasch wurde klar, dass sie auch zu Lande abgeschnitten waren, da die deutsche Wehrmacht in Belgien und Frankreich eindrang und das britische Expeditionskorps von den Stränden vor Dünkirchen nach England floh.

Die Neutralität hatte weder die Niederlande noch die vielen tausend Flüchtlinge gerettet, die dort Schutz gesucht hatten. Anfang Juli 1940 befahlen die nationalsozialistischen Besatzungsbehörden allen ausländischen und staatenlosen Personen, sich in Westerbork zu melden, einem Lager in dem öden Heidegebiet von Nordostholland, das die

Niederländer ursprünglich für deutsche und österreichische Flüchtlinge eingerichtet hatten.

Westerbork bestand aus dicht gedrängten Hütten mit weißen Dächern, die einen halben Quadratkilometer einnahmen und von Funktionären der niederländischen Heidegesellschaft betrieben wurden, einem Unternehmen für Landgewinnung und Agrarentwicklung. Die neuen Häftlinge, unter ihnen Frits und Fred, mussten den ganzen Tag Erde und Torf umgraben und Lupinen pflanzen, um den Boden mit Stickstoff anzureichern.

1941 wurde ein Berufsbildungsprogramm für jüngere Häftlinge eingerichtet, und Fred versuchte es mit Elektronik, Schmiedekunst und sogar Inneneinrichtung.

Die vorübergehenden Verbesserungen im Lager Westerbork vermittelten den Häftlingen den irreführenden Eindruck, ihr Leben stabilisiere sich. In der Außenwelt verlief die Entwicklung gegenläufig, sie beschleunigte sich in Richtung der „Endlösung“. Fred musste sich in Amsterdam bei der *Zentralstelle für jüdische Auswanderung* melden, dem Gegenstück zu Eichmanns Amt in Wien, und überall sah er Anzeichen für den tiefgreifenden Wandel der Stadt. Geschäfte, die seit Generationen in jüdischem Besitz gewesen waren, hatte man mit Brettern vernagelt, während Schilder an Restaurants und Cafés Juden den Zutritt verboten. Mit Plakaten wurde ihnen der Aufenthalt in Parks und in anderen öffentlichen Räumen untersagt.

Zur gleichen Zeit wurde das Leben für die Eltern der Jungen in Südosteuropa gefährlicher. Die Nazis hatten Jugoslawien erobert und in Kroatien und Serbien Marionettenregierungen eingesetzt. Alois und Helene Schwarz sowie einige andere Verwandte suchten Zuflucht in einem Kloster in den serbischen Bergen. Das war zweifellos keine sichere Bleibe. Die Mönche waren von marodierenden Nazisympathisanten ermordet worden, die sich in dem Gebiet herumtrieben, die letzte Hoffnung bestand nur noch in einer Flucht Richtung Adria. Schließlich gelangten sie in die kleine, an der Neretva gelegene Ortschaft Čapljina. Das Gebiet wurde von italienischen Streitkräften kontrolliert, von denen man wusste, dass sie die jüdischen Flüchtlinge weitgehend in Frieden ließen.

Alois und Helene versuchten ihren Lebensunterhalt in einem gemieteten Haus zu verdienen, indem sie Schüler aufnahmen, ihnen Kost und Unterkunft gewährten und Englischunterricht erteilten. Während der nächsten zwei Jahre reisten sie in der Region Dalmatien umher, die Hitler an

Mussolini abgetreten hatte, und hofften, sie seien relativ sicher, solange sie sich auf dem von Italienern kontrollierten Gebiet aufhielten.

Im Lager Westerbork dagegen rissen die Nazis die Kontrolle immer stärker an sich. 1942 vergrößerten sie die Kapazität des Lagers, indem sie so viele Stockbetten in die Baracken zwängten, bis man sich zwischen ihnen kaum noch bewegen konnte.

Am 1. Juli 1942 bekam das Lager einen neuen Namen: *Polizeiliches Judendurchgangslager Westerbork*. Menschen aus jüdisch-nichtjüdischen Mischehen wurden entlassen, 1.200 Juden verblieben. Es bekam auch einen neuen Kommandanten, den SS-Sturmbannführer Erich Deppner vom SD, dem Sicherheitsdienst der SS, der den niederländischen Funktionär der Heidegesellschaft ersetzte. Drei Monate bevor er den Posten übernahm, befehligte Deppner die Ermordung von fünfundsechzig sowjetischen Kriegsgefangenen, überwiegend Usbeken. Im August und September 1944 war er in das Massaker an 450 niederländischen Widerstandskämpfern verwickelt, konnte sich aber nach Kriegsende einer Verurteilung entziehen. Nach fünf Jahren in einem sowjetischen Gefangenenlager trat er in der Bundesrepublik in die Organisation Gehlen ein, jenen Nachrichtendienst, der unter US-amerikanischer Aufsicht aus ehemaligen Nazis gebildet worden war und später im Bundesnachrichtendienst aufging. 1964 stand er in München vor Gericht und musste sich für den Mord an den sowjetischen Kriegsgefangenen verantworten, nicht aber für die Hinrichtung der holländischen Widerstandskämpfer und seine Rolle in Westerbork. Er wurde freigesprochen und starb 2005 als freier Mann.

Sofort nach seiner Ankunft begann Deppner mit der Organisation der Transporte Richtung Osten. Alle Häftlinge mussten sich in alphabetischer Reihenfolge aufstellen, ihm das Gesicht zuwenden und einige Fragen über Beruf und Fähigkeiten beantworten. Dann entschied er „bleibt" oder „geht".

Frits, der angab, Lehrer zu sein, bekam ein „geht" zu hören, erhielt aber einen Aufschub von einer Woche, weil er eine dringende Zahnbehandlung benötigte. Fred, als Elektriker und Mechaniker für Nähmaschinen, wurde mitgeteilt, er dürfe bleiben.

Am folgenden Tag mussten einhundert Männer und fünfzig Waisen aus dem Lager zusammen mit 950 Männern, die erst am Abend zuvor zur Überprüfung eingetroffen waren, fünf Kilometer bis zum Bahnhof marschieren.

Das Durchgangslager Westerbork fertigte tausend Juden pro Woche ab, die aus Amsterdam und anderen Städten kamen und auf Güterzüge verladen wurden, die offiziell nach Schlesien fuhren. Die meisten der ursprünglichen Häftlinge blieben im Lager und mussten dafür sorgen, dass der Strom der nach Osten bestimmten Juden reibungslos weitergeleitet wurde.

„Nach drei Monaten ist man ganz schön abgestumpft. Man sieht und hört die Transporte kommen und gehen, aber sie berühren einen nicht mehr so wie die ersten. Vor allem nicht, wenn man so wie wir keinen Bekannten oder Verwandten begegnet oder weiß, dass keine dabei sein werden", erinnerte sich Fred. „Doch wenn man jemanden entdeckt hat, versucht man ihn mit allen Mitteln vor einer Deportation zu bewahren. Nur einige wenige haben Erfolg."

Tatsächlich gab es Möglichkeiten, den Transporten zu entgehen: Man bekam eine sogenannte „Sperre", eine Freistellung aufgrund von Arbeitsverpflichtungen oder der Religion (wenn man beispielsweise in die niederländisch-reformierte Kirche eintrat). Vorübergehende Freistellungen wurden auch gewährt, wenn man den Nazis sein Vermögen stiftete, wenn man ein Visum für ein anderes Land vorweisen konnte oder die Untersuchungen bezüglich der Abstammung oder der Frage, wie viele jüdische Großeltern man genau hatte, noch nicht abgeschlossen waren.

Westerborks Häftlinge entwickelten einen besonderen Einfallsreichtum im Ausdenken neuer Gebrauchsgegenstände, die man im Lager herstellen konnte und von denen sich behaupten ließ, sie seien für den Betrieb des Lagers unentbehrlich, etwa Bürsten, Seife und Fässer. So konnte eine größere Zahl von gefangenen Handwerkern Freistellungen erwirken. Doch sie alle waren nur von vorübergehender Dauer. Es gab keine Garantien in Westerbork.

Fred und Frits kamen in eine der neueren und größeren Baracken, in denen 270 Menschen untergebracht wurden, mit einer einzigen Toilette für alle und nur gut einem Quadratmeter pro Person.

Ende 1942 machten im Lager Berichte über den britischen Sieg bei El Alamein und die Rückschläge der Deutschen in Stalingrad die Runde, die ersten Anzeichen dafür, dass der Krieg an einen Wendepunkt gekommen war, aber das waren Entwicklungen, die noch in weiter Ferne lagen. Der Sieg über die Nazis konnte für Fred und Frits nicht schnell genug kommen.

Zu diesem Zeitpunkt waren mehr als dreitausend Menschen abtransportiert worden, und die Nazis versuchten immer noch, die Frequenz von zwei Transporten pro Woche, an Dienstagen und Freitagen, zu erhöhen. Das Nebengleis war bis zum Lager verlängert worden, um die Abwicklung zu beschleunigen.

Alle fürchteten die Zugtransporte, obwohl niemand mit Sicherheit sagen konnte, was am anderen Ende passierte. 1943 gab Fred einem Mädchen, das mit einem Transport fortgeschickt werden sollte, Bleistift und Papier und bat sie, genau aufzuschreiben, was sie bei ihrer Ankunft sehen werde. Er sagte ihr, sie solle ihre Notiz an einer bestimmten Stelle unter einem Kissen in einem genau bezeichneten Waggon verbergen. Als der Waggon schließlich zurückkehrte, lag die Notiz, wie verabredet, in dem bezeichneten Versteck. Die Nachricht war in aller Eile hingekritzelt.

„Wir sind in einer menschenleeren Landschaft zum Stehen gekommen, kein einziges Haus in Sicht. Vorne sehe ich Menschen, die aussteigen und sich anstellen. Ich sehe Menschen, die in Lastwagen steigen“, hatte das Mädchen geschrieben. „Die SS kommt immer näher. Sie rufen durch eine Lautsprecheranlage: Aussteigen. Stellt euch in Fünferreihen auf. Lasst euer Gepäck hier. Das wird mit dem Lastwagen kommen. Diejenigen, die nicht laufen wollen, können auch mit dem Lastwagen fahren. Sie sind fast da. Ich muss aufhören. Au revoir.“[36]

Diese Worte klingen heute besonders unheilvoll, doch 1943 konnte man sich im Lager Westerbork die Massenvernichtung von Menschen schwerlich vorstellen. Fred gelangte zu dem Schluss, dass man bei der Ankunft in Westerbork genau das Gleiche hätte schreiben können, aber immerhin wussten sie jetzt, dass der Bestimmungsort keine Stadt sein konnte. Er war irgendwo auf dem Land, vermutlich ein anderes Lager.

Auf unter anderem Frits' Vorschlag hin begann 1943 die Kleidungsfertigung in einer der großen Baracken, von der sich er und viele andere Häftlinge aufgrund des Arbeitsaufkommens eine möglichst langfristige Freistellung erhofften. Die ersten Artikel, die sie herstellten, waren blaue Overalls mit rotem Schulterbesatz für „Straffällige“. Dabei handelte es sich selten um echte Kriminelle, sondern meist um Juden, die versucht hatten, sich zu verstecken, und erwischt worden waren. Häufig wurden sie von Informanten verraten, die ein paar Gulden für jeden Juden erhielten, den sie auslieferten. Einmal in diese Kategorie eingeordnet, wurden sie, von wenigen Ausnahmen abgesehen, mit dem nächsten verfügbaren Transport fortgeschickt.

Währenddessen fertigte die Tischlereiwerkstatt Holzschilder, die in Schlitze an den Seiten der Waggons gesteckt wurden. Deren einzige Routenangabe war: Westerbork–Auschwitz, Auschwitz–Westerbork.

Später im Jahr mussten die Tischler allerdings einen neuen Bestimmungsort einkerben: Theresienstadt, eine alte Festungsstadt in Nordböhmen. Gerüchte gingen im Lager um, dass Juden, die im Ersten Weltkrieg gekämpft hatten, dort gewisse Privilegien genießen würden. Eine Hoffnung, die von dem Umstand genährt wurde, dass Züge nach Theresienstadt Personenwaggons hatten, während die Transporte nach Auschwitz mit Güterwaggons abgingen.

Geschichten wie diese stellten die Häftlinge vor ein gewaltiges Dilemma. War es nun besser, in Westerbork und damit in einem bekannten Umfeld zu bleiben, das aber gleichzeitig die Deportation nach Auschwitz bedeuten konnte? Oder sollte man auf ein bloßes Gerücht vertrauen und den Transport nach Theresienstadt riskieren?

Im Zuge der „Säuberung“ der Niederlande von den letzten verbliebenen Juden löste man ein kleineres Gefangenenlager im Herrenhaus von Barneveld auf und schickte dessen Insassen nach Westerbork. Unter ihnen war ein Mädchen namens Klaartje van Leeven, die Fred und seine Freunde bald Carry nannten. Als Fred ihr eines Tages zufällig begegnete, fragte er sie, ob sie Lust habe, zu einer Tasse echten Tee zu ihm in die Männerhüte zu kommen, und sie willigte ein.

Am folgenden Tag suchte sie an, zur Arbeit in Frits' Textilwerkstatt eingeteilt zu werden, und begann dort nebenbei Stofftiere herzustellen. Von da an waren sie so oft wie möglich zusammen und litten jedes Mal, wenn sie getrennt wurden. Sie dachten sich eine Pfeifmelodie aus, um einander mitzuteilen, dass sie in der Nähe waren und an den anderen dachten. Es war eine Melodie aus der *Räubersymphonie*, einem Musikfilm aus dem Jahr 1936 unter der Regie des Wiener Juden Friedrich Fehér über die Abenteuer eines Jungen mit einer Bande von Gaunern. Er besiegelte ihre Verbindung.

Es sei erstaunlich, wie beschleunigt man in Westerbork lebe, schrieb Fred. Aus Bekannten würden rasch Freunde, aus befreundeten jungen Männern und Frauen schnell Liebespaare. Diese Schnelligkeit des Lebens sei nicht verwunderlich, so schrieb er, drohe doch jederzeit einer der Partner zu verschwinden, verschluckt von einem der Züge nach Osten.

Es gab Arbeit in Amsterdam. Maschinen in einer inzwischen überflüssig gewordenen Matzenfabrik sollten demoliert werden. Für Frits und Fred, die dafür ausgewählt wurden, ein seltenes Ereignis – und möglicherweise ein Irrtum. Normalerweise schickte die Verwaltung nur ein Mitglied einer Familie aus dem Lager hinaus, damit die anderen als Geiseln dienen konnten und so jeder Gedanke an Flucht im Keim erstickt wurde.

Über seine Freundin wusste Frits von nichtjüdischen Niederländern, die bereit waren, sie zu verstecken. Eine Flucht schien möglich. Fred war sich nicht so sicher. Man würde Vergeltungsmaßnahmen gegen andere in seiner Hütte und möglicherweise auch gegen Carry und ihre Familie durchführen. Doch dann änderte sich der Einsatzplan. Frits blieb im Lager und Fred fuhr allein. Auf der Reise lernte er Marja kennen, die nichtjüdische Frau eines von Frits' Freunden in Westerbork. Sie wollte ihren jüdischen Mann aus dem Lager herausholen. Wenn er sich mit einer Sterilisierung einverstanden erklärte, so hoffte sie, würde er freikommen. Doch etwas anderes, das ihr zu Ohren gekommen war, entsetzte Fred regelrecht: Ein Kollege ihres Vaters, ein Architekt und Bauunternehmer, hatte ihr berichtet, er habe in Polen Gaskammern gebaut, mit denen man Massentötungen vornehmen wolle, weil sich frühere Experimente mit der Verwendung von Kohlenmonoxid in Lastwagen als nicht effizient genug erwiesen hätten. Fred gelangte zu dem Schluss, dass die Geschichte, so detailliert sie war und so schlüssig sie auch klang, zu unwahrscheinlich sei. Er nahm sich vor, in Westerbork niemandem davon zu erzählen.

Anfang 1944 feierten sie Carrys Geburtstag. Fred bastelte ihr einen Ring aus farbigem Glas, das er aus dem Wrack eines abgeschossenen Flugzeugs hatte, zum Zeichen, dass ein weiteres Jahr gemeinsamen Überlebens hinter ihnen lag, dass der Krieg in seine Endphase ging und dass die Möglichkeit der Befreiung näher rückte.

Nach der Landung der Alliierten in der Normandie erfasste eine Welle der Hoffnung das Lager, doch rasch wurde klar, dass es eines langen und zermürbenden Feldzugs bedurfte, um die Deutschen aus Holland zu vertreiben. Die Generäle dachten in Monaten, aber den Häftlingen in Westerbork blieben nur Tage.

Am 1. September, als die Alliierten sich der holländischen Grenze näherten, verkündete der Lagerkommandant, SS-Obersturmführer Albert Gemmeker, dass Westerbork evakuiert werde. Am Sonntag, dem 3. September, sollten tausend Häftlinge nach Auschwitz gebracht werden, am Tag danach zweitausend nach Theresienstadt, darunter Carry, Fred und Frits. Ein dritter Transport sollte nach Bergen-Belsen abgehen und dreihundert Häftlinge für Instandhaltungsaufgaben zurückbleiben.

Gemmeker leitete Westerbork von 1942 bis 1945. In diesen drei Jahren organisierte er den Transport von achtzigtausend Juden in Konzentrationslager und behauptete später, er habe keine Ahnung gehabt, was an ihren Bestimmungsorten mit ihnen geschah. In den Niederlanden kam er mit einer sechsjährigen Gefängnisstrafe davon, und obwohl in Deutschland viele Jahre lang Untersuchungen gegen ihn liefen, wurde er dort nie angeklagt. 1982 starb er als freier Mann.

Fred, Frits, Carry und ihre Familie ließen ihre Lagerbeziehungen spielen, um bei einem Transport, der am 4. September 1944 abging, in denselben Eisenbahnwaggon zu kommen. Den Augenblick, da sie einstiegen, hatten sie während ihrer ganzen Gefangenschaft in Westerbork gefürchtet.

„Die Schiebetüre wird geschlossen, oft von außen gesehen, nie von innen, nur geahnt, wie arg das ist. Plötzlich ist man im Dunkeln eingeschlossen", schreibt Fred. „Die Lok pfeift, der Zug setzt sich in Bewegung. Wir sind unterwegs. Wohin?"

Der Zug hielt in Oldenzaal, unweit der deutschen Grenze, wo ihnen ein Gleisarbeiter erzählte, die US-Streitkräfte hätten Maastricht erreicht. 250 Kilometer im Süden, zu weit entfernt, um die zweitausend Juden in dem Zug zu retten, der schließlich über die deutsche Grenze nach Dresden fuhr und von dort aus, am Ende einer sechsunddreißigstündigen Fahrt, nach Theresienstadt gelangte.

Terezín, an der Nordspitze Böhmens gelegen, war Ende des 18. Jahrhunderts von Joseph II. zu einer Festungsstadt ausgebaut worden, um die Brücken über dem Zusammenfluss von Eger und Elbe zu bewachen.[37] Die Nazis verwandelten sie in ein Getto, während in der angrenzenden kleinen Festung ein Gestapo-Sitz sowie ein Gefängnis eingerichtet wurden.

Die Gefangenen mussten vom Zug in das Getto marschieren, wo man ihnen Quartiere anwies. Schon nach wenigen Stunden kam auf Fred und Frits ein Mann zu, der zutiefst bewegt ihre Hände ergriff. Es war Heinrich, der jüngere Bruder ihres Vaters, der im Ersten Weltkrieg verwundet worden war und angeblich von einer Deportation ausgenommen war. Er wohnte in einem Winkel des Gettos mit seiner Frau Selma und dem fünfzehnjährigen Sohn Herbert.

Carry und ihre Familie waren einem anderen Kasernengebäude zugewiesen als die Brüder, aber sie fanden rasch zueinander und wanderten gemeinsam durch die Stadt, die in vielerlei Hinsicht ganz normal wirkte. Zwischen den Kasernengebäuden gab es zweistöckige Häuser, eine Hauptstraße, einen freien Platz, einen Musikpavillon, eine Schule und ein Café. In einer Richtung konnten sie grüne Hügel sehen, und wenn sie auf die grasbewachsene Festungsmauer kletterten, hatten sie einen freien Blick über die nach allen Seiten ausgebreitete Böhmische Tiefebene.

Sah man nicht so genau hin, konnte man sich die Nazibesatzung wegdenken und sich auf einem Spaziergang durch ein friedliches Städtchen

Fred und Carry Schwarz, um 1945.

wähnen. Doch die oberflächliche Normalität war sorgfältig inszeniert. Der Musikpavillon, die Bänke, die Schilder in leuchtenden Farben waren alles Requisiten, die die Lageraufseher in Erwartung einer für Juni 1944 vorgesehenen Inspektion des Roten Kreuzes vorsorglich hatten aufstellen lassen. Unmittelbar vor dem Besuch waren 7.500 Häftlinge in Todeslager deportiert worden, um den Eindruck einer Überbelegung zu vermeiden. Die Gebäude an der Route, die die Rotkreuz-Delegation nehmen sollte, waren in freundlichen Farben angestrichen worden, außerdem mussten die Häftlinge für die Besucher eine Art Normalität mimen, indem sie an im Freien aufgestellten Tischen saßen und reichhaltige Speisen serviert bekamen.

Noch einmal wurde die Scharade für einen Propagandafilm aufgeführt, der im August und September gedreht wurde und zeigte, wie Theresienstadts Häftlinge Vorträgen lauschten, sich sportlich betätigten, heiße Duschen nahmen und überhaupt ein angenehmes Leben führten. Kurt Gerron, ein deutsch-jüdischer Schauspieler, Sänger und Regisseur, durfte sich für den Film ein Ensemble zusammenstellen. Gerron dachte, ihm und allen, die er bat, an dem Film mitzuwirken, würde die Deportation erspart bleiben. Aber sie alle wurden nach Auschwitz geschickt und dort im Oktober 1944 ermordet, einschließlich der Kinder, die in dem Film beim Lernen und Spielen gezeigt wurden. Insgesamt wurden fünfzehntausend Kinder durch Theresienstadt geschleust. Nur eines von zehn überlebte.[38]

Fred und Frits sollten nur einige wenige Wochen in diesem Fegefeuer verbringen. Am 28. September 1944 wurde ein Transport von zweitausend Männern zusammengestellt: niederländische Juden und andere, auch solche, die im Ersten Weltkrieg Orden bekommen hatten. Auf der Liste waren die Schwarz-Brüder und auch ihr Onkel Heinrich und ihr Cousin Herbert. Carry und Tante Selma blieben zurück.

Fred warf einen letzten Blick auf die ummauerte Stadt, während sich das Band aus grünen Eisenbahnwaggons in Richtung der Stadtmauern schlängelte, um sie zu verschlingen.

Als Fred dem näher kommenden Zug entgegensah, war er sich nur allzu bewusst, dass das Gefühl der Furcht und Ohnmacht, das ihm zu schaffen machte, schon vor ihm von den Hunderttausenden von Häftlingen empfunden worden war, die während der Jahre in Westerbork an ihm vorbeigeschlurft waren. Jetzt war er an der Reihe. Er kletterte in den Zug, und als dieser anfuhr, überwältigten ihn Furcht und Trauer, aber auch eine lähmende Erschöpfung, und er fiel in einen tiefen, traumlosen Schlaf.

In Dresden wachte er auf, dort erhielten die Passagiere von der Polizei Postkarten, mit denen sie ihre in Theresienstadt zurückgebliebenen Verwandten und Freunde benachrichtigen durften, aber es war ihnen nur erlaubt, „in Dresden angekommen" zu schreiben. Ein anderer Text war nicht zugelassen. Damit die Häftlinge gefügig blieben, während sie die Züge Richtung Osten bestiegen, sollten sie glauben, sie führen an einen Ort, an dem Leben und Postkartenschreiben noch möglich seien.

Fred schlief wieder ein, und als er das nächste Mal aufwachte, hatte der Zug an einem verlassenen, schlecht beleuchteten Bahnsteig angehalten. Ein schwarz-weißes Bahnhofsschild verkündete „Kattowitz" – Katowice, das südpolnische Industriezentrum, das die Gefangenen fälschlicherweise schon in sowjetischer Hand gewähnt hatten.

Eine kurze Strecke entfernt befand sich Auschwitz-Birkenau, wo der Zug Ende September 1944 mitten in der Nacht ankam und neben anderen Zügen in einem bewachten Rangierbahnhof stehen blieb. Fred hörte Schreien und Stöhnen und nahm einen üblen Geruch wahr, der durch die Zugfenster kroch. Die Waggons wurden durch ein Tor geschoben, dann tauchten starke Scheinwerfer einen Bahnsteig in helles Licht.

Auf der anderen Seite sahen die im Zug sitzenden Häftlinge einen elektrischen Doppelzaun, Hütten und zerlumpte Gestalten, die sich eher dahinschleppten als gingen. Das war Birkenau. Peitschenbewehrte SS-Männer warteten auf dem Bahnsteig hinter einer Schlange von Häftlingen in blau-weiß-gestreiften Uniformen. Deren Aufgabe bestand darin, die Passagiere aus dem Zug zu ziehen, während sie ihnen einredeten, dass ihre Besitztümer im Zug bleiben müssten, ihnen aber in ihre Unterkünfte nachgeschickt würden. Die SS-Leute traktierten die Männer in Blau und Weiß mit Peitschenhieben und verschonten auch die Neuankömmlinge nicht.

Die Häftlinge mussten sich zu sechst nebeneinander auf dem Bahnsteig aufstellen, von dem aus sie ein massiges dunkles Gebäude erblickten. Aus dessen viereckigem Schornstein quollen dichte, schwarze Rauchwolken, die alle paar Sekunden von einem aus den Tiefen des

Gebäudes aufsteigenden Feuerschein beleuchtet wurden. Das müsse das Kesselhaus sein, dachte er, das ständig in Betrieb sei, um das Lager warm zu halten.

Die Kolonne der Gefangenen wurde in zwei Hälften geteilt und durch Rufe und häufige Peitschenhiebe vorwärtsgetrieben, bis die Spitze der Schlange einen SS-Obersturmführer erreichte, der einige einfache Fragen stellte und dann nach rechts oder links zeigte.

Das Gefangenenpaar unmittelbar vor den Schwarz-Brüdern waren Leo und sein Vater, ihre Freunde aus Westerbork. Leo wurde nach rechts geschickt, aber sein Vater nach links, daher bat Leo, bei dem alten Mann bleiben zu dürfen. Der Obersturmführer lachte und sagte: „Aber natürlich!", und wies Leo nach links.

Fred und Frits traten vor und wurden beide nach rechts geschickt, wo man ihnen befahl, strammzustehen und unter dem rauchenden Schornstein zu warten, bis der Morgen graute. Fred stand zwischen Frits und Ignaz Feldmann, dem Fußballspieler von Hakoah Wien, der mit den Brüdern in Westerbork gewesen war.

Ein SS-Unterscharführer mit einem ausgeprägten Wiener Akzent fragte, ob irgendjemand einen Verwandten habe, der nach links gegangen sei, und jemand sagte, ja, sein Onkel sei nach links geschickt worden. „Wüllst wissen, wo der jetzt ist?", fragte der Unteroffizier fröhlich. „Da oben, schau den Rauch. Das ist er, grad hat ma ihn verbrannt. Was soll ma denn sonst machen mit euch dreckigen Saujudn?" Er brach in wieherndes Gelächter aus, als er das Entsetzen in ihren Gesichtern sah. Ihr Freund Leo hatte, als er darauf bestand, seinem Vater zu folgen, diesen in den Tod begleitet.

Die überlebenden Gefangenen wurden am Rand des Lagers entlanggeführt, vorbei an einem Wald zur Linken und den Stacheldrahtverhauen und Wachtürmen zur Rechten, während der Wind ihnen den Sand und Staub der trostlosen Ebene ins Gesicht blies. Sie kamen zu einem Ziegelbau, wo sie aufgefordert wurden, sich auszuziehen und nur Schuhe und Gürtel zu behalten. In Freds Fall war es ein Pfadfindergürtel, den Carry ihm geschenkt hatte. Andere Gefangene schnitten ihnen die Haare ab, dann wurden sie mit einem stinkenden Desinfektionsmittel übergossen, das sie unter der Dusche abspülten, bevor sie hinaus auf den Rasen geschickt wurden, damit der Herbstwind sie trocknete.

Als sie dort standen, ging einer der Neuankömmlinge zum Elektrozaun und ergriff ihn mit beiden Händen. Aber nichts passierte. Ein SS-Mann kletterte vom Wachturm herab und führte ihn wieder in die Schlange.

„Man kann in ein paar Minuten mehr lernen als in Jahren“, schrieb Fred. Vor allem musste er lernen, in einem riesigen Industrieunternehmen zu überleben, dessen Geschäftsbereich Mord war.

Einige Häftlinge trugen ordentliche blau-weiße Uniformen. Sie gehörten dem *Sonderkommando* an, das die Aufgabe hatte, das Eigentum der Neuankömmlinge zu durchwühlen und die Leichen stapelweise mit Schubkarren von den Gaskammern in die Krematorien zu fahren. Alle drei Monate wurde die Hälfte des Kommandos vergast und durch andere Häftlinge ersetzt. Wurde man ausgewählt, hatte man noch sechs Monate zu leben. Die Frage war, ob das ausreichte, um das Kriegsende zu erleben.

Am 7. Oktober 1944, Frits und Fred waren seit einer Woche in Birkenau, meuterten die Häftlinge des *Sonderkommandos* in Krematorium IV, weil sie wussten, dass ihre Liquidation unmittelbar bevorstand und sie nichts mehr zu verlieren hatten.[39]

In den Wochen zuvor hatten die Frauen in den Weichsel-Union-Metallwerken, einer in Auschwitz angesiedelten Munitionsfabrik, kleine Mengen Schießpulver, das sie in Papier oder Tuch eingewickelt hatten, hinausgeschmuggelt und den *Sonderkommandos* aller vier Krematorien zugespielt. Geplant war, alle gleichzeitig in die Luft zu jagen, aber die Männer vom *Sonderkommando* des Krematoriums IV konnten nicht länger warten. Ihre Zeit war abgelaufen.

Es hatte nie eine realistische Chance bestanden, dass die Revolte den Beteiligten zur Flucht verhelfen könnte. Nüchtern betrachtet, war es der Versuch, bis zu einem gewissen Grad über Zeitpunkt und Art des eigenen Todes selbst zu bestimmen und vielleicht einige Nazis mit in den Untergang zu reißen. Angesichts der Tatsache, dass sich nur das *Sonderkommando* eines Krematoriums auflehnte statt alle vier, war die Wirkung von vornherein eingeschränkt. Bei der Revolte wurden 250 Häftlinge getötet und danach weitere zweihundert hingerichtet, einschließlich der vier Frauen, die das Schießpulver hinausgeschmuggelt hatten.

Nicht lange nach der Rebellion erschien der für die Baracke der Schwarz-Brüder zuständige Kapo mit drei Männern, die Dufflecoats und Jägerhüte mit Krempen aus Sämischleder trugen. Feldmann wurde herbeizitiert und veranlasst, einhundert Arbeiter auszuwählen. Zu den Häftlingen, die er bestimmte, gehörten Fred und Frits, seine Wiener Mithäftlinge aus Westerbork. Da die Brüder noch nicht lange genug im Lager waren, hatte man ihnen noch keine Auschwitz-Birkenau-Nummer eintätowiert, daher wurde ein Stempel nebst Stempelkissen besorgt und ihnen der Name ihres neuen Arbeitgebers, der Munitionsfabrik HASAG in Leipzig, auf die Stirn gestempelt.

Es war eine der ganz seltenen Gelegenheiten, um aus Auschwitz-Birkenau hinauszukommen, und Fred war während der nächsten Tage peinlich bemüht, jede Berührung seiner Stirn zu vermeiden, aus Angst, er könnte den Stempel abwischen. Schließlich wurden die Arbeiter eine ganze Woche nachdem sie als Firmeneigentum markiert worden waren, aus dem Lager geführt. Ignaz Feldmann hatte ihnen das Leben gerettet, zumindest vorläufig.

Fred und Frits gehörten zu den ganz wenigen Häftlingen, die erleben durften, wie es war, Auschwitz-Birkenau zu verlassen, eine traumartige Umkehr der Erfahrungen bei der Ankunft. Sie wurden wieder zu dem Ziegelgebäude geführt, durch das sie eingetreten waren, mussten duschen, erhielten eine Zufallsauswahl von Kleidungsstücken und wurden zu einem außerhalb des Drahtzauns wartenden Güterwagen geführt. Sie waren genau einen Monat lang in Auschwitz-Birkenau gewesen.

Ihr Bestimmungsort war das Zwangsarbeiterlager Meuselwitz, ein Nebenlager des KZ Buchenwald, das eine nahe gelegene Munitionsfabrik mit Zwangsarbeitern versorgte. Ende 1944 wies es 1.666 Gefangene auf, von denen 1.376 Frauen waren.

Im Vergleich zu Auschwitz-Birkenau fühlte es sich wie eine Begnadigung an. So schliefen die Häftlinge auf Strohballen, es gab saubere Toiletten und Duschen, und sie erhielten eigene Emailbecher, Schüsseln und Löffel. Anstelle von SS-Leuten und Kapos wurden sie von einem alten Volkssturm-Mann beaufsichtigt. Der erste Arbeitstag war der 31. Oktober 1944, Freds Geburtstag. Er war einundzwanzig Jahre alt und hatte fast fünf dieser Jahre in Lagern verbracht.

Ihre Aufgabe bestand darin, an Drehbänken Maschinenwerkzeuge herzustellen und in der Nähe gelegene Schienenwege zu reparieren, wenn sie durch alliierte Angriffe beschädigt worden waren. Eines Tages wurde die Fabrik während eines alliierten Bombenangriffs getroffen. Bei der Explosion eines Munitionslagers, das nahe den Unterkünften von rund fünfhundert weiblichen Häftlingen explodierte, starben unzählige Frauen. Am folgenden Tag entdeckte Fred Teile ihrer zerfetzten Körper unter Planen.

Anfang April 1945 wurden die Zwangsarbeiter zusammengerufen und darüber informiert, dass die Alliierten Buchenwald eingenommen hätten und dass das Lager Meuselwitz in einigen Tagen geordnet übergeben werde. Etliche Stunden – vielleicht sogar einen Tag – lang sah es so aus, als stehe die Befreiung unmittelbar bevor, doch dann gab es eine Planänderung. Die verbleibenden Häftlinge wurden mitten in der Nacht aus dem Schlaf gerissen und zu einem Güterzug mit Kohlewaggons geführt, der von SS- und Volkssturmleuten bewacht wurde.

Es waren die letzten, hektischen Kriegstage. Die Sowjetarmee näherte sich von Osten, die US-Streitkräfte von Westen, und dazwischen lagen die ständig schrumpfenden Reste des Tausendjährigen Reichs. Die Bewacher der Schwarz-Jungen trafen stündlich neue Entscheidungen, in denen sie versuchten, zwischen ihren Befehlen, der Notwendigkeit, unliebsame Zeugen ihres eigenen Überlebens zu beseitigen, und dem Impuls, alles im Stich zu lassen und davonzulaufen, eine Art Kompromiss zu finden.

Mühsam schleppte sich der Zug südöstlich nach Chemnitz und dann über die tschechoslowakische Grenze nach Graslitz, immer wieder haltend und sich in Bewegung setzend, um Engpässe zu überwinden, die durch alliierte Bombenangriffe auf das Schienennetz verursacht wurden. Als der Zug außerhalb der Stadt halten musste, beschossen ihn alliierte Tiefflieger und töteten etliche SS-Wachen. Einige der Häftlinge im Zug ergriffen die Gelegenheit und flohen, aber die Schwarz-Brüder zögerten und mussten sich nun fragen, ob sie noch einmal eine Chance bekommen würden.

Tatsächlich bot sich ein paar Tage später wieder eine Gelegenheit, als die Naziwachen zu der Auffassung gelangten, der Zug könne nicht mehr weiterfahren, und sie die menschliche Fracht hintereinander antreten ließen und auf einer Serpentinen-Straße einen bewaldeten Hügel hinauftrieben. An einer Kurve, bei einigen dichten Sträuchern, versuchten die Brüder ihr Glück, kämpften sich durchs Unterholz, stiegen nach oben und entfernten sich so weit wie möglich von der Stadt. Es war ein Frühlingsmorgen, der Krieg ging zu Ende, und zum ersten Mal seit drei Jahren hatten sie sich frei bewegen können. Doch es war nur eine kurzlebige Befreiung. Selbst in seinen letzten Augenblicken konnte das Naziregime noch auf die Loyalität vieler Deutscher zählen. Sie wurden von einem übereifrigen Zivilisten mit einem Revolver gefasst und ihren Wachen übergeben.

Sie hatten Glück, dass sie nicht auf der Stelle erschossen wurden. Die wachsende Verzweiflung machte die Wachen der SS und des Volkssturms nervös und unberechenbar, aber auch nachlässig. In derselben Nacht entkamen Fred und Frits ein zweites Mal, indem sie sich in einem Schuppen versteckten, als die Häftlinge auf Lastwagen verladen wurden. Doch sie wurden abermals eingefangen, dieses Mal durch einen örtlichen Gestapomann, und mussten beim Ausheben eines Panzergrabens helfen, bevor sie mit anderen Zwangsarbeitern in einen Regionalzug gesteckt wurden, der sie fünfzig Kilometer nach Osten zu der Stadt Komotau (Chomutov in Tschechien) fuhr, nur wenige Kilometer von Theresienstadt entfernt.

Je länger sie überlebten, desto größer wurden ihre Chancen auf ein Entkommen. Disziplin und Ordnung lösten sich auf, der Unterschied zwischen Arbeitern und Zwangsarbeitern verwischte sich. In Komotau meldeten sich die Schwarz-Brüder beim Arbeitsamt als deutsche Wanderarbeiter und erhielten neue Identitätsausweise. Dank diesem kleinen bürokratischen Trick wurden sie legal und durften sich so frei bewegen, als wären sie Deutsche. Sie machten sich Richtung Westen auf den Weg, weil sie auf die Amerikaner treffen wollten, bevor sie von dem sowjetischen Vormarsch erfasst wurden. So erlebten sie das Kriegsende. Sie waren als falsche Wanderarbeiter unterwegs, als Deutschland am 7. Mai 1945 kapitulierte.

Als sich die Nachricht verbreitete, drängten die befreiten Kriegsgefangenen und die Überlebenden der Konzentrationslager auf einen Zug, der Richtung Westen nach Karlsbad (Karlovy Vary) an der tschechisch-deutschen Grenze fahren sollte. Über Nacht war die brutale Nazihierarchie auf den Kopf gestellt, denn nun waren die Deutschen ganz unten auf der Leiter. Als die Soldaten der Roten Armee eintrafen, holten sie alle Deutschen und Sowjetbürger, die sie finden konnten, aus dem Zug, woraufhin weitere Ex-Häftlinge die frei gewordenen Plätze einnahmen. Als der Zug schließlich abfuhr, war er so voll, dass die Nachzügler außen an den Waggons hingen. Fred und Frits mussten kämpfen, um noch Plätze zu ergattern.

Karlovy Vary war ein alter Kurort mit eleganten Hotels und Stadthäusern aus dem 19. Jahrhundert, der sich zwischen bewaldeten Hügeln an den Ufern der Eger erstreckte. Die Amerikaner hatten die Stadt übernommen, und als die Brüder Schwarz und ihre Schicksalsgenossen sich auf dem Marktplatz zum Schlafen legten, geschah es im Schatten von amerikanischen Panzern, den ersten, die sie je gesehen hatten.

Am nächsten Morgen nahmen die Amerikaner ihre Personalien auf und versorgten sie mit Frühstück. Fred hatte Gelegenheit, einige aktuelle US-Zeitschriften durchzublättern, und in einer war General Dwight D. Eisenhower zu sehen, der Kommandant der alliierten Streitkräfte, wie er die schrecklichen Überreste von Buchenwald in Augenschein nahm.

Neben ihm war die stämmige Gestalt eines ehemaligen Häftlings abgebildet, der den General herumführte. Es war Ignaz Feldmann. Er hatte überlebt, aber nach seiner Befreiung erfahren, dass der Rest seiner engeren Familie ermordet worden war.

Die Heimreise von Karlovy Vary wurde durch eine schwere Typhusepidemie unterbrochen, die in den Reihen der befreiten Häftlinge wütete. Jenseits der tschechischen Grenze, in Plauen, erkrankten die Brüder. Doch nach einigen Tagen erholten sie sich, und die U.S. Army steckte sie mit einem amerikanischen Fahrer und einem Arzt in ein Auto und dann, für den letzten Teil der Heimreise, in einen Krankenwagen. Sie fuhren über verlassene Schlachtfelder, auf denen die ersten Sommerblumen blühten, durch die Industrieruinen des Ruhrgebiets und schließlich über die Maas, unweit ihres illegalen Grenzübertritts sieben Jahre zuvor.

Mit jeder Minute wurden die Straßen und Gebäude vertrauter, und als sie nach Eindhoven kamen, begannen sie Gesichter zu erkennen. Die Einwohner der Stadt räumten die Trümmer weg, und andere Flüchtlinge kehrten zurück.

Man hatte eine Meldestelle eingerichtet, Fred ging hin und füllte die erforderlichen Formulare aus. Als er aus dem Gebäude trat, blickte er zufällig die Straße entlang und sah Carry, die auf ihn zukam.

„Eine hellbeige Bluse und ein braunbeiger Rock, eine Sonnenbrille und Schultertasche, ewig wird dieses Bild in mir verankert sein“, schrieb er. „Wir haben uns zugleich erkannt, stürmen aufeinander zu, unsere Lippen finden sofort zueinander.“ Das Überleben der Familie Schwarz war eines der kleinen Wunder des Krieges. Nur wenige Augenblicke nach Freds und Carrys Wiedervereinigung kam Frits mit der Nachricht, dass ihre Eltern, Alois und Helene, am Leben waren und sich in Ägypten befanden.

Fred und Carry fuhren zu Carrys Eltern in Den Haag, in deren Haus sie in getrennten Zimmern lebten, bis sie 1946 heirateten. Aber schon lange vorher kletterte Fred durch das Fenster ihres Zimmers, wo sie ihr erstes Kind, Rolf, zeugten.

In Westerbork und Theresienstadt mussten Fred und Carry die Zeit, die sie gemeinsam hatten, in Minuten und seltenen Stunden messen. Aber von dem Augenblick an, da sie sich in Eindhoven wiederfanden, blieben sie weitere siebenundsechzig Jahre zusammen. Als Fred im Januar 2012 starb, verweilte auch Carry nur noch drei Monate auf dieser Welt.

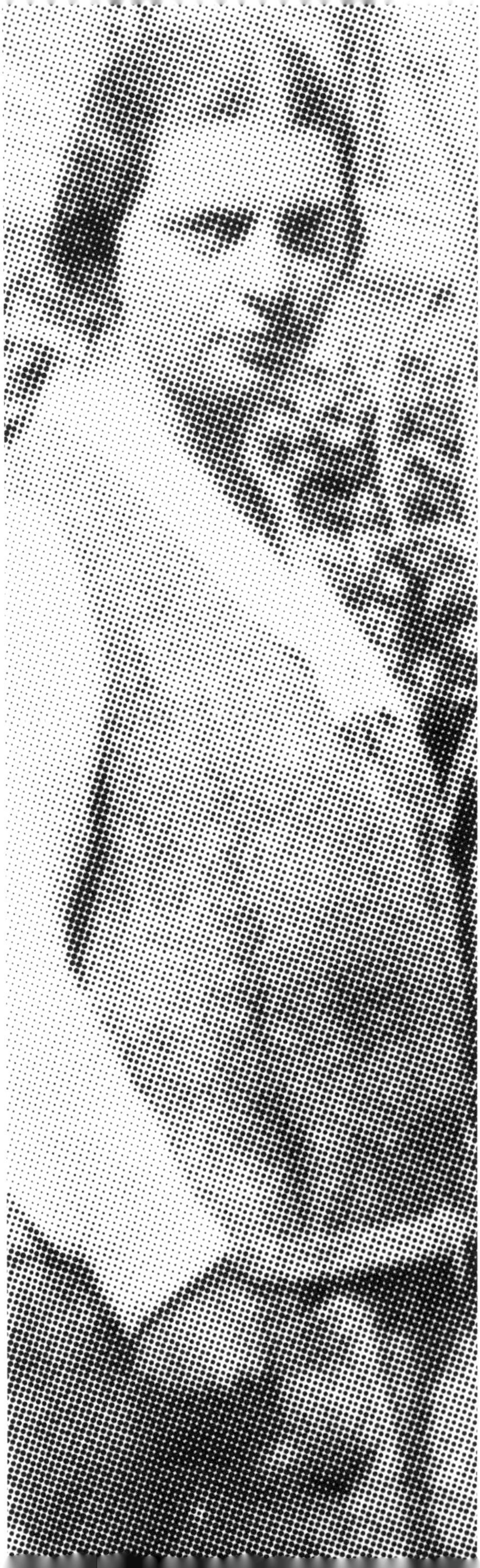

10

Widerstand und Tante Malci

Malci, die Tante meines Vaters, war unsere letzte lebende Verbindung zu Wien. Sie war eine exzentrische Figur an der Peripherie unseres Lebens, der wir Kinder Briefe in unserem Schulfranzösisch schrieben, die einzige Sprache, die uns eine schmale gemeinsame Basis bot. Sie sprach kein Englisch, wir kein Deutsch.

Ihr vollständiger Name lautete Malvine Schickler, Leos jüngere Schwester und das einzige Familienmitglied, das nach dem Krieg zum dauerhaften Aufenthalt nach Wien zurückgekehrt war. Bis in die 1980er-Jahre besuchte sie uns alle paar Jahre, dann wurde uns Jungen immer befohlen, die stattliche Sammlung unserer Spielzeugwaffen zu verstecken – eine Geste des Verständnisses und Mitgefühls für eine Frau, die, wie man uns erzählte, Mann und Sohn im Holocaust verloren hatte.

Ich kann mich noch an ihre Erscheinung auf unserer Vordertreppe erinnern, eine kleine Person mit krummer Nase und starrem Blick aus etwas asymmetrischen Augen, die traditionell gekleidet war – dunkelgrüner Mantel, hohe braune Schnürstiefel und ein komischer, kecker Tirolerhut von unbestimmter Farbe mit aufgestellter hinterer Krempe.

Während dieser Besuche saß sie gern an unserem Küchentisch und verfolgte wohlwollend das geräuschvolle Leben einer Familie mit vier Kindern. Sie lächelte uns zu, schien häufig den Tränen nahe zu sein und probierte die wenigen englischen Wörter aus, die sie kannte.

Ihr Zuhause in Wien war ein schachtelartiges Einbettzimmer in einem siebenstöckigen Wohnblock in Favoriten, dem zehnten Bezirk – einige Kilometer südlich der Stadtmitte –, wo sie ein außerordentlich karges Leben führte. Ich hatte den Eindruck, dass sie im Winter die Heizung nur dann andrehte, wenn sie Gäste hatte. Als wir 1975 bei unserem ersten Familienbesuch in Wien bei ihr eintrafen, hatte sie ein Programm gemacht, das auf eine asketische Form des Tourismus hinauslief. Wir schliefen in höchst anspruchslosen Schlafkojen in einem Studentenwohnheim und aßen in der Mensa.

Anfang der 1990er-Jahre, den letzten ihres Lebens, arbeitete ich für die BBC und den *Guardian* in Warschau, einer Stadt, in der man alle hundert Meter auf eine Gedenkstätte für die Mordopfer des Zweiten Weltkriegs stößt. Es war der fünfzigste Jahrestag einer Reihe schrecklicher Holocaust-Ereignisse, der eine Reise nach Auschwitz-Birkenau erforderlich machte, um an einigen bedrückenden Gedenkfeiern teilzunehmen.

In demselben Zeitraum sah ich einige ältere Leute, deren Renten sich in nichts aufgelöst hatten, wie sie vor dem Regierungsgebäude in Warschau „Nieder mit den Juden!“ intonierten. Es gab keine Juden im Kabinett und weniger als zehntausend in dem ganzen Achtunddreißig-Millionen-Land, aber die Erinnerung an drei Millionen von den Nazis ermordete Juden war wie ein Phantomschmerz, der nicht aufhört, eine amputierte Gliedmaße zu peinigen.

„Die Juden sind keine Nation mehr, sondern eine Nomination. Man nominiert jeden zum Juden, den man nicht mag“, schrieb Konstanty Gebert, ein jüdischer Journalist, der damals für die unabhängige Zeitung *Gazeta Wyborcza* arbeitete.[40]

Damals starben so viele polnische Katholiken wie Juden. Polen waren Opfer und Zeugen der Morde, und manchmal auch ihre Nutznießer, die jüdisches Eigentum nach der Deportation der Besitzer übernahmen. Es war eine unselige Mischung aus Schuldgefühlen und Groll über diese Schuldgefühle, nachdem die Menschen selbst so viel Leid erfahren hatten. Das Erbe des Holocaust hatte sich unter der dicken Schicht Ruß der kommunistischen Jahrzehnte tief in das Bewusstsein der Stadt eingegraben.

Von Warschau aus wurde ich ausgeschickt, um über die Kriege in Kroatien und Bosnien zu berichten, was mich oft dazu zwang, über Wien zu reisen, wo ich dann ein oder zwei Tage blieb, um Malci zu besuchen. Wir trafen uns in ihrer Wohnung und schlenderten dann sehr langsam in Richtung des chinesischen Restaurants in ihrem Viertel, wobei wir alle paar Minuten stehen blieben, damit sie sich auf ihren Gehstock stützen und wieder zu Atem kommen konnte.

Soweit ich mich erinnern kann, war das Restaurant dunkel und holzgetäfelt, das Essen grauenhaft und ihr flehender Ruf nach der Bedienung – Herr Ober! – häufig vergeblich, obwohl die Kellnerschar, alle weiße männliche Österreicher mittleren Alters, irgendwo untätig herumstand. Wien war keine Stadt für Einwanderer.

An einem kalten Herbsttag gingen wir zurück in ihre auf halber Höhe ihres modernen Wohnblocks gelegene Wohnung, wo sie mir eine Tasse Tee kochte. Wir sprachen über ihre frühen Jahre in Wien zu Beginn des 20. Jahrhunderts, und sie begann zu meiner Überraschung ein jiddisches Lied zu singen, eine Sprache, von der ich nie vermutet hätte, dass sie sie sprach. In diesem Augenblick schien sie sich einige Augenblicke lang in eine andere Person zu verwandeln, eine Andeutung jener Malci, die sie vor 1938 und dem Krieg war, mit einem Funken Freude in den Augen.

In ihrem Wohnzimmer gab es holzgerahmte Bilder von einem Jungen und einem Mädchen, Mordechaj und Chana, die sie vor vielen Jahren verlor. Mordechaj war ein hübscher kleiner Kerl mit dunkelblondem Haar und kräftiger Statur. Ich wusste, dass die Nazis ihn ermordet hatten, kannte aber die Einzelheiten nicht genau. Über das Schicksal von Chana, ebenfalls ein schönes Kind mit offenem Lächeln und dicken goldbraunen Locken, wusste ich nicht das Geringste. Meinen Fragen wich sie freundlich aus, und über den Vater der Kinder, Elias, erfuhr ich gar nichts.

Als ich ihre Wiener Wohnung verließ, war ich überzeugt, dass ich mit dem Bruchstück einer unerzählten Geschichte in Berührung gekommen war, doch es sollten weitere zwanzig Jahre vergehen, bis ich diese Geschichte in den Wiener Archiven ausgrub. Denn dort waren die Spuren zu finden.

Ihr älterer Bruder, unser Großvater Leo, war klarsichtig und entschlossen genug, um meinen Vater und meine Großmutter aus Österreich hinauszubekommen und auch selbst gerade noch rechtzeitig zu fliehen. Doch Malci hatte sich für einen anderen Weg entschieden: Sie blieb in Europa und leistete Widerstand.

Schon früh war Malvine die Rebellin der Familie gewesen. Sie hatte wie Leo die Handelsschule besucht und Buchhaltung gelernt, um eines Tages im Familiengeschäft mitarbeiten zu können, doch mit einundzwanzig hatte sie ihrem Leben eine andere Richtung gegeben und war entschlossen von dem Weg abgewichen, den man für sie geplant hatte.

Sie lernte Elias Mayer Schickler kennen, einen elf Jahre älteren Mann aus Kolomea in Galizien, der äußersten östlichen Ecke der österreichisch-ungarischen Monarchie. Heute heißt die Stadt Kolomyja und liegt in der Westukraine. Soweit feststellbar, war Elias der Sohn von Chana Schickler, doch ein Vater wird nicht erwähnt. Es war ein Land der Schtetl und Kleinstädte. Die Habsburger hatten Galizien bei den Polnischen Teilungen Ende des 18. Jahrhunderts erworben, und es war ein Zufluchtsort für die Juden, die vor den Pogromen in Russland flohen. Sie entwickelten eine blühende Kultur, vor allem die Chassidim mit ihren schwarzen Hüten, deren spirituelle Ursprünge auf das mystische Judentum des ekstatischen Gebets und die Hingabe an einen charismatischen Lehrmeister, den Rebbe, zurückgehen.

Die jüdische Gemeinde Galiziens verdoppelte sich in der zweiten Hälfte des 19. Jahrhunderts und umfasste 1910 rund 900.000 Mitglieder. Sie machten zehn Prozent der Gesamtbevölkerung und fast sechzig Prozent der Staatsdiener und Richter aus. Die Hauptstadt Lemberg (polnisch Lwów, das heutige Lwiw) war ein Mittelpunkt der jiddischen Literatur und Lehre.

Nach dem Ersten Weltkrieg und dem Zusammenbruch der österreichisch-ungarischen Monarchie war die Region ein geografischer Restbestand, der bei der Zerschlagung des Habsburgerreichs übrig geblieben war und um den Polen, Rumänien, die Ukraine und die Sowjetunion stritten, bevor er letztlich ein Teil Polens wurde.

Die galizischen Juden, die sich mehrheitlich zur polnischen Nationalität bekannten, waren immer wieder Anfeindungen sowohl vonseiten der Polen als auch durch ukrainische Nationalisten ausgesetzt, bis sie dann von den sehr viel gründlicheren Nazis ausgelöscht wurden. Mehr als anderthalb Millionen ukrainische Juden wurden im Holocaust ermordet.

Elias Schickler war es gelungen, aus Galizien hinauszugelangen. Im Ersten Weltkrieg kämpfte er für die österreich-ungarische Monarchie und wurde mit einer Silbernen Tapferkeitsmedaille ausgezeichnet. Das gab ihm das Recht, nach Wien zu ziehen, wo er in der Nachkriegszeit mit seiner jungen Frau Hudi eintraf.

In Wien bekam das Paar zwei Kinder. Chana wurde im Februar 1919 geboren und Mordechaj im Dezember 1920. Elias fand nach seiner Rückkehr Arbeit als Heizungsmonteur, und wie viele demobilisierte Soldaten – vor allem wenn sie an der Ostfront waren – beteiligte er sich an der revolutionären kommunistischen Bewegung. Nach der verheerenden militärischen Niederlage gärte es in Wien. Aus dem Dienst entlassene Soldaten wie Elias waren von der bolschewistischen Revolution in Russland und in Berlin fasziniert. Die Wortführer der deutschen Revolutionäre, Rosa Luxemburg and Karl Liebknecht, wurden als Helden verehrt. Galizische Juden trugen die kommunistische Bewegung in Wien mit, denn sie waren viel ärmer als die assimilierten, bourgeoisen, „alten" jüdischen Familien, und kamen, noch unter dem Einfluss der sowjetischen Propaganda im Osten und empört und verstört durch die Erfahrungen in den Schützengräben, in der Hauptstadt zusammen. Dort folgte eine Streik- und Protestwelle auf die andere, doch die Sozialdemokraten weigerten sich, eine radikale Revolution zu unterstützen, weil sie damit rechneten, in parlamentarischen Wahlen zu siegen. Schließlich ging die Habsburger Herrschaft ohne Blutvergießen zu Ende. Karl I. unterzeichnete einfach eine Erklärung, in der er auf jegliche Beteiligung an den Regierungsgeschäften verzichtete.

Die Stadt wurde das „Rote Wien", von den Sozialdemokraten regiert, die massiv in den sozialen Wohnbau und den Ausbau von Gesundheits- und Bildungseinrichtungen investierten. Es war, als würde eine neue Gesellschaft geschaffen, aber inmitten des Aufruhrs und der Veränderungen erlitt Hudi, Elias' Frau, einen Zusammenbruch. 1921 wurde sie in die Niederösterreichische Landes-, Heil- und Pflegeanstalt für Nerven- und

Geisteskranke „Am Steinhof" im Westen Wiens eingeliefert. Das Sanatorium, am Rande des Wiederwalds gelegen, unweit vom Stadtteil Hütteldorf, in dem Gustav Klimt geboren wurde, war als Alternative zu den grausamen, überfüllten Einrichtungen gedacht, in denen psychisch Kranke damals weggeschlossen wurden. Es bestand aus sechzig Gebäuden, die von Gärten und Parkanlagen umgeben waren. Ein Wiener Kunstkritiker beschrieb sie als „eine weiße Stadt, die in der hellen Sommersonne erstrahlt ... gekrönt von der goldenen Kuppel einer weißen Marmorkirche".[41]

In den 1940er-Jahren verwandelten die Nazis diesen architektonischen Versuch, eine menschenwürdige Psychiatrie zu schaffen, in den Schauplatz eines Massenmords.[42] Die Insassen wurden medizinischen Experimenten unterworfen, 7.500 von ihnen umgebracht, darunter viele Kinder, und die Gehirne Hunderter Opfer noch Jahrzehnte in Glasgefäßen aufbewahrt. Erst 2002 wurden sie bestattet.

Hudis medizinische Unterlagen befinden sich noch in den Steinhof-Akten des Wiener Stadtarchivs. Sie war aufgegriffen worden, als sie ohne Schuhe durch die Straßen lief und behauptete, sie höre Stimmen, die ihr sagten, ihre Kinder seien ermordet worden. Auf die Frage, wer sie getötet habe, antwortete sie: „Die Gesellschaft", und dann beschuldigte sie Elias.

„Sie sitzt mit finsterem Gesicht in einem Sessel. Nur widerstrebend antwortet sie auf die Fragen, die man ihr stellt", heißt es in den Berichten, die zu dem Schluss kommen, die dreiundzwanzigjährige Frau aus Galizien sei „schwachsinnig" und müsse auf Kosten der Familie in Steinhof verbleiben.

Bis 1929 wurde Hudi dort verwahrt, dann bat ihr Onkel Moses Hersch Sorger die Krankenhausverwaltung in einem Brief, ihm bei der Beschaffung von Reisepapieren behilflich zu sein, damit er nach Wien kommen und seine Nichte nach Obertyn, einer kleinen Ortschaft in der Nähe von Kolomea, heimholen könne.

„Nach allem, was ich aus Wien höre, braucht meine Nichte Hudi Lea Schickler nur eines: aus Ihrer Einrichtung befreit zu werden", schrieb Moses. Es gibt keine Unterlagen, die darauf schließen lassen, Elias habe sie besucht oder versucht, sich mit ihr in Verbindung zu setzen. Als er Malci 1921 traf, hatte er für zwei kleine Kinder zu sorgen, war aber rein rechtlich noch ledig: Seine Ehe mit Hudi war nach jüdischem Ritus geschlossen worden und hatte keinen Niederschlag in den Unterlagen der sich auflösenden kaiserlichen Bürokratie gefunden.

Malci und Elias heirateten im Mai 1922, sieben Monate nachdem Hudi in Steinhof eingeliefert worden war. Einige Wochen vor ihrer Heirat sagten sie sich offiziell vom jüdischen Glauben los und erklärten sich für konfessionslos, obwohl ihre wirkliche gemeinsame Religion der Kommunismus war.

Innerhalb von wenigen Monaten hatte Malci eine rasante Entwicklung durchlaufen: von einer alleinstehenden jungen Frau, der es vorherbestimmt war, im Familiengeschäft mitzuarbeiten, zu einer bitterarmen Stiefmutter zweier sehr kleiner Kinder mit einer neuen ideologischen Heimat in Gestalt der Kommunistischen Partei mit ihrer rigiden Ideologie und einem Ehemann, der, wie sich herausstellen sollte, nur eine vorübergehende Erscheinung in ihrem Leben blieb.

Nach den Unterlagen des Wiener Meldeamtes hat Elias Mayer Schickler bis 1923 in Wien gewohnt, dann lautet der letzte Eintrag „nach Palästina" verzogen, das damals von den Briten unter einem Mandat des Völkerbundes verwaltet wurde. Allerdings gibt es keine Unterlagen, die von Elias' Ankunft in Palästina berichten. Die einzigen Spuren, auf die ich gestoßen bin, sind Mitte der 1920er-Jahre eine flüchtige Eintragung im Einwanderungsregister der belgischen Polizei und eine Reihe von Artikeln aus dem Jahr 1928, in deren Überschriften von der Ausweisung eines bolschewistischen Agenten die Rede ist. Bei der Lektüre stellte sich rasch heraus, dass es sich um Elias handelte.

Die Zeitungsberichte waren sehr ähnlich, da sie sich alle auf dieselbe Presseverlautbarung der Polizei stützten. Elias hatte in seinen Verhören angegeben, er sei im Januar 1927 nach Paris gekommen, um sein Französisch zu vervollkommnen und als Journalist zu arbeiten. Guy Lebreton, der Leiter des französischen Nachrichtendienstes, behauptete, das sei nur die Legende eines Spions. Tatsächlich habe man bei Schickler verschlüsselte Nachrichten und Briefe gefunden, in denen kommunistische Agenten aus verschiedenen Ländern um Geld und Anweisungen gebeten hätten. Lebreton, ein promovierter Jurist und ehemaliger Kriegsteilnehmer aus Zentralfrankreich, stand mit dreiundfünfzig Jahren ein Jahr vor seiner selbstgewählten Frühpensionierung. Elias war sein letzter großer Fall. Deshalb war dieser nach Lebretons Darstellung „einer der wichtigsten Agenten Moskaus". In seinem Besitz hatte man einen noch nicht abgeschlossenen Bericht für Moskau gefunden, aus dem, so die Polizei, hervorgehe, dass er nach Frankreich geschickt worden sei, um über den

Zustand der Französischen Kommunistischen Partei zu berichten. Danach war Elias von seinen gallischen Genossen offenbar nicht sehr angetan.[43]

„In erbittertem Ton kritisiert er den mangelnden Elan der Führungsriege und kommentiert mit großer Sorge den Erfolg von Poincaré [damals in seiner dritten Amtszeit als Ministerpräsident] und die vielen Fehlschläge der kommunistischen Plattformen, die bei den Massen keinen Anklang fanden", liest man in einem Artikel von *Le Matin*. Weiter wird dort behauptet, Elias sei ein „Hauptakteur" und die Mitglieder des Zentralkomitees der französischen Partei würden „unter Elias' eiserner Rute zittern".[44]

Als Elias seine Wohnung am Boulevard Aragon, offenbar eine Brutstätte linker Agitatoren, „in Begleitung seiner Geliebten", einer Mademoiselle Jablonowska, verließ, wurde er verhaftet.

L'Humanité, das kommunistische Parteiorgan, veröffentlichte, wie nicht anders zu erwarten, eine andere Version der Ereignisse und warf der Polizeipresse vor, sie habe sich eine Geschichte aus den Fingern gesogen, die jedem „Fortsetzungsroman" zur Ehre gereichte. Nach ihrem Bericht war Elias lediglich ein kommunistischer Aktivist und sei allein aus diesem Grund des Landes verwiesen worden.

„Diese verschleierte Repression ausländischer Arbeiter ist ein empörender Skandal, der so rasch wie möglich beendet werden muss", forderte das Blatt.

Die Geschichte war eine große Überraschung für mich. In meiner Kindheit und Jugend war Elias ein Name ohne eigene Geschichte. Er war einfach Malcis Mann, der gestorben war. Mehr gab es über ihn nicht zu berichten. Tatsächlich schienen die Lebensläufe dieser ganzen Generation unserer Familie relativ unspektakulär zu sein, doch nun war da Elias, der in den französischen Tageszeitungen Schlagzeilen gemacht hatte. Offenbar hatten wir einen Spion in der Familie, wenn auch einen ziemlich erfolglosen.

Elias wurde nicht angeklagt, sondern nur ausgewiesen. *Le Matin* berichtete, er und Mademoiselle Jablonowska seien nach München abgeschoben worden, ein etwas merkwürdiger Bestimmungsort, wenn man bedenkt, dass er ein gebürtiger Pole und österreichischer Staatsbürger war. Danach verliert sich seine Spur. In den österreichischen Archiven fand ich keinen Hinweis mehr auf ihn, auch in der Liste der zwanzig Schicklers aus Kolomea, die im Holocaust ermordet wurden, ist er nicht vertreten. Am ehesten als Spur zu werten wäre ein versteckter Hinweis in der französischen Literatur.

Manès Sperber, der österreichisch-französische Romancier und Psychologe, wurde nur wenige Kilometer von Elias entfernt geboren, unmittelbar vor den Toren von Kolomea, und auch seine Familie floh während des Ersten Weltkriegs nach Wien. Wie Elias sagte er sich von seinem Glauben los, schloss sich zunächst einer sozialistisch-zionistischen Bewegung an, dem Hashomer Hatzair, bevor er zur Kommunistischen Partei wechselte.

Nach der Machtergreifung ging Sperber nach Paris und arbeitete für die Kommunistische Internationale, die Komintern. Das war einige Jahre nach Elias' Abschiebung. Selbst falls Sperber Elias nie kennengelernt hatte, war es fast unmöglich, dass er nichts von ihm gehört hatte. Schließlich hatten sie die gleiche Entwicklung durchlaufen.

Nach dem Krieg schrieb er eine Trilogie über diese Zeit, *Wie eine Träne im Ozean.*[45] Dort führen die Protagonisten Leben wie Sperber und Elias, bewegen sich aus galizischen Dörfern nach Wien, nach Paris und zurück. Mit einem Auge beobachten sie die Behörden, mit dem anderen ihre Genossen, um kein Anzeichen von Zweifel in der Partei oder in Moskau zu übersehen. Sie verbergen sich in konspirativen Wohnungen und ändern ihre Namen, und einer von ihnen wird nach Moskau zurückgerufen und hingerichtet.

Wenn Schickler seine Identität gewechselt hätte und er unter einem angenommenen Namen gestorben wäre, könnte das erklären, warum er spurlos verschwunden ist. Oder vielleicht hat Moskau gerufen und er ist nie zurückgekehrt.

Egal, was Elias tatsächlich zugestoßen ist, er hat unsere Großtante mit zwei Kleinkindern, Chana and Mordechaj, in Wien zurückgelassen. Malci hat an dem Namen Schickler bis zu ihrem Lebensende festgehalten – ich habe ihn Dutzende Male auf Briefe und Postkarten geschrieben, ohne zu ahnen, welch düstere und geheimnisvolle Geschichte sich mit ihm verbindet. Ob sie aus Treue oder Bequemlichkeit an ihm festgehalten hat, kann ich nicht sagen. Jedenfalls legten Chana und Mordechaj ihn ab, sobald sie erwachsen waren, und nahmen beide wieder den Namen ihrer biologischen Mutter, Sorger, an.

Als ich in den Wiener Archiven zum ersten Mal auf den Namen stieß, erinnerte er mich an einen Scherz, von dem sie mir einmal berichtet

Malvine „Malci“ Schickler, um 1930.

hatte: Als sie Elias Schickler heiratete und seine Kinder als eigene annahm, warnten sie die Leute mit dem Ausdruck „Borger-Sorge", was wohl so viel heißen soll wie: Leute, die Geld borgen, haben Geldsorgen. Zu der Zeit, als sie mir von dem Witz erzählte, besaß er sicherlich einen bitteren Beigeschmack für sie. Sie hatte nie Geld und ihr Leben lang Sorgen gehabt.

Malci erzog die Kinder in den übernommenen marxistischen Glaubensüberzeugungen. Mit acht Jahren mussten sie zu den Jungen Pionieren. Beide widmeten ihre kurzen Erwachsenenleben dem Kommunismus. Nach dem März 1938 bekam Chana ein Dienstbotenvisum von einer Familie in Glasgow, blieb während des Krieges in Großbritannien und heiratete 1940 einen anderen Flüchtling, den tschechoslowakischen Kommunisten Helmut Gustav Legler.

Malci und Mordechaj zogen kurz nach dem „Anschluss" nach Frankreich und fanden mithilfe der Kommunistischen Partei ein Zimmer im Hotel Nollet in Paris, in dem der französische Maler und Dichter Max Jacob, ein Freund von Picasso und Modigliani, einst gelebt hatte. Mordechaj nahm den weniger auffälligen Namen Martin an und besuchte die Berufsschule, woraufhin er eine Reihe von Stellungen in Pariser Elektrofirmen bekam, mit denen er den Lebensunterhalt für sie beide verdiente.

Im Frühjahr 1940, als die Deutschen auf Paris vorrückten, flüchteten Mutter und Sohn weiter, dieses Mal nach Süden, nach Tarbes, in der Nähe der spanischen Grenze, wo Mordechaj Arbeit in einer Renault-Fabrik fand. Nach der Eroberung der Hauptstadt und der Bildung der kollaborierenden Vichy-Regierung in der Südhälfte des Landes traten Mutter und Sohn in die Österreichische Freiheitsfront ein, ein Netz österreichischer Kommunisten, das von Paris und Brüssel aus gesteuert wurde. Malci und Mordechaj gehörten einer in Lyon angesiedelten Zelle an, die von Oskar Grossmann und seinem Stellvertreter Paul Kessler geleitet wurde. Grossmann stammte aus der Tschechoslowakei, hatte im Spanischen Bürgerkrieg gekämpft und war ein führendes Mitglied der Österreichischen Kommunistischen Partei.

Kessler war der Organisator der Untergrundzelle, er sorgte für sichere Unterkünfte, legte Waffenverstecke an, fälschte Ausweise und Lebensmittelkarten.

Die Gruppe, die es auf rund hundertdreißig Mitglieder brachte, wurde ein wichtiger Arm der französischen Résistance, vor allem der kommunistischen Gruppierung, der Francs-Tireurs et Partisans (FTP). Die Österreicher waren dank ihrer Muttersprache von großem Nutzen, denn sie konnten die Deutschen belauschen. Sie gaben sich als französische Arbeitskräfte aus und fanden Anstellungen bei der Wehrmacht und in SS-Dienststellen.

Die österreichische Kommunistin Tilly Spiegel, die der Grossmann-Kessler-Gruppe angehörte und nach 1945 eine der Ersten war, die sich mit dem Schicksal der Naziopfer befasste, beschrieb, welche Belastung für einen Agenten daraus erwuchs, sich an alle Einzelheiten seiner Legende erinnern zu müssen.[46]

„Jeder, der zur Zeit des Faschismus illegal lebte und ihn bekämpfte, weiß, wie viele Schwierigkeiten und Gefahren sich allein aus den Problemen der Unterkunft und der persönlichen Daten ergaben, die Nervenanspannung, die es bedeutete, mit anderen Namen, anderen Geburtsdaten, Eltern, Berufen und Biografien im Ausland zu leben, ganz zu schweigen davon, dass man gute Arbeit leisten, seine Mission erfüllen musste“, schrieb Tilly Spiegel in den Aufzeichnungen, die sie nach dem Krieg schrieb und die ich auf einigen Schreibmaschinenseiten in einem Archiv fand.

Mordechaj jonglierte bereits mit einer Handvoll verschiedener Namen. Er hatte Schickler für Sorger aufgegeben. In Frankreich lebte er unter dem Namen Martin, während seine Angehörigen, Freunde und Genossen ihn Motti nannten, eine Verkleinerungsform von Mordechaj. Hinzu kam, dass er von der Résistance noch falsche Ausweispapiere auf den Namen eines Franzosen bekam – André Vandroux, ein Maschinenschlosser und Installateur aus Lille.

Doch all diese Identitätsschichten konnten nicht verhindern, dass er gefasst wurde. Unter der Vichy-Regierung verschärfte sich die Jagd auf Juden ständig. Die Polizeirazzien in Lyon wurden immer häufiger. Männer, die verdächtig erschienen, mussten ihre Hosen herunterlassen, damit man sehen konnte, ob sie beschnitten waren oder nicht. Die Zahl der Verhaftungen, Deportationen und Hinrichtungen nahm unablässig zu.

Mordechaj wurde in einer Razzia aufgegriffen und in das Internierungslager Gurs geschafft. Vor dem Krieg hatte die französische Regierung das Lager Gurs nahe der spanischen Grenze eingerichtet, ursprünglich für politische Flüchtlinge und Angehörige der Internationalen Brigade, die aus Spanien flohen. Anfang 1940, noch vor dem Fall von Paris, begann die französische Regierung dort auch jüdische Flüchtlinge als „feindliche Ausländer" zu verwahren.

Sobald die Vichy-Regierung Gurs übernahm, schnellte die Zahl der Häftlinge nach oben, während sich die Lebensbedingungen erheblich verschlechterten. Es war auf einem moorigen Untergrund erbaut, bei Regen versank alles in Morast und Schlamm. Mordechaj war zusammen mit Adolf „Dolly" Steindling inhaftiert, der ebenfalls der Grossmann-Kessler-Gruppe angehörte und nach dem Krieg das Lagerleben in seinen Erinnerungen *Hitting Back* beschrieben hat.[47] Besonders eindringlich ist der folgende Abschnitt:

„Am schlimmsten war die astronomische Zahl der Läuse. Menschen, die krank und schwach waren oder die Lust am Leben verloren hatten, wurden von ihnen fast aufgefressen. Manchmal hingen Kleidungsstücke im Stacheldraht oder vor den Barracken, in denen sich Millionen von Läusen verfilzt hatten. Als ich sie zum ersten Mal sah, musste ich mich trotz Hunger und leerem Magen übergeben."[48] In dem harten Winter 1940/41 wurden Kälte und Hunger zu Serienmördern, Hunderte von Häftlingen gingen auf ihr Konto.

Nach einigen Monaten gelang Mordechaj und Steindling die Flucht. In seinem Buch beschrieb Steindling, wie er mithilfe der örtlichen baskischen Widerstandsbewegung entkam. Es ist davon auszugehen, dass sie auch bei Mordechajs Flucht eine entscheidende Rolle spielte. Die laxen Sicherheitsbestimmungen erlaubten den örtlichen Arbeitskräften, frei zu kommen und zu gehen, was den Häftlingen die Möglichkeit eröffnete, als Basken verkleidet das Lager in einer größeren Gruppe von Arbeitern zu verlassen.

Sobald sie zur Grossmann-Kessler-Gruppe zurückgekehrt waren, wurden sowohl Steindling wie Mordechaj der sogenannten Einheit TA (*Travail Allemand* – Deutsche Arbeit) zugewiesen. Ihre Aufgabe bestand darin, Nazi-Institutionen zu infiltrieren, eine der Missionen im Widerstand, bei denen die Wahrscheinlichkeit, getötet zu werden, am höchsten war.

„Als Infiltrator zu arbeiten, war eine todesverachtende Mission", schrieb Tilly Spiegel. Die Gestapo brachte jeden, der dabei erwischt wurde, auf der Stelle um.

Steindling wurde nach Norden an die Küste des Ärmelkanals geschickt, um sich unter die französischen Arbeiter zu mischen, die die Betonbollwerke für Hitlers Festung Europa errichteten.

1942 wurde Mordechaj ins Zentrum des Reichs zurückbeordert. In der Rolle des André Vandroux aus Lille meldete er sich bei einer deutschen Arbeitsvermittlung als Fremdarbeiter auf Stellensuche und erhielt einen Arbeitsplatz bei den Hermann-Göring-Stahlwerken in Linz, einem der größten Industrieunternehmen Österreichs, das entscheidende Bedeutung für die Kriegsanstrengungen der Nazis gewonnen hatte.

Malci blieb zurück, aber im November 1942 wurde das Leben in Lyon beträchtlich riskanter, als die Wehrmacht das Vichy-Gebiet besetzte. Als im Hafen von Toulon die Vichy-Admiralität die eigenen Kriegsschiffe versenken ließ, war sie nicht mehr bereit, dem Regime zu vertrauen. Nachdem die Nazis die unmittelbare Herrschaft übernommen hatten, wurde es vor allem für Ausländer gefährlicher, sich blicken zu lassen. Deshalb wurde Malci in einem Kloster bei den Nonnen Les Soeurs de Saint Régis in der kleinen Ortschaft Aubenas untergebracht, 170 Kilometer von Lyon entfernt.

Anfang des Krieges gab es rund 750.000 Juden in Frankreich. Drei Viertel von ihnen überlebten; im Vergleich dazu waren es nur fünfundvierzig Prozent Juden in Belgien und zwanzig Prozent in den Niederlanden. Dieser auffällige statistische Unterschied ist auf die Rolle der Klöster und anderer von der katholischen Kirche zur Verfügung gestellten Zufluchtsstätten zurückzuführen, was vor allem für das Vichy-Gebiet gilt.

Malci und Mordechajs Genossin Tilly Spiegel kamen nach dem Krieg mit einer betont positiven Sicht auf die französische Bevölkerung in ihre Heimat zurück. „Wir hatten vor allem das Glück, im Rahmen der französischen Widerstandsbewegung tätig zu sein, die gestützt wurde durch die antifaschistische Haltung und den Widerstandswillen der französischen Bevölkerungsmehrheit. So konnten wir trotz allem leben und kämpfen“, schrieb sie. „Es war das einfache Volk, die Hausmeister, die uns Zimmer vermieteten, die Ladenbesitzer und andere, die in Frankreich selten, wenn überhaupt, bereit waren, sich an die Nazischergen zu wenden, um ‚Verdächtige‘ anzuzeigen. Sie ermöglichten uns, relativ lange unter schwierigen Umständen auszuhalten und einen bescheidenen Beitrag zum Kampf gegen die Nazi-Barbarei zu leisten.“

In den Hermann-Göring-Stahlwerken bestand Mordechajs Aufgabe darin, Informationen zu sammeln, zu prüfen, ob Arbeiter Anzeichen für Dissens erkennen ließen, Informationen über den Stand des Krieges verbreiteten und letztlich auch Unruhen und Sabotageakte anstifteten. Tausende von ausländischen Arbeitskräften waren in der Fabrik beschäftigt. Bezahlte Fremdarbeiter wie Vandroux arbeiteten Seite an Seite mit Zwangsarbeitern sowie Sklavenarbeitern aus dem nahen Konzentrationslager Mauthausen.

Die Fabrik ist heute Teil der Voestalpine AG, die Mittel zur Erforschung der Firmengeschichte während des Krieges bereitgestellt hat. Im Archiv gibt es einen Eintrag für André Vandroux. Danach war er ein Schlosser, der als Schweißer eingestellt wurde und seine Arbeit am 18. Dezember 1942 aufnahm. Am 10. Juni 1944 fand sein Arbeitsverhältnis dann ein jähes Ende.

Das war der Tag, an dem das kurze, fiktive Leben des André Vandroux vorbei war. Die Gestapo und die Linzer Polizei erschienen in der Fabrik und fragten namentlich nach ihm. Schon bevor sie kamen, wussten sie, wer er war. Er wurde in ein Auto gesteckt und auf ein Linzer Polizeirevier verfrachtet, dort ein paar Tage festgehalten und dann in das Hotel Metropol am Morzinplatz in Wien gebracht, das in den größten Gestapo-Sitz ganz Europas verwandelt worden war.

Malci war bis zu ihrem Tod davon überzeugt, dass ihr Stiefsohn von einem Kameraden in Wien verraten worden war, der für die Koordinierung der als Fremdarbeiter getarnten Widerstandskämpfer verantwortlich war. Jedenfalls hat sie das einem Forscher viele Jahrzehnte nach dem Krieg erzählt.[49]

Dieser Verdacht, den sie die zweite Hälfte ihres Lebens mit sich herumschleppte, muss bitter für sie gewesen sein, doch es gibt gewichtige Belege dafür, dass er unbegründet war. In seinen Erinnerungen schrieb Dolly Steindling, dass das gesamte österreichische Netz aufgerollt wurde, nachdem Oskar Grossmann, der Chef der Einheit, Ende des Frühjahrs 1944 gefangen genommen wurde. Unter dem Decknamen Lucien leitete Grossmann zu diesem Zeitpunkt die gesamte TA-Operation in Südfrankreich. Am 27. Mai hatte er um 22 Uhr an einer Straßenbahnhaltestelle in Lyon ein Treffen mit einem anderen Mitglied des Netzes (von Steindling als P. bezeichnet). P. verspätete sich. Während Grossmann wartete, traf die letzte Straßenbahn ein, die voller deutscher Soldaten war.

Bei ihrer Ankunft wurden sie von einer Einheit der französischen Résistance mit Handgranaten und Maschinenpistolen empfangen. Grossmann wurde von Splittern in den Augen getroffen und erblindete, sodass er nicht mehr fliehen konnte. Als die Gestapoleute seine Taschen durchsuchten, entdeckten sie genügend belastendes Material.[50]

Nach Steindlings Darstellung gelang es den österreichischen Gestapo-Offizieren, Grossmann den Eindruck zu vermitteln, er habe es mit Genossen zu tun, die zu einem Plauderstündchen ins Krankenhaus gekommen seien, wobei sie, um diesen Eindruck zu verstärken, die Spitznamen und *noms de guerre* von TA-Mitgliedern einfließen ließen, um ihm auf diese Weise entscheidende Informationen zu entlocken.

„Es war ein teuflischer Plan, den sich eine Höllenbrut ausgedacht hatte", so Steindling. „Als sie nichts mehr aus ihm herauskriegen konnten, hatte sein Leben keinen Nutzen mehr für sie, und sie ermordeten ihn. Lucien hätte nicht mehr weiterleben können, wenn er erfahren hätte, was er in gutem Glauben getan hatte."

Das war eine außergewöhnliche Geschichte, deren einzige Quelle aber nur Gestapoleute hätten sein können. Ich war skeptisch. Grossmann hätte doch sicher gemerkt, dass er in Haft war oder unter Beobachtung stand, und als abgebrühter und erfahrener Widerstandskämpfer sofort Verdacht geschöpft, wenn unbekannte Männer an seinem Bett erschienen wären und begonnen hätten, mit ihm über seine Widerstandszelle zu plaudern.

In einem Lesesaal in Wien fand ich Hinweise auf eine andere, ebenso tragische, aber überzeugendere Erklärung für die Vernichtung des österreichischen Spionagenetzes in Südfrankreich und für Mordechajs Enttarnung und Ermordung.

Zum Dokumentationsarchiv des österreichischen Widerstandes führt eine schlichte Glastür, durch die man auf einen Innenhof der Wiener Altstadt gelangt. An den Wänden der Eingangshalle befinden sich Schaukästen. Eine Schutzbund-Kappe in einem und ein Heimwehr-Hut mit Birkhahnfedern in einem anderen – rivalisierende Erinnerungsstücke an den Bürgerkrieg von 1934. In einem anderen Glaskasten hängt schlaff die blau-weiß-gestreifte Arbeitskleidung eines KZ-Häftlings, daneben Codebücher und die Bilder gefallener Widerstandskämpfer.

In dem kleinen Lesesaal im Obergeschoss legt ein Archivar einen kleinen Stapel gelb-brauner Ordner vor mir auf den Tisch, die alles enthalten, was das Archiv über den Grossmann-Kessler-Ring und seine Zerschlagung besitzt, einschließlich ausführlicher Anmerkungen von Ottilie „Tilly" Spiegel. Außerdem gibt es noch Paul Kesslers Gefängnistagebuch und die offiziellen, mit Briefkopf versehenen Berichte der Gestapo-Gruppe, die die Aufgabe hatte, die Widerstandszelle und alle ihre Mitglieder zu vernichten.

Spiegel hatte eine Liste der Mitglieder mit gekürzten Beschreibungen und Einsätzen zusammengestellt. Unter Malcis Namen lautet die Eintragung: „Südfrankreich, Mutter von ‚Motti', überlebt." Zu Mordechaj schreibt sie: „Südfrankreich, ‚Motti' genannt, ermordet."

Zu dieser Liste fügte Spiegel noch einige Ausführungen hinzu, die sie als „kurzen Abriss" bezeichnete, „gedacht als bescheidener Beitrag zur Geschichte der europäischen Widerstandsbewegung und ziemlich unvollständige Beschreibung der Mitwirkung österreichischer Staatsangehöriger in den französischen und belgischen Widerstandsbewegungen".

1943 hatte der österreichische Widerstand die Nazi-Behörden in Frankreich hinreichend gereizt, um diese zur Einrichtung einer Sondereinheit zu veranlassen. Drei Gestapo-Offiziere wurden von Wien nach Paris entsandt, ausgerüstet mit Akten voller Fingerabdrücke, Polizeifotos, Kurzbiografien von linken Aktivisten, die in der Zeit vor dem „Anschluss" bei der österreichischen Polizei aktenkundig geworden waren. Die Leitung der Gestapo-Gruppe hatte der Wiener Sturmscharführer Eduard Tucek. Das war ein relativ niedriger Dienstgrad für die Leitung eines so wichtigen Einsatzes, aber Tucek hatte sich mit seinen brutalen Verhörmethoden in Wien einen so guten Ruf erworben, dass man ihm die Aufgabe anvertraute. Im Juni 1944 erzielte sein Team einen Durchbruch.[51]

Eine Kurierin, die Spiegel als die „unglückliche Paula Draxler" bezeichnete, eine ehemalige freiwillige Krankenschwester bei der Internationalen Brigade in Spanien, kam aus Lyon in Paris an und trug eine Handtasche mit doppeltem Boden bei sich. Draxlers Partner, Leopold Hagmüller, ein führendes Mitglied des österreichischen Widerstands in Frankreich, hatte sie beauftragt, der Führung in der französischen Hauptstadt Geheimdokumente zu übergeben. Doch in einem erstaunlichen Verstoß gegen die Sicherheitsregeln hatte er eine Liste mit Namen, Decknamen und Adressen von Untergrundkämpfern hinzugefügt, die, als französische Fremdarbeiter getarnt, nach Österreich geschickt worden waren.

Da Draxlers Zug Verspätung hatte, verpasste sie ihre erste Verabredung mit ihrer Kontaktperson. Unter solchen Bedingungen lautet die Anweisung, am folgenden Tag noch einmal zum verabredeten Ort zu kommen. Doch in einem zweiten fatalen Regelverstoß begab sie sich stattdessen in die konspirative Wohnung des Netzes, die von Tuceks Gruppe bereits entdeckt worden war und überwacht wurde.

„Sie lief ihnen direkt in die Arme“, schreibt Spiegel.

„Anhand der Unterlagen, die bei ihr gefunden wurden, kam die Gestapo der Lyoner Gruppe auf die Spur und konnte so das gesamte TA-Netz ausschalten“, berichtet sie.

Paula Draxler wurde „bestialisch gefoltert“ und als ihr mitgeteilt wurde, dass ihre Gefangennahme zu einer Reihe von Verhaftungen ihrer Genossen geführt hatte, nahm sie sich das Leben, sie stürzte sich aus dem Fenster einer Toilette des Gestapo-Hauptquartiers. „Sie hatte eine vierjährige Tochter“, schloss Tilly Spiegel trocken.

Einige Tage nach Draxlers Verhaftung erschien die Gestapo in den Hermann-Göring-Stahlwerken und verlangte nach André Vandroux.

Den Bericht der Gestapo über Mottis letzte Monate fand ich in einem Brief vom Morzinplatz 4, dem Standort des Hotels Metropol, einer der gefürchtetsten Adressen der Stadt. Das Schreiben vom 13. Oktober 1944 hatte der Kriminalkommissar der Gestapo Höfler geschrieben und an Dr. Huber, den Chefarzt des Steinhof-Sanatoriums, gerichtet. Es ging um den Fall des Martin Israel Sorger. Automatisch nahm ihm die Gestapo-Bürokratie den Zwischennamen, der ihm bei seiner Geburt gegeben wurde, und ersetzte ihn durch den hebräischen Allgemeinnamen.

Motti wurde als Hufschmiedgeselle bezeichnet, staatenlos, jüdisch, ledig, ehemals in Linz wohnhaft, Hochsicherheitshäftling. Als er ins Gefängnis überstellt wurde, war er mehr als drei Monate in Gestapohaft gewesen, und Höfler forderte Huber auf, den Gefangenen am Leben zu erhalten.

„Er leidet an Diphterie. Bitte halten Sie mich über seinen Zustand telefonisch auf dem Laufenden. Da Herr Sorger ein wichtiger politischer Häftling ist, darf ich Sie bitten, für eine sichere Verwahrung zu sorgen und ihn, soweit die Bedingungen es erlauben, zu überwachen. Besuche und alle Arten schriftlichen Verkehrs sind verboten.“

Der nächste Eintrag in der Akte war eine Nachricht an die Gestapo von Dr. Hans Bertha, dem medizinischen Direktor der Infektionsabteilung am Steinhof.

„Wir möchten Sie hiermit davon unterrichten, dass Herr Martin Sorger, geboren am 4. Dezember 1920, der am 11. Oktober mit Diphtherie bei uns eingeliefert wurde, am 17. Oktober 1944 um 8 Uhr 45 gestorben ist. Todesursache: Herzmuskellähmung. Toxische Diphtherie."

Eine nach dem Krieg von Paul Kessler abgegebene eidesstattliche Erklärung in derselben Akte besagt, dass Mordechaj, bevor er nach Steinhof kam, vier Monate lang am Morzinplatz von der Gestapo gefoltert wurde.

Das Hotel Metropol gibt es schon lange nicht mehr. Es wurde im Krieg zerbombt und seine Trümmer wurden weggeräumt, um jede Erinnerung an diese Stätte auszulöschen. Doch das Polizeigefängnis, in dem die Gestapo-Häftlinge verwahrt wurden, steht noch immer am Ufer des Kanals, ein großes weißes Gebäude, das aussieht wie ein weißer Hochzeitskuchen, unverkennbar mit dem runden Turm an einer seiner Ecken.

Franz Josef Huber, der Chef der Gestapoleitstelle Wien, überstand die Nachkriegszeit ohne große Nachteile – in einem Spruchkammerverfahren wurde er als „Minderbelasteter" eingestuft und zu einem Jahr Haft auf Bewährung verurteilt. Er verbrachte keinen Tag im Gefängnis und wurde schon bald nach Kriegsende vom westdeutschen Bundesnachrichtendienst angeheuert. Tucek, der Mann, der Mordechaj und seine Genossen aufgespürt, gefoltert und umgebracht hatte, wurde von einem französischen Militärgericht zu fünf Jahren Gefängnis verurteilt, von denen er aber nur ein Jahr abbüßte. Ein Gerichtsverfahren, das vor einem österreichischen Gericht gegen ihn angestrengt wurde, stellte man 1947 zunächst ein, nahm es 1956 wieder auf und ließ es endgültig fallen, als 1957 eine Amnestie für ehemalige Nazis erging. Seine Anwaltskosten übernahm der österreichische Staat. Die Verbrechen, die von Tucek und seiner Gruppe in Paris, Lyon und anderswo begangen worden waren, kamen nie vor Gericht.

Ich werde niemals erfahren, wie es Mordechaj in seinen letzten Wochen erging. Die einzige verfügbare Quelle, die mir eine gewisse Vorstellung vermitteln kann, ist die Geschichte Paul Kesslers, seines unmittelbaren Vorgesetzten in der Résistance, der nach Paula Draxlers Festnahme im

Zuge der gleichen Verhaftungswelle, die auch Mordechaj zum Verhängnis wurde, in seinem Lyoner Haus von den Nazi-Schergen geholt wurde.

„Eine große Zahl von Polizisten kletterte über die Mauer, begann, in die Fenster zu schießen und brach die Haustür auf", erzählt er in einem maschinengeschriebenen Bericht, der sich im Dokumentationsarchiv des österreichischen Widerstandes befindet. „Kaum war ich verhaftet, erhielt ich auch schon vor meiner Familie einen Faustschlag ins Gesicht, wurde wie ein Paket verschnürt und in das Gestapo-Hauptquartier an der Place Bellecour in Lyon verfrachtet …

Dort wurde ich sofort von einer Gruppe Gestapoleute umringt, die reihum auf mich einzuschlagen begannen. Fachkundig trafen mich ihre Schläge im Gesicht und am Kopf, sodass ich schon bald aus Nase und Mund blutete und mehrfach das Bewusstsein verlor …

Um festzustellen, ob ich wieder bei Bewusstsein war, rissen sie mir Haarbüschel aus und verbrannten mir die Haut mit Streichhölzern. Sie stießen mich nackt auf den Fußboden, begossen mich eimerweise mit Wasser und ließen mich zwei oder drei Stunden liegen, bis ich vor Kälte zitternd wieder zu mir kam."

Dann warfen ihn die Gestapoleute in eine Badewanne, füllten sie mit Eiswasser und drückten seinen Kopf unter Wasser, bis er fast ertrank.

Nachdem er diese Behandlung sechs Wochen lang ertragen hatte, schaffte man ihn in das Pariser Gestapo-Hauptquartier in der Rue de la Pompe, wo er weitere vier Wochen von Tucek und seinen Männern gefoltert wurde. Man führte ihn vor ein Erschießungskommando und stellte ihn vor die Wahl, zu reden oder zu sterben, dann wieder stieß man ihn an eine Mauer und hielt ihm eine Pistole an den Kopf. Jedes Mal sagte er, er würde lieber sterben. Tatsächlich versuchte er, sich das Leben zu nehmen, wie es Paula Draxler getan hatte. Er lief auf ein offenes Fenster zu, wurde aber von den Wachen gepackt, als er schon halb über dem Fensterbrett hing. In seiner Zelle versuchte er, sich die Handgelenke mit einem Holzsplitter aufzureißen, wurde aber von einem vor seiner Tür postierten Polizeihund verraten, der zu bellen anfing, als er Bewegungen in der Zelle hörte.

An seiner Zellentür wurde ein Schild aufgehängt, das ihn als potenziellen Selbstmörder und Ausbrecher auswies, woraufhin ihn die Wachen in der Nacht stündlich weckten, um zu prüfen, ob er noch atmete.

Irgendwie überlebte Kessler die zehn Wochen Gestapo-Folter, dann wurde er in das Gefängnis Fresnes südlich von Paris gebracht, wo französische Widerstandskämpfer und britische Spezialkräfte von der Special Operations Executive (SOE) verwahrt wurden. Im Augst 1944, nachdem die Alliierten in der Normandie durchgebrochen waren, begann die Gestapo, die Fresnes-Häftlinge umzubringen – sie zerrten sie auf den Hof und schossen sie nieder. Täglich ging das Morden weiter, bis das Gefängnis und die Überlebenden Ende August schließlich von einer französischen Panzerdivision befreit wurden.

Kessler war noch am Leben, weil er, mit anderen österreichischen Gefangenen, in das Durchgangslager Drancy im Nordosten von Paris überstellt worden war. Am 17. August 1944, als sich französische und US-amerikanische Streitkräfte Paris näherten, gehörte er zu fünfzig Häftlingen verschiedener Nationalitäten, die für einen Transport nach Osten, ins Lager Buchenwald, bestimmt waren.

Doch vor dem Abtransport spielte ihnen ein Widerstandskämpfer einen Brotlaib zu, in dem Meißel eingebacken waren. Mit ihnen gelang es ihm und einer Handvoll anderer Häftlinge, ein Loch in den Boden ihres Viehwaggons zu brechen und zu entkommen, als der Zug gerade die belgische Grenze überquerte. Im Laufe mehrerer Nächte gingen sie zu Fuß zurück nach Paris.

Die Befreier Frankreichs rückten unaufhaltsam vor, trieben die Wehrmacht vor sich her und beendeten Jahre der Besatzung, aber für viele jüdischen Überlebende beseitigten sie auch den letzten Hoffnungsschimmer und konfrontierten sie mit einer entsetzlichen Endgültigkeit. Sie erfuhren von den Deportationen und den Todeslagern, und früher oder später lasen sie die Namen ihrer Lieben auf einer Liste oder in einem lapidaren Brief.

Als in den ersten Septembertagen 1944 das Gebiet um Lyon befreit wurde, konnte Malci ihren Unterschlupf im Kloster zum ersten Mal seit zwei Jahren verlassen. Mordechaj war in seiner Gestapo-Zelle noch am Leben. Sie dürfte rasch über die Reste des Grossmann-Kessler-Netzes erfahren haben, dass er verhaftet und nach Wien gebracht worden war. Und wir können wohl annehmen, dass sie schon bald von seinem Tod am 17. Oktober gehört haben wird. Wien musste noch weitere fünf Monate auf die Befreiung warten, daher war sie gezwungen, die Zwischenzeit in einem

Flüchtlingslager in Frankreich zu verbringen, bis sie nach Hause reisen konnte, um nach seinem Leichnam zu forschen.

Die österreichische Hauptstadt war nicht so gründlich zerstört wie Teile Berlins und andere deutsche Städte, aber gut ein Fünftel lag nach den alliierten Bombenangriffen in Trümmern, und die Nahrungsversorgung war zusammengebrochen. Man kämpfte ums Überleben.

Der Dritte Mann, der Film, den Carol Reed in der besiegten und gefährlichen Stadt gedreht hatte, wurde nach meinem ersten Besuch in Wien zu meinem Lieblingsstreifen, aber ich hatte ihn im Lauf der Jahre immer und immer wieder gesehen, ohne zu wissen, dass unsere Malci zu jenen Wienerinnen und Wienern gehört hatte, die den stummen Chor des Films bilden und zwischen den Trümmern verzweifelt um Unterkünfte und Essensreste streiten.

Unter den Andenken, die Malci mir hinterlassen hat, befindet sich kein Bild von Mordechaj, eine Lücke, derer ich mir umso schmerzlicher bewusst wurde, je stärker mich seine Geschichte gefangen nahm. Er war der Cousin meines Vaters, und ich empfand es als Armutszeugnis, dass bei uns kein Bild von ihm an der Wand hing und dass er nur beiläufig erwähnt wurde.

Die Geschichte der Juden im Holocaust wird gewöhnlich binär erzählt – entweder Ermordung oder Überleben. Diese Alternative galt gewöhnlich auch für viele Kinder in den Inseraten des *Guardian* und ihre Eltern. Die Mehrzahl der Kinder überlebte, aber die Eltern, deren Abreise sich zu lange verzögerte, wurden häufig deportiert und ermordet. Doch es gab noch einen dritten Weg, aktiven Widerstand. Er wurde nicht oft beschritten und noch seltener in der Erinnerung aufbewahrt. Aber es war der Weg, für den sich Malci und Mordechaj entschieden. Sie flohen bis in das Frankreich des Vichy-Regimes, doch dann machten sie kehrt und leisteten Widerstand.

Die österreichisch-jüdische Widerstandsbewegung war klein, aber überproportional in ihrer Wirkung. In ihrem Widerstandswillen ist sie vergleichbar mit dem Aufstand des Warschauer Gettos im April 1943, bei dem dreizehntausend polnische Juden starben. Die Kämpfer wussten, dass sie keine Chance gegen die SS hatten, die das Getto Block um Block in ein Inferno verwandelten. Doch darum ging es nicht. Entscheidend war, dass es den Nazis dieses eine Mal verwehrt wurde, über Zeit und Ort jüdischen Sterbens zu entscheiden.

Unsere Stiefgroßmutter Vally hatte einen Cousin in Ohio, Kurt Thomas – in der tschechoslowakischen Stadt Brno als Kurt Ticho geboren –, der einer von dreihundert Gefangenen war, die im Oktober 1943 aus Sobibór entkamen. Das war der größte Lagerausbruch des gesamten Krieges.

Fünfzig Jahre später war ich als Journalist in Polen und hoffte, Kurt würde zu einer Jubiläumsversammlung der Überlebenden anreisen, aber er fühlte sich nicht in der Lage, an den Ort zurückzukehren, an dem Vater, Mutter und seine Geschwister Max, Paula und Marianne ermordet worden waren.[52]

„Ich kann Ihnen nicht helfen. Ich sehe keinen Sinn darin, dorthin zu gehen und vor dem Erdhügel zu stehen, auf dem jetzt das Gras wächst", sagte er am Telefon in Ohio. Nachdem die Nazis die Tschechoslowakei besetzt hatten, wurde die Familie Ticho in das Lager Theresienstadt geschickt, dann nach Trawniki, ein Lager in Polen, und schließlich in ein nahe gelegenes Getto in Piaski. Kurt wurde zu einem Arbeitseinsatz auf einem Bauernhof in der Nähe eingeteilt, wo ihm der Bauer heimlich zusätzliche Lebensmittel zusteckte, die Kurt ins Getto zu seinen Eltern und seiner Schwester schmuggeln konnte. Sie wurden nach Sobibór deportiert, während er auf dem Feld arbeitete. Als er zurückkam, war die Hütte leer. Er hat sie nie wiedergesehen. Als er Ende 1942 selbst nach Sobibór gebracht wurde, waren sie schon lange tot.

Direkt an der sowjetischen Grenze errichtet, war Sobibór eines der drei wichtigsten Vernichtungslager, die von der SS im Rahmen der „Aktion Reinhardt" mit all den wissenschaftlichen und verfahrenstechnischen Erkenntnissen, die sie inzwischen erworben hatten, in industriellem Maßstab betrieben wurden.

Der Verwaltungsbereich umfasste Gebäude, die früher zum polnischen Forstamt gehört hatten, außerdem gab es einen landwirtschaftlichen Betrieb. Im Sommer 1942 waren „Verschönerungsarbeiten" vorgenommen worden, um dem Lager den oberflächlichen Charme eines Tiroler Dorfes zu verleihen und Neuankömmlinge zu beruhigen. Der Vernichtungsbereich mit den Gaskammern, Lager III, lag, durch einen Zaun abgegrenzt, etwas zurückgesetzt in einem Wald. Jeder Häftling, der im Verdacht stand, das Innere gesehen zu haben, wurde auf der Stelle ermordet. Kurt erhaschte einmal einen Blick auf ein Gebäude mit einem Schild, nach dem es Bäder enthielt.

Sobibór benötigte für seinen Betrieb rund sechshundert Sklavenarbeiter, Kurt hatte die Aufgabe, die Kleidung der Häftlinge zu durchsuchen, die vergast worden waren.

Der Auslöser für den Aufstand war die Ankunft sowjetischer Kriegsgefangener Anfang Oktober 1943, und die Planung begann gemeinsam mit der jüdisch-polnischen Untergrundzelle, die bereits im Lager tätig war. Die Häftlinge hatten vor, nacheinander und lautlos so viele Wachen wie möglich zu töten, damit kein Alarm gegeben wurde. Der stellvertretende Lagerkommandant SS-Untersturmführer Johann Niemann hatte um 16 Uhr einen Termin in der Schneiderei. Als Kurt ihn hineingehen sah, wusste er, dass dieser Mann nie wieder herauskommen würde. Niemann probierte den Ledermantel eines Gaskammer-Opfers an, und als der Schneider ihn aufforderte, sich umzudrehen, damit man sehen könne, ob er passe, wurde er mit zwei Axthieben auf den Hinterkopf getötet. Ein zweites Angriffsziel war ein ukrainischer Wachmann, der auf einem Fahrrad in das Lager kam und von einer Gruppe halbwüchsiger Jungen niedergerungen und erstochen wurde. Kurt versteckte die Leiche in dem engen Zwischenraum zweier Baracken. Dann stürzte eine Gruppe von dreißig Männern aus der Zimmerei hervor, um die Tore zum äußeren Bereich des Lagers zu zerschlagen, in dem sich die Waffenkammer der SS befand. Der Plan sah vor, dass die Männer die Waffen an sich nehmen und sich nach ihrer Flucht den Partisanen anschließen sollten.

Doch der Versuch der Zimmerleute, die Tore zu öffnen, schlug fehl. Also liefen sie zu einem zweieinhalb Meter hohen Stacheldrahtzaun gegenüber einer verminten Wiese und begannen, ihn mithilfe einer behelfsmäßigen Leiter zu übersteigen. Ein Soldat im Wachturm begann zu schießen, geriet aber selbst unter Feuer, weil einer der Häftlinge sich einer Waffe bemächtigt hatte. Diesen Augenblick nutzte Kurt, um zum Stacheldraht zu laufen und hinaufzuklettern. Er kam als Vorletzter hinüber und begann, die Wiese zu überqueren. Ein anderer Häftling rief ihm zu, er solle laufen, aber er entgegnete: „Ich laufe nicht mehr. Ich bin ein freier Mann."[53]

Er erzählte mir: „Wir hatten ein ungeheures Verlangen nach Leben und Freiheit und verspürten den Drang, all die Demütigungen abzuschütteln, denen wir so lange ausgesetzt gewesen waren und die wir wegen des fortgesetzten, systematischen Terrors bis dahin hingenommen hatten."

Kurt erreichte den Wald auf der anderen Seite der Wiese, wo sich andere Ausbrecher zu Gruppen zusammenfanden. Kurt lief mit einem anderen Häftling weiter, der ebenfalls aus Mähren kam. Nach einigen Stunden legten sie sich auf einem Stapel Kiefernzweigen schlafen und wurden am Morgen von Kuhglocken geweckt. Sie gingen nach Westen, schliefen in Heuschobern und bettelten unterwegs um Essen. Nach ein paar Tagen trennten sie sich. Kurt wandte sich zurück zu dem Dorf in der Nähe des Gettos in Piaski, wo ihn der polnische Bauer, der ihm einst Essen für seine Familie gegeben hatte, auf dem Heuboden seiner Scheune versteckte. Dort blieb er in einem kleinen Zwischenraum, der zu niedrig war, um darin zu stehen, bis zum Eintreffen der Roten Armee im Juni 1944. Danach zog Kurt weiter und schloss sich einer tschechischen Militäreinheit an.

Als er den Hof verließ, bat ihn sein polnischer Gastgeber, nicht durch das Dorf zu gehen, „weil die Dorfbewohner mich umbringen, wenn sie herausfinden, dass ich einen Juden gerettet habe“.

Kurt ist immer mit seinem Retter in Verbindung geblieben. Er erzählte mir, er werde, statt zum fünfzigsten Jahrestag der Befreiung nach Polen zu fliegen, dem Bauern Geld schicken, damit er und seine Frau ihren Sohn, der damals in Kalifornien studierte, besuchen könnten.

Bei der Flucht ging es ebenso sehr um die Würde wie um das Überleben. Nachdem man ihn als Lagerhäftling unzählige Male gedemütigt hatte, war Widerstand – egal, ob er überlebte oder nicht – die einzige Möglichkeit, seine Menschenwürde wiederzugewinnen. Das war der Grund, warum er, als er die Wiese jenseits des Stacheldrahts von Sobibór erreichte, nicht zum Waldrand lief, sondern ging.

Ich konnte nur hoffen, dass Malci das gleiche Gefühl der Würde empfand. Kurt Thomas hatte sich für Amerika entschieden, wo man den Überlebenden mit Hochachtung begegnete. Malci musste sich ununterbrochen mit der Bürokratie herumschlagen, damit Mordechaj wenigstens ein wenig Respekt zuteilwurde. Sie selbst wollte nur die Anerkennung, die ihr als seiner Mutter gebührte. In gewisser Weise büßte sie eine lebenslange Strafe ab, war sie doch dazu verurteilt, fast alle zu überleben, die sie liebte.

Mottis Tod unter der Folter war nicht einmal der letzte Schicksalsschlag, der sie traf. Ihr anderes adoptiertes Kind, Chana, die sie seit ihrem zweiten Lebensjahr großgezogen hatte, war mit Helmut Gustav Legler, dem Tschechoslowaken, den sie in Manchester geheiratet hatte, nach Prag gezogen, als der Krieg vorbei war.

Sie waren loyale Mitglieder der Kommunistischen Partei, Helmut wurde nach China geschickt, um das Prager Regime dort zu vertreten. Chana, die jetzt Hanna hieß, begleitete ihn. Dieser Auslandsposten war der Grund, warum es in meiner Jugend bei uns zu Hause chinesische Wandbehänge gab. Hanna hatte sie Malci geschenkt und die hatte sie an uns weitergegeben. Das war ein weiteres Beispiel dafür, dass wir zwischen Dingen aufgewachsen sind, die mit uns völlig unbekannten Tragödien verknüpft waren.

Die Leglers kehrten Anfang der 1950er-Jahre nach Prag zurück und gehörten bald zur tschechoslowakischen Partei-Elite, aber 1954, vielleicht ein oder zwei Jahre nach ihrer Rückkehr, nahm sich Hanna das Leben. Wie bei Mordechaj hielt Malci persönlichen Verrat für die Todesursache. Sie erzählte meiner Mutter, sie gebe dem Ehemann die Schuld, weil er Hanna betrogen habe. Aber von Leglers Nachkommen hörte ich eine andere Version, nachdem ich sie in Deutschland ausfindig gemacht und ihnen eine E-Mail geschickt hatte. Sie erinnerten sich an Hanna als eine schöne und freundliche Frau, die in ihren Grundfesten erschüttert war, als sich die Kommunistische Partei der Tschechoslowakei, der ihre tiefste Überzeugung und Loyalität gehört hatte, gegen ihre jüdischen Mitglieder wandte.

Mit Stalins Billigung inszenierte die Parteiführung im November 1952 einen Schauprozess, in dem der Hauptangeklagte Rudolf Slánský war, der erste Generalsekretär der Partei. Klement Gottwald, der Staatspräsident und ein persönlicher Freund von Slánský, opferte diesen, um sich angesichts Stalins Forderung nach einer Säuberung selbst zu retten. Zehn der anderen dreizehn Angeklagten waren Juden, angeklagt wegen einer angeblichen zionistisch-imperialistischen Verschwörung im Einvernehmen mit den USA und Israel. Nachdem ihnen falsche Versprechungen gemacht wurden, bekannten sich alle schuldig, elf von ihnen, darunter auch Slánský, wurden am 3. Dezember 1952 gehängt.

Mit dem Suizid der Tochter lösten sich die letzten Fäden ihres Lebens auf. Meine Brüder, meine Schwester und ich waren, ohne es zu wissen, die letzte Freude, die sie noch hatte, eine Last, die kein Kind ertragen oder verstehen kann. Nachdem sie sich jahrzehntelang jeden Groschen vom Munde abgespart hatte, hinterließ sie uns vier Kindern nach ihrem Tod im Jahr 1994 kleine rote Sparbücher mit einer Schilling-Summe im Wert von mehreren tausend Pfund – und in einem Schließfach Goldmünzen, die Franz Josephs vertrautes Gesicht trugen.

Um das Schließfach öffnen zu können, musste ich eine Kontonummer vorweisen und das Passwort nennen, das mir Malci Jahre zuvor gegeben hatte, aber dessen emotionale Bedeutung ich erst drei Jahrzehnte später zu würdigen wusste. Es war der Tarnname, der ihren Sohn nicht hatte schützen können: Martin-André.

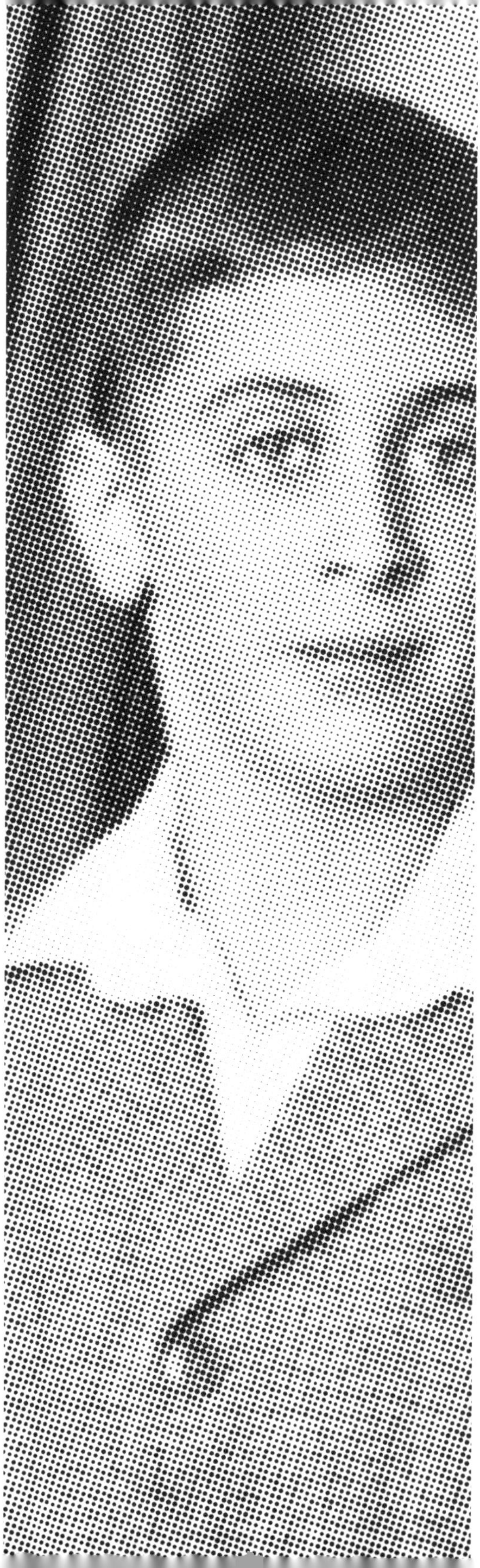

11

George und die Rückkehr nach Wien

George Mandler kehrte als erstes der *Manchester-Guardian*-Kinder nach Wien zurück. 1942 lebte er mit seinen Eltern in New York und arbeitete als Laborant in einem Krankenhaus, während er Abendkurse in Chemie besuchte, um anschließend in die Lederfirma seiner Familie einzutreten. Doch als er achtzehn wurde, mussten diese Pläne erst einmal aufgeschoben werden, denn George wurde einberufen.

Er absolvierte seine Grundausbildung in Camp Barkeley, am Stadtrand von Abilene in Texas, wo er zum Amerikaner wurde. Die Staatsbürgerschaft wurde ihm als Belohnung für den Eintritt in die Armee verliehen. Zunächst wies man ihn dem Sanitätskorps der U.S. Army zu, eine Aussicht, die ihm Albträume verursachte. Er sah sich schon auf irgendeiner Pazifikinsel als Bahrenträger im Einsatz, einer Truppe, die im Kugelhagel

Verwundete einsammelte und in der die Verlustrate extrem hoch, die Lebenserwartung aber sehr gering war. Doch dann gab ihm jemand den Tipp, dass er, da er fließend Deutsch spreche, eine Versetzung zum militärischen Nachrichtendienst auf dem europäischen Kriegsschauplatz beantragen könne.

Die Antwort auf diese Bewerbung kam im letzten Augenblick, denn er wurde bereits zum Pazifik-Einsatz eingeschifft. Dank seiner neuen Befehle musste er sich nicht an Bord des wartenden Truppentransporters begeben, sondern bestieg stattdessen einen Zug, der das ganze Land ostwärts durchquerte. Im Mai 1944 erreichte er Camp Ritchie in den Blue Ridge Mountains vor den Toren von Hagerstown, Maryland.[54]

Die Anwärter in Ritchie waren eine bunte Truppe aus deutschen und österreichischen Flüchtlingen beziehungsweise Angehörigen einer dritten Generation früherer Einwanderer. Zwischen 1942 und Kriegsende erhielten mehr als elftausend Soldaten in dem Camp eine Ausbildung in nachrichtendienstlicher und psychologischer Kriegsführung. Sie wurden bekannt und gefeiert als die Ritchie Boys, von denen zweitausend jüdische Flüchtlinge wie George waren.

Sie lernten, wie man Kriegsgefangene verhört, um Erkenntnisse über die Gefechtsgliederung des Feindes zu gewinnen, wobei sie an Kameraden oder an deutschen Gefangenen übten. Man brachte ihnen bei, von Luftaufnahmen auf Frontverläufe zu schließen und Sprengfallen zu erkennen, während sie sich ihren Weg durch die lebensgroße Nachbildung eines deutschen Dorfes suchten, das mit Holzattrappen deutscher Panzer ausgestattet war. Und sie trainierten, wie man sich von hinten an einen Wachposten anschleicht und ihn lautlos tötet oder wie man fachgerecht mit Maschinenpistolen und Karabinern umgeht.

Die Briten bildeten eine ähnliche Spezialtruppe aus, eine Kommandoeinheit der britischen Armee, die von Churchill den Namen X Troop erhielt. Sie umfasste etwa neunzig jüdische Flüchtlinge aus dem Dritten Reich, die in Gegenspionage und Nahkampf geschult worden waren. Gekämpft haben sie am Sword Beach bei der Landung in der Normandie und bei der Rheinüberquerung, die den Weg nach Deutschland eröffnete. Am Ende des Krieges schnappte sich der dreiundzwanzigjährige Leutnant Manfred Gans aus Borken im Münsterland einen Sack voller Handgranaten, Verpflegung und einen Jeep samt Fahrer und fuhr durch

Holland, Deutschland und über die tschechoslowakische Grenze bis zum Konzentrationslager Theresienstadt, das gerade befreit worden war. Er lief von einem Häftling zum anderen, nannte den Namen seiner Eltern und fand heraus, dass sie dank eines extrem glücklichen Umstands noch am Leben waren, wenn auch sein Vater zu diesem Zeitpunkt vom Hunger so entstellt war, dass er, wäre er Gans auf der Straße begegnet, von diesem nicht erkannt worden wäre.[55]

Auch die Ritchie Boys, die US-amerikanische Version der X Troop, spielten in den letzten Kriegsstadien eine nicht unbedeutende Rolle, sechzig Prozent der verwertbaren nachrichtendienstlichen Erkenntnisse, die auf den europäischen Kriegsschauplätzen gewonnen wurden, stammten von ihnen. Deutschsprachige Flüchtlinge wie George Mandler waren an vorderster Front tätig.

Im September 1944 wurde George nach viermonatiger Ausbildung als Verhörspezialist und Dokumentprüfer im Rang eines Sergeanten eingesetzt. Nach der Atlantiküberquerung in einem umgebauten Tanker gelangte er nach Großbritannien und dann in einem Landungsschiff nach einwöchiger Fahrt über den Ärmelkanal und die Seine flussaufwärts zum Hauptquartier des militärischen Nachrichtendienstes in Le Vésinet. Das am westlichen Stadtrand von Paris gelegene einstige Sanatorium war zuvor von der Gestapo genutzt worden.

George war relativ ungebunden. Einsatzgruppen des Nachrichtendienstes bewegten sich in eigenen Jeeps auf dem Schlachtfeld umher, waren unabhängig von regelmäßigen Einheiten und trugen keine Rangabzeichen, daher handelten sie wie Offiziere, wenn sie mit Mannschaftsdienstgraden in Berührung kamen.

Zu seinem ersten Einsatz kam Georges Drei-Mann-Team am Neujahrstag 1945, als die Deutschen während der Ardennenschlacht mitten in diesem außergewöhnlich kalten Winter einen letzten großen Vorstoß unternahmen. Die Einheit wurde nach Mülhausen unweit der deutsch-schweizerischen Grenze geschickt, wohin man deutsche Soldaten zum Verhör gebracht hatte.

„Die wichtigste Taktik, der wir uns bedienten, nutzte die äußerst strenge Disziplin der Deutschen", schrieb George. „Wir wiesen darauf hin, dass der Soldat jetzt der Disziplin des amerikanischen Militärs unterworfen sei und daher wie in der Wehrmacht den Befehlen der Offiziere (also den unseren) Folge zu leisten habe ... Meistens wirkte diese Taktik überraschend gut. Wenn nicht, war eine sehr beliebte List, dass einer von uns die Abzeichen der Roten Armee anlegte, die ihn als sowjetischen Verbindungsoffizier auswiesen, und drohte, dass der *Prisoner of war* an die Russen überstellt werde, wenn er uns nicht die Informationen liefere, die wir haben wollten. Nur selten drohten wir mit Gewalt und nie wendeten wir sie an", betonte George.

„Bei gefangenen Offizieren griffen wir zu einer ganz anderen Taktik. Wir führten mit ihnen Gespräche von Offizier zu Offizier, boten ihnen Zigaretten und Kaffee an (und gelegentlich, wenn notwendig, sogar etwas Cognac), dann begannen wir eine Unterhaltung über ihre Einheiten und die Kampfhandlungen, an denen sie teilgenommen hatten."[56]

George erinnerte sich an den Fall eines deutschen Majors aus einem Panzerbataillon, den sie befragten, als ihre eigene Einheit dringend Informationen über die Panzerverbände des Feindes brauchte. Der Major war schwer verwundet, aber Mandler hatte die Erlaubnis, ihn kurz vor der Operation zu befragen. Er machte ihm ein Angebot: „Wenn Sie uns sagen, was wir wissen wollen, werden Sie operiert, wenn Sie es uns nicht mitteilen, sage ich die Operation ab."

Der Bluff klappte nicht. Der Major weigerte sich noch immer, wurde aber trotzdem umgehend in den Operationssaal gebracht und überlebte.

Die gefährlichste Situation, in die George nach eigenem Bekunden kam, war ein deutscher Mörserangriff, der einer Straße galt, auf der er sich befand, und zwei Angehörige einer amerikanischen Nachrichteneinheit tötete, mit denen er noch Minuten vorher gesprochen hatte. Einige Male geriet er auch unter Feuer, als er „Schnellverhöre" an der Front durchführte.[57]

Schließlich kam George zum 221st CIC (Counter Intelligence Corps – militärischer Abwehrdienst), der eine Art Braintrust gewesen zu sein scheint. Der befehlshabende Offizier Don „Doc" Senter hatte kurz vor Abschluss seiner Promotion in Sozialanthropologie gestanden, als er in die Armee eintrat. Nach Georges Beschreibung war er „attraktiv, intelligent, umgänglich und immer um das Wohlergehen seines Teams bemüht".

Ein anderer Offizier der Einheit, Frank Manuel, setzte sich für George ein und rettete ihn vor einem möglichen Kriegsprozess, nachdem er in München auf einem nicht genehmigten Ausflug in einen Unfall verwickelt gewesen war.[58] Später wurde Manuel ein angesehener Historiker an der

George Mandler im jugendlichen Alter, um 1934.

New York University, ein Biograf von Isaac Newton und Spezialist für die Geschichte des utopischen Denkens.

George nannte dieses Team „die fähigste Gruppe, mit der ich beim Militär je zu tun hatte". Zu den Kollegen, die Gefreite oder Unteroffiziere wie er waren, gehörten Lucius „Smitty" Smith, ein Anwalt aus Baltimore, Gerard „Brains" Charig, ebenfalls Anwalt, aus New York, dessen Hauptsorge war, „dass seine etwas linken Ansichten nicht mit Kommunismus verwechselt wurden". Zwei weitere Kollegen, Robert Maxwell und Andy Olson, wurden später Beamte im diplomatischen Außendienst. Mit zwanzig Jahren war George der Jüngste der Gruppe.

Keine Frage, dass bei den Ritchie Boys Talent in hohem Maße konzentriert war. In Hannover, nicht weit von Georges Einheit entfernt, wurde das dort stationierte Team von einem anderen außergewöhnlichen jüdischen Flüchtling geleitet, der nur zwei Jahre älter war als George: Sergeant Henry Kissinger, der für seine Arbeit beim Aufspüren von Gestapo-Offizieren und Saboteuren mit dem Bronze Star ausgezeichnet wurde.

2009 drehte Quentin Tarantino den Film *Inglourious Basterds*, in dem eine Gruppe von jüdisch-amerikanischen Soldaten durch Deutschland zieht, Nazis umbringt und skalpiert, bis sie schließlich Hitler und Goebbels in einem Kino erledigen. Es ist eine Rachefantasie, in der die Juden die Tötungstechniken der Nazis kopieren. Ich fand ihn fast unerträglich wegen seiner Glätte und seines leichtfertigen Umgangs mit Gewaltdarstellungen. Viel lieber hätte ich einen Film über George und sein Nachrichtenteam gesehen, das mir in jeder Hinsicht genauso erfolgreich wie Kissingers Team erschien, aber etwas mobiler und einfallsreicher in seinen Methoden war.

„Wir hatten eine schöne Zeit", erinnert sich George vergnügt. Irgendwann auf ihren Wanderungen gelang es ihnen, einen Chefkoch anzuheuern, René, einen Offizier, der bereit war, für sie zu kochen, wenn sie ihn aus seinem Kriegsgefangenenlager in Deutschland befreiten.[59]

„Er hatte niemanden, zu dem er hätte zurückgehen können, war Koch in einem sehr guten Pariser Hotel gewesen und suchte nach einer Gelegenheit, einige Zeit bei den Amerikanern zu verbringen", schrieb George.

„Wenn wir in eine Stadt kamen, fuhr René voraus, requirierte eine Villa samt Haushaltshilfe und ging ‚einkaufen'."

Dazu gehörte der Tausch von Grundnahrungsmitteln aus amerikanischen Beständen wie Mehl, Zucker und Salz gegen frisches deutsches Fleisch und Gemüse. René war auch ein ausgezeichneter Konditor und beschlagnahmte in hochherrschaftlichen Häusern die Weinvorräte. Zum Schluss zog die Einheit auf ihrem Weg durch Deutschland einen Anhänger hinter ihrem Jeep her, der voller sorgfältig verpackter edler Weine war.

Gegen Kriegsende wurde das 221st CIC abkommandiert, Nachforschungen für die alliierte Militärregierung in Deutschland anzustellen, wobei es häufig um die Verfolgung mutmaßlicher Kriegsverbrecher ging, die falsche Namen angenommen hatten.[60]

Eine Aufgabe des Teams bestand darin, das Kaiser-Wilhelm-Institut in Halle zu evakuieren, eines der großen deutschen Forschungsinstitute und Vorläufer der Max-Planck-Institute. Halle sollte der Sowjetzone einverleibt werden, daher lautete der Befehl, die Wissenschaftler in den Westen zu holen, bevor die Rote Armee eintraf. George und sein Team mussten sie vor Ort in Viehwaggons laden, um sie in den Westen zu verbringen, eine Aufgabe voll bitterer Ironie, die die Amerikaner mit einem gewissen Maß an grimmiger Genugtuung erfüllte. Ein Großteil ihrer Arbeit bestand darin, die Vergangenheit der deutschen Kriegsgefangenen zu durchleuchten, bevor sie sie in das zivile Leben entließen. Jeder musste einen Fragebogen ausfüllen, der ihr bisheriges politisches und persönliches Leben auf Herz und Nieren überprüfte. Ein Verfahren, das eine zentrale Bedeutung im deutschen Nachkriegsleben hatte. Es gab strenge Richtlinien betreffend die Dienstgrade: Niemand wurde entlastet, der einen höheren Rang bekleidet hatte als den eines Majors in der SA (Sturmabteilung), eines Unteroffiziers in der Waffen-SS, der zur Gestapo oder den SS-Totenkopfverbänden gehört hatte, der in den Konzentrationslagern oder im Reichssicherheitshauptamt Dienst getan und damit entscheidend an der Durchführung der „Endlösung" beteiligt gewesen waren.

Im Sommer 1945 wurde Georges Einheit auf eine Mission geschickt, die ihre Zeit in Europa gründlich verändern sollte. Sie erhielten den Befehl, einen Stoßtrupp zu begleiten, der ein Werwolf-Nest ausheben sollte. Werwolf-Gruppen waren Spezialverbände von Freiwilligen, überwiegend aus der SS, die in den letzten Kriegsmonaten hinter den Linien der Alliierten eingesetzt wurden. Die Nazis hatten keine konkreten Pläne für solche Untergrundeinheiten zur Bekämpfung der Besatzungstruppen, weil der „Führer" kein Wort über eine mögliche Niederlage duldete. Trotzdem rankten sich langlebige, noch in der Nachkriegszeit kolportierte Legenden um vermeintliche Einheiten, die sich in den Wäldern verbargen. In dem James-Bond-Roman *Moonraker* ist der Schurke Hugo Drax Mitglied eines ehemaligen NS-Kommandos.

George und zwei andere Mitglieder seiner Einheit, ebenfalls deutschsprachige Flüchtlinge, verfolgten eine vermeintliche Werwolf-Einheit.

Sie begleiteten einen US-Stoßtrupp in bewaldete Hügel, wobei sie darauf achteten, den Wegen zu folgen, die von Minen geräumt waren, bis sie an eine Hütte kamen, die als Unterschlupf galt. Die Soldaten des Stoßtrupps nahmen die Umgebung in Augenschein, dann war es an dem Trio des Nachrichtendienstes, sich genauer umzusehen, nach Sprengfallen zu suchen und nach weiteren nachrichtendienstlich relevanten Hinweisen Ausschau zu halten.

Tatsächlich hatten sich einige SS-Offiziere in der Hütte versteckt, die offenbar übereilt aufgebrochen waren. Zurück ließen sie eine verschlossene Kiste, die vorsichtig geöffnet wurde. Unter einem Stapel von SS-Dokumenten lagen Bündel von Reichsmark. 100.000 waren es, nach heutigem Wert rund 600.000 Dollar. Die Männer sahen sich an.

„Keiner von uns dachte daran, dieses Geld an irgendjemanden zu übergeben – wir alle waren einst vor der SS geflüchtet und betrachteten das Geld als eine uns zustehende Wiedergutmachung", schrieb George. Die drei Männer teilten es unter sich auf.

Mit seinem Anteil kaufte sich George einige Gemälde und Schmuckstücke sowie eine Amati-Geige (die Familie Amati war wie die Stradivaris in der Renaissance eine der großen Geigenbauerfamilien in Cremona).

Einige Jahre später schenkte er die Geige einer Freundin, die Musikerin war. Ein Großteil der Juwelen wurde bei einem Einbruch in Kalifornien gestohlen. Seine gelassene Reaktion war „wie gewonnen, so zerronnen", aber es gelang ihm, einige der Bilder zu behalten, die ihn nun an seinen „einzigen Wiedergutmachungsakt" erinnern.

Kurz vor Kriegsende verliebte sich George in eine deutsche Frau – die einundzwanzigjährige Witwe Anneliese Gustke. Das war zwar gegen die Regeln, konnte ihn aber nicht aufhalten. Er zog in ihre Münchener Wohnung, kaufte sich ein Auto und stattete es mit Nummernschildern des militärischen Nachrichtendienstes aus. Jedes Mal, wenn sie von der Militärpolizei angehalten wurden, gab er an, er bringe Anneliese zum Verhör. Das klappte immer.

In seinem Buch ist ein Bild von ihr, eine schöne dunkelhaarige Frau, die vor einer schneebedeckten Landschaft steht und einen Welpen hält, den sie adoptiert hatten.

Damals hatte George das Gefühl, es sei für immer, aber als er im April 1946 in die USA zurückbeordert wurde, schlief die Beziehung allmählich ein. Am Anfang entwurzelt, durch Zufall über den Atlantik gelangt und dann wieder zurück, überließ er sich nun fatalistisch den Launen des Schicksals.

„Am Ende ist die Geschichte eines Lebens die Geschichte von Zufällen“, schloss George, und das galt für viele Kinder aus den Kleinanzeigen. Nachdem sie aus ihren ursprünglichen Lebensverhältnissen gerissen waren, wurden sie von den heftigen Turbulenzen der Kriegszeit davongetragen.

Alfred Rudnais Inserat erschien am 12. Januar 1939 auf der zweiten Seite des *Manchester Guardian*. „Ist eine Familie bereit, einem österreichischen Jungen, 14, vorübergehende Zuflucht zu bieten: äußerst dringlich“, lautete der Text. Eine britische Familie antwortete, und er wurde endlich wieder mit seiner Mutter, Margarete, vereint. Sie hatte ein Dienstbotenvisum bekommen und sich eine Stellung als Haushälterin in Wallasey besorgt, das gegenüber von Liverpool am Mersey liegt; dort hatte Alfred einen Platz am örtlichen Gymnasium bekommen.

Alfreds erster bezahlter Arbeitsplatz nach der Schule war eine Stellung als Hotelportier, „ein feiner Job“, meinte er später, aber er war nicht von Dauer und er fand Arbeit in einer Fabrik für wasserdichte Regenmäntel.

Inzwischen hatte Margarete in Oxford eine Anstellung in der Modebranche gefunden, wo sie mit ihrem Wiener Schick rasch Anklang fand, als sie den örtlichen Damen Kleider für einen königlichen Besuch schneiderte. Sie überredete Alfred, mit ihr umzuziehen und für einen Militärschneider zu arbeiten. Sobald Alfred in Oxford war, machte sie ihn mit einem Professor für Altgriechisch bekannt, dessen Frau eine ihrer Kundinnen war. Der Professor ermutigte ihn seinerseits, sich um einen Platz in der St Catherine's Society zu bemühen (die später ein Oxforder College wurde).

Gegen Ende des Krieges kam Alfred Rudnai zu einem Lancaster-Bombergeschwader der Royal Air Force, zunächst als Mechaniker am Boden, aber schon nach wenigen Wochen dank eines bisschen Glücks und etwas Improvisationstalents am Himmel über Deutschland.

„Sie bauten Radar in die Lancaster-Maschinen ein, für das sie Löcher in den Boden schnitten“, erinnerte er sich. „Aber die Lieferung der Radargeräte verzögerte sich, und sie konnten die Löcher nicht offen lassen, daher fügten sie dort ein zusätzliches Maschinengewehr für einen ‚Belly Gunner‘, einen Bordschützen, der im Bauch des Bombers saß, ein. Ich übernahm den Job, weil ich eine Ausbildung als Maschinengewehrschütze hatte, und bat sie, dort einen Sitz anzubringen."

Als Alfred für die Flugeinsätze eingeteilt wurde, trat der Krieg in Europa in seine Endphase ein, und die alliierten Bomberangriffe konzentrierten sich auf die letzten Bastionen des Reichs östlich des Rheins. Alfreds Schwadron war jetzt auf einem von Amerikanern betriebenen Flugplatz in Deutschland stationiert. Aber die Luftwaffe war noch immer in der Lage, Flugzeuge in die Luft zu bringen, und bei den wenigen Einsätzen, an denen Alfred teilnahm, wurde seine Maschine von deutschen Jägern angegriffen.

Neben der Abwehr von Angriffen fand er noch eine eigene Möglichkeit, an den Bombeneinsätzen teilzunehmen: Er füllte leere Dosen mit Müll und warf sie über deutschen Zielen ab – ein sehr eigenwilliger und weitgehend symbolischer Vergeltungsakt.

Nach dem Krieg blieb Alfred in Deutschland und arbeitete für die RAF-Seelsorge, die in Deutschland „moralische Führungszentren" einrichtete, in denen junge Männer und Frauen, die in der RAF dienten, im Umgang mit der deutschen Bevölkerung geschult wurden. Rudnai hielt gerade einen solchen Schulungskurs in Hamburg ab, als er die britische Staatsbürgerschaft erhielt.

Ihm wurde eine Beförderung zur Offizierslaufbahn vorgeschlagen, doch er zog es vor, Sergeant zu bleiben, und meinte, er sei lieber ein großer Fisch in der Unteroffiziersmesse als ein kleines Würstchen in der Offiziersmesse.

George Mandler befand sich zur gleichen Zeit in Deutschland und blieb, wie Alfred, Sergeant. Er sollte gerade Offizier werden, als das Kriegsende kam und keine „Feldbeförderungen" mehr vorgenommen wurden. Doch das machte George nichts aus. Wäre er befördert worden, hätte er länger in Deutschland bleiben müssen, und als *full staff sergeant* genoss er ohnehin alle Privilegien, die er brauchte. Vor allem beschaffte ihm dieser Dienstgrad eine Reiseerlaubnis nach Wien, wo er nach überlebenden Verwandten suchen wollte.

Auf der Reise musste er die sowjetisch besetzte Zone durchqueren, doch zu seiner Überraschung erteilten ihm US-Dienststellen die Erlaubnis. Sie rieten ihm nur, während der Fahrt durch die Zone Pannen zu vermeiden.

„Ich hatte höllischen Schiss, als ich durch die russische Zone fuhr, weil man damals nie wusste, was die Sowjets mit einem amerikanischen Soldaten anstellen würden", schrieb George. „Nicht, dass sie ihn umgebracht hätten, aber sie konnten ihn festnehmen und sein Fahrzeug beschlagnahmen."

Zwar kam George ungehindert nach Wien, aber es war eine ungemütliche Fahrt in einem offenen Jeep, vorbei an Schlachtfeldern, in die erst unlängst Ruhe eingekehrt war, am Straßenrand lange Kolonnen Vertriebener, die sich auf dem Heimweg befanden.

Wien war pockennarbig, durch Tausende von Bombenkratern entstellt, die Brücken eingestürzt und an vielen Stellen unterbrochene Gas- und Wasserleitungen. Mehr als zwanzig Prozent der Wiener Häuser waren beschädigt oder zerstört, rund 87.000 Wohnungen nicht mehr bewohnbar.

Inmitten des Chaos konnte George einige wenige überlebende Verwandte ausfindig machen, einen Onkel, eine Tante und Suzi, eine seiner Cousinen. Sie waren glücklich vereint, aber gleichzeitig fand George heraus, dass viele seiner Verwandten ermordet worden waren, darunter sieben seiner Cousinen, alles Mädchen, und deren Eltern, mit denen er in der Kindheit seine Ferien verbracht hatte.

„Der Schock dieser unmittelbaren Nachkriegsjahre, als ich erfuhr, wie viele meiner Verwandten, meiner Freunde und meiner Bekannten in den Lagern umgekommen waren, hat mich dauerhaft geprägt", schrieb George. „Ich halte die Konfrontation mit dem Tod nicht mehr aus. Daran lässt sich therapeutisch nichts ändern – ich kann und will mich nicht mit dem Tod befassen."[61]

Um diese Haltung besser zu erklären, erzählte George oft einen Witz über zwei britische Agenten, die ein deutsches Todeslager überlebt hatten. Kurz nachdem sie wieder in England und ins Zivilleben zurückgekehrt waren, kamen sie an einem Trauerzug vorbei. Beide brachen sie zum Erstaunen und Missfallen der Umstehenden in hemmungsloses Gelächter aus. Sie konnten nicht begreifen, dass dort „so viel Getue um eine einzige Leiche" gemacht wurde.

„Ich vermeide Begräbnisse sowie die Erörterung und Reaktion auf den Tod von Menschen. Diese Strategie schützt mich, obwohl sie offensichtlich Freunden und Verwandten Unbehagen bereitet oder sie sogar unglücklich macht. Das macht mich häufig verlegen, aber es ist eine Narbe, die zum Schutz der Wunde beiträgt", schrieb George. „Ich trage den Holocaust mit mir herum und ich lasse mir nicht sagen, dass ich mich an ihn erinnern müsse. Deshalb lese ich keine Bücher und sehe keine Filme, die vom Holocaust handeln. Ich weiß von ihm – und das genügt."

Ich denke, Malci hat versucht, sich in ähnlicher Weise zu schützen. Diagnostiziert wurde bei ihr eine „schwere Gefäß- und Nervenerkrankung", die wahrscheinlich auf ihre Zeit des Kampfes und der Flucht in Frankreich zurückzuführen ist. Als sie viele Jahre später Leo und Vally in Shrewsbury besuchte, litt sie unter Panikattacken, ausgelöst durch die Überzeugung, sterben zu müssen. Das war auch der Grund, warum wir unsere Spielzeugwaffen verstecken mussten, wenn sie zu Besuch kam. 1945 jedenfalls war sie vollkommen schutzlos, als sie aus Frankreich nach Wien zurückkehrte und sich ihren Weg durch die Trümmer suchte, vorbei an all den Orten, an denen sie einst mit den Kindern gespielt hatte, und jetzt all den Nachbarn begegnete, die 1938 an den Straßen gestanden und Hitler zugejubelt hatten.

Sie fand eine Zweizimmerwohnung in der Nähe des Praters, in dem eine Schlüsselszene des *Dritten Manns* spielt, als Harry Lime, der von Orson Welles gespielte Schurke, vom höchsten Punkt des Riesenrads hinabblickt und sich über die Bedeutungslosigkeit seiner Mitmenschen auslässt.

Malcis alte Wohnung und ihre Möbel waren im Zuge des Arisierungsprogramms konfisziert worden, und sie konnte sie nicht zurückbekommen. Das kleine Sommerhäuschen der Familie im Wald bei Kaltenleutgeben, südwestlich von Wien, war von den Nazis zerstört worden.

Ein Großteil der Korrespondenz in ihrer Akte des Widerstands-Archivs umfasst ihre in den Nachkriegsjahren verfassten Briefe an verschiedene Vereinigungen von Opfern politischer und rassischer Verfolgung, in denen sie um irgendeine Form der Wiedergutmachung bittet, damit sie ein neues Leben beginnen könne.

Im Nachkriegswien kämpfte sie auch darum, dass die Opfer, die Motti während des Krieges gebracht hatte, anerkannt wurden, wobei es ihr sowohl um Achtung wie um Einkommen ging, denn die Anerkennung hätte ihr eine kleine Rente für Überlebende eingetragen. Sie hatte sich von Paul Kessler und anderen Überlebenden eidesstattliche Erklärungen unterzeichnen lassen, die bestätigten, dass Mordechaj im Widerstand gekämpft hatte, von der Gestapo gefoltert worden und in der Gefangenschaft gestorben war.

„Sie hat ihren Stiefsohn Mordechaj Martin Sorger seit seinem ersten Lebensjahr großgezogen und für ihn wie für ein eigenes Kind gesorgt", hieß es in einer Erklärung. Von der kommunistischen Führung gab es eine schriftliche Mitteilung, dass Mordechaj „im Rahmen der Partei für ein freies und demokratisches Österreich gekämpft hat".

Auch von der *Forces Unies de la Jeunesse Patriotique*, einer kommunistischen Widerstandsgruppe, wurde Malci bestätigt, dass „Martin Sorger-Schickler (*nom de guerre* André Vandroux) ... auf einer Mission der französischen Résistance in Österreich war, von der Gestapo verhaftet wurde und unter der Folter im Oktober 1944 in Wien verstarb".

Malci beantragte, Mordechaj exhumieren und in eine Gedenkstätte des Widerstands überführen zu lassen, aber nichts geschah. Er liegt noch immer auf dem Zentralfriedhof, in einer Gruppe, die den in den Dreißigerjahren und danach gestorbenen Juden vorbehalten ist.

Malcis Wohnung in Praternähe war kaum bewohnbar, und ihre Eingaben um eine menschenwürdigere Unterkunft blieben ergebnislos. Eine handgeschriebene Antwort auf ihren Wohnungsantrag vom Juni 1947 lautete kurz und knapp: „Noch immer nichts."

Die traurige Wahrheit war, dass sich die einflussreichen Kreise in Wien nach der militärischen Niederlage des Nationalsozialismus kaum verändert hatten. In der Nachkriegszeit erklärte die Republik, die sich aus den Ruinen erhob, Österreich sei das erste Opfer des Nazi-Expansionismus gewesen und habe daher keine Abbitte zu leisten. Die überwältigende Mehrheit der demobilisierten Österreicher, die in den Reihen der Wehrmacht gekämpft hatten, stellten eine weit mächtigere politische Kraft dar als die Handvoll rückkehrender Juden und Widerstandskämpfer.

Ehemalige Soldaten wurden – ob sie freiwillig oder nicht in der deutschen Wehrmacht waren – als gleichwertige, wenn nicht sogar vorrangige, Opfer betrachtet, deren Interessen durch Kriegsteilnehmerverbände aggressiv vertreten wurden. In diesem Gerangel um Vergünstigungen verwischte sich allmählich die Grenze zwischen Wehrmachtsveteranen und ehemaligen Nazis.

Ihre Erzählungen „überlagerten jene der Opfer und Überlebenden des Holocaust und des NS-Terrors fast vollständig", schrieb Oliver Rathkolb, Historiker an der Universität Wien, in seinem dieser Epoche gewidmeten Buch *Die paradoxe Republik*.[62]

Karl Renner, der erste Nachkriegskanzler, ein altgedienter Sozialdemokrat, wehrte sich gegen eine rasche Rückerstattung des von den Nazis konfiszierten Eigentums, weil er behauptete, damit riskiere Österreich eine Überflutung durch „jüdische Massen“. Die zugrunde liegende Auffassung besagte, Österreich sei ein Opfer der Nazis. Wer Wiedergutmachung suche, müsse sich wegen der Entschädigung an Deutschland wenden und nicht nach Wien schauen.

Das politische Bestreben, jüdischen Überlebenden die Heimkehr zu erschweren, fand die volle Unterstützung der Besatzungsmächte. Bereits 1943 hatten die Sowjetunion, USA und Großbritannien in der „Moskauer Deklaration“ die Absicht unterstrichen, nach dem Krieg wieder ein unabhängiges Österreich zu schaffen und es anzuerkennen als „das erste freie Land, das der typischen Angriffspolitik Hitlers zum Opfer fallen sollte“, womit der Grundstein zum Mythos des „ersten Opfers“ oder der „Opfertheorie“ gelegt war.

Das war der Stand der österreichischen Leugnungskultur, als Hollywood Einzug in Salzburg hielt, um den Film *The Sound of Music (Meine Lieder – meine Träume)* zu drehen. Ursprünglich wollte die Stadt nicht erlauben, dass man Nazi-Flaggen von den Gebäuden herabhängen oder Schauspieler in deutschen Uniformen die Straßen überqueren ließ, und das mit der absurden Behauptung, Salzburg habe nie unter Naziherrschaft gestanden und Hakenkreuze seien nie öffentlich gezeigt worden. Erst als die Filmgesellschaft damit drohte, dokumentarische Filmausschnitte zu verwenden, die zeigten, wie begeisterte Menschenmengen die deutschen Soldaten begrüßten, lenkten die Behörden ein.

In der Rückschau war der Film ein Reklamehit für Österreich, vermittelte er doch den Eindruck, dass das Land im Grunde seines Herzens die Nazis abgelehnt habe. Er wurde ein riesiger Erfolg, aber ich kann mich nicht erinnern, dass mein Vater oder andere meiner österreichisch-jüdischen Verwandten sich besonders begeistert über ihn geäußert hätten.

Die Nachkriegsmächte wollten vor allem Stabilität und glaubten, diese sei eher dadurch zu erreichen, dass man eine Versöhnung zwischen „Roten“ und „Schwarzen“, zwischen den Linken und den Rechten, herstelle, als dass man den Opfern Gerechtigkeit widerfahren lasse.

Nach dem Krieg wurde Dolly Steindling, ein Überlebender aus Malcis Widerstandsgruppe, eine leere Wohnung zugewiesen, die ein hoher Nazi bewohnt hatte, bevor er mit seiner Frau geflohen war. „Nach dem Krieg hielt er die politische Situation für zuverlässig genug und kehrte aus der westlichen Besatzungszone Österreichs wieder nach Wien zurück", schrieb Steindling in seinen Erinnerungen. Der Nazi ging vor Gericht, forderte seine Wohnung zurück und gewann den Prozess. Steindling, der in den 1960ern die legendenumwobene „KPÖ-Treuhänderin" Rudolfine Steindling ehelichen sollte, wurde mit seiner schwangeren Frau und kleiner Tochter vor die Tür gesetzt. „Was gibt es da noch zu sagen?", fragte er trocken.

1949 gab man alle Bemühungen auf, die auch nur entfernt nach Entnazifizierung aussahen, und die ehemaligen Parteigrößen wurden wieder in den Reihen der Machteliten willkommen geheißen. In den 1960er-Jahren sprachen österreichische Geschworene nationalsozialistische Kriegsverbrecher frei. 1970, nach seiner Wahl, meinte der sozialdemokratische Bundeskanzler Bruno Kreisky, der jüdische Wurzeln hatte, es sei notwendig, die extreme Rechte zu besänftigen, und berief vier ehemalige Nazis auf Ministerposten, darunter den ehemaligen SS-Untersturmführer Hans Öllinger. Nach öffentlichem Druck trat dieser nach vier Wochen im Amt zurück, Kreisky, der Öllinger bis zum Schluss verteidigt hatte, beharrte aber auf den anderen drei.

Wie die meisten Überlebenden weigerte sich Leo zurückzugehen, aber Erna, unserer Omi, gelang es nicht, in England heimisch zu werden. In Großbritannien war sie eine Hausangestellte, in Wien aber wollte sie wieder eine Geschäftsinhaberin werden. Vor einem Wiener Gericht strengte sie einen Prozess zur Rückerstattung ihres Eigentums an. Sie erhielt Radio Borger zurück, indem sie auf andere Formen der Entschädigung verzichtete, etwa auf die Rückzahlung der ungeheuren Steuern, die der Familie bei der Flucht auferlegt worden waren. Leo glaubte, sie sei betrogen worden, und bestand weiterhin auf der Rückerstattung dieser Steuern in einer Korrespondenz, die erst endete, als die Wiener Behörden erklärten, die entsprechenden Akten seien verloren gegangen. Omis Rückkehr und ihre finanziellen Differenzen führten schließlich zur Scheidung.

Nach ihrer Heirat 1957 in Manchester verbrachten unsere Eltern ihre Flitterwochen in Österreich, wo sie zunächst einen Ausflug ins Gebirge machten und dann nach Wien kamen, wo Omi ein Zimmer für sie gebucht und Karten für die Oper besorgt hatte. Am Ende kam heraus, dass Leo und Malci für alles bezahlt hatten, weil Omi vollkommen pleite war. Ihre Bemühungen, den Laden wieder in Schwung zu bringen, waren gescheitert. Sie war eine miserable Geschäftsfrau. Ihr Sohn war entsetzt, als er mit seiner Braut kam, um ihr Radio Borger zu zeigen, und feststellen musste, dass überall im Büro Rechnungen und Quittungen wild durcheinander herumlagen.

Er war wütend auf seine Mutter, und die Wut verdarb die ganze Reise. Wien schien überhaupt ein merkwürdiger Ort für eine Hochzeitsreise zu sein. Das letzte Mal, als er dort gewesen war, hatten ihn Braunhemden durch die Straßen gejagt, was für ihn zum lebenslangen Trauma geworden war. Er war dort keineswegs hingefahren, um sich mithilfe seiner neuen Lebenspartnerin von diesen Erinnerungen zu befreien. Wyn kann sich nicht daran erinnern, dass er mit ihr über seine Kindheitserlebnisse gesprochen hat, nur an seine Wut über die unglückselige Mutter. Höchstwahrscheinlich fühlte sich Robert verpflichtet, den Umweg über Wien zu machen, um Omi seine Braut vorzustellen.

Der letzte Akt in Omis gescheiterter Rückkehr nach Wien begann, als sie einen Mann kennenlernte, der die achtundfünfzigjährige geschiedene Frau davon überzeugte, er habe ein System, mit dem er die Chancen im Casino von Baden zu seinen Gunsten beeinflussen könne. Wie sich zur Überraschung von niemandem außer ihr herausstellte, gelang ihm das nicht. Damals wie heute ist die Bank stets die Gewinnerin, aber Omi hatte sich das Geld geborgt, das seinem System zum Sieg verhelfen sollte, und das Geschäft als Sicherheit angegeben. Im Januar 1960 lieh sich Malci Geld, damit sie die Stadt verlassen und ihren Gläubigern entkommen konnte.

Omi erschien an dem Tag in London, an dem meine Schwester geboren wurde, und kam mit fünfzehn britischen Pfund in der Tasche zum Krankenhaus in Stamford Brook. In unserem Haus war kein Zimmer frei. Annie, Mums Mutter, wohnte bereits bei uns, und Omi war nicht bereit, nach Shrewsbury, dem Schauplatz ihrer gescheiterten Ehe, zurückzukehren. Daher zog sie in eine kleine Wohnung eines Wohnblocks in Swiss Cottage, die zu ihrem dauerhaften Wohnsitz wurde, bis sie rund zwölf Jahre später einem Schlaganfall erlag.

Ich kam 1976 bei einer Familienreise zum ersten Mal nach Österreich. Es war der zweite Nachkriegsbesuch meines Vaters und der erste seit seinen Flitterwochen 1957. Wir nahmen das Auto, setzten mit einer Fähre über den Ärmelkanal, übernachteten in Deutschland und fuhren nach Wien. Ich weiß noch, dass wir die Landstraßer Hauptstraße entlanggingen, durch das Schaufenster des einstigen Radio Borger blickten, aus dem inzwischen ein Schreibwarengeschäft geworden war, und zu der einstigen Wohnung der Familie hinaufschauten. In dem Park, in dem einst der kleine Bobby gespielt hatte, waren zwei riesige Betontürme, so hoch wie zehnstöckige Wohnblocks, die während des Krieges als Luftschutzbunker und Flakstellungen gedient hatten. Die Wände der Flaktürme waren dreieinhalb Meter dick und erwiesen sich nach dem Krieg als unzerstörbar, so blieben sie stehen, verlassene Kriegsveteranen, die den halben Park einnahmen, dunkle Schatten auf die Nachbarschaft warfen und nur noch als Ausstellungsfläche für Graffitis taugten.

Der Rest des Besuchs hatte touristischen Charakter, Spaziergang durch den Park von Schloss Schönbrunn an einem heißen Sommertag, Besuch des Kunsthistorischen Museums und Ruhepause auf einem alten Wehrmacht-Panzer, der vor dem Heeresgeschichtlichen Museum stand.

Falls die Tatsache, dass unser Vater die Plätze seiner Jugend mit seinen vier Kindern aufsuchte, eine besondere Gefühlsreaktion auslöste, einen Anflug von stolzem Trotz vielleicht, dass er überlebt und auch noch eine so zahlreiche Familie hervorgebracht hatte, so ließ er es sich uns gegenüber jedenfalls nicht anmerken. Soweit ich mich erinnere, war seine Grundstimmung eher melancholisch. Sie hellte sich jedoch beträchtlich auf, als wir ins Gebirge fuhren und eine Woche im Haus einer befreundeten Familie verbrachten. Unser Vater kehrte nie wieder nach Wien zurück.

Andere Kinder aus den *Guardian*-Inseraten reagierten ähnlich empfindlich. Einer der Jungen, Ernst Schanzer, der im November 1938 als „wohlerzogen" und „guter Sportler" beschrieben wurde, erhielt nach seiner Ankunft in Großbritannien einen Platz an der Handelsschule in Newcastle, bevor er auf der Isle of Man interniert und schließlich nach Kanada evakuiert wurde.

Seine Eltern und sein Bruder Peter bekamen keine Visa für England und flüchteten deshalb bis Lettland, wo sie von den einfallenden Sowjettruppen verhaftet wurden. 1941 wurden sie als feindliche Ausländer nach Sibirien deportiert, wo beide Eltern in den Gulags starben. Peter, obwohl fast verhungert und erfroren, überlebte sechs Jahre und ging nach dem Krieg zurück nach Wien, aber die kanadische Botschaft verweigerte ihm ein Visum mit der – völlig unbelegten – Begründung, er habe in den Lagern Sympathien für den Kommunismus entwickelt. Also emigrierte Peter nach Australien, woraufhin es Jahrzehnte dauerte, bis sich die beiden Brüder wiedersahen.

Ernst wurde Ernest Schanzer und ein bekannter Shakespeare-Spezialist. Er ging in die Bundesrepublik, wo er in München einen Lehrstuhl für Literatur bekam, nie heiratete, aber Freunde und Freundinnen hatte, die ihn besuchten und die Clematis bewunderten, die er auf seinem Balkon züchtete. Während der Ferien unternahm Ernest häufig Reisen mit seinen engsten Freunden, Kollegen von der Uni, lehnte aber alle Einladungen ins nahe Wien ab.

Siegfried Neumann war einer der sehr wenigen, die nach dem Krieg nach Wien zurückkehrten, um hier zu leben und zu studieren, aber es war außerordentlich schwierig, mit den Geistern seiner Eltern und jener Großmutter zu leben, die ihn bei seinem Geigenspiel auf einem alten Klavier begleitet hatte. „Von den vielen tausend jüdischen Bürgern, die vor dem Krieg in Wien gelebt haben, sind jetzt nur noch einige hundert übrig", erinnerte sich Paula, die ihren Bruder 1946 in ihrer Geburtsstadt besuchte. „Ich hatte das Gefühl, auf einen Friedhof zurückgekehrt zu sein."

Fred Schwarz erklärte, er habe kein Problem damit, als Erwachsener nach Deutschland und Österreich zurückzukehren. Nach Darstellung seiner Tochter Madelon war er frei von Groll. Seine Rache bestand darin, glücklich und lebendig zu sein und auf dem Gerippe des Reichs umherzureisen, das ihm einst nach dem Leben getrachtet hatte. Er kam zurück, um dort Urlaub zu machen, während Hitler und all seine „Bastarde" in der Jauchegrube der Geschichte gelandet seien.

Diese unermüdliche Fröhlichkeit verwirrte und enttäuschte Madelon, die viel zorniger war als ihre Eltern. Sie dachte, es handle sich vielleicht um das Syndrom der zweiten Generation, in der Wissenschaft auch als Transgenerationale Weitergabe bekannt, ein Phänomen, über das sie in einer Zeitschrift gelesen hatte. Danach treten die Trauma-Symptome bei den Kindern von Opfern auf. Ihre Eltern waren skeptisch: „Wie kannst du unter etwas leiden, was uns nicht bekümmert?"

Als Familie fuhren sie nur einmal nach Wien, reisten aber ein halbes Dutzend Mal an einen kleinen Kärntner See, an dem Fred vor dem „Anschluss" in einem Pfadfinderlager gewesen war. Unterwegs unterhielt er seine Kinder – Madelon und ihren älteren Bruder Rolf – mit Geschichten über die schrecklichen Dinge, die er zusammen mit ihrer Mutter und Onkel Frits erlebt hatte. Sein unbeirrbar heiterer Ton und die herrliche Gebirgslandschaft standen in krassem Gegensatz zu seiner düsteren Erzählung, was vielleicht der Grund war, warum Madelon und Rolf kaum etwas davon behalten hatten, aber in allen Einzelheiten erinnerten, was sie während der Reise gegessen hatten.

Frits und Fred hatten sehr unterschiedliche Beziehungen zur Vergangenheit. Wenn es sich vermeiden ließ, reiste Frits nie nach Deutschland oder Österreich. Als Fred sein Erinnerungsbuch *Züge auf falschem Gleis* schrieb, erfuhren seine Kinder zum ersten Mal Genaueres über seine Vergangenheit.

Einmal reisten Fred and Carry mit ihren Freunden nach Westerbork, um diesen zu zeigen, wo sie sich kennengelernt hatten. 1993 gingen Fred und Carry auf eine lange Reise zu all den Orten, an denen sie sich während des Krieges aufgehalten hatten – es ging um Freds Recherchen zu seinem Buch –, und nahmen Madelon und ihren Partner Adriaen mit.

Sie besuchten Theresienstadt, Terezín, in der Tschechischen Republik, das weitgehend unverändert war. Nicht einmal die deutschsprachigen Schilder waren übermalt. Carry konnte ihrer Tochter die Dachkammer zeigen, in der sie gewohnt hatte. Sie gingen zu der Stelle, von der aus sie zugesehen hatte, wie Fred in den Zug nach Polen gebracht wurde. Und sie fuhren nach Auschwitz-Birkenau, wo sie dem Weg folgten, den er vom Zug aus eingeschlagen hatte, nach rechts, statt nach links in die Gaskammern, zu den Duschen und dem Rasen, auf dem sie im Freien warten mussten, bis sie trocken waren. Fred zeigte ihnen die Reste der Latrinen – Betonblöcke mit Löchern. Ausdrücklich wies er darauf hin, dass sie nichts hatten, womit sie sich hätten abwischen können, noch nicht einmal Gras. Wieder in Holland, hatte er immer dafür gesorgt, dass reichlich Toilettenpapier nebst Seife und Shampoo im Haus waren. „Genug für ein mittleres Hotel“, meinte Madelon.

George Mandler erklärte, in Deutschland habe man immerhin eine Generation gebraucht – bis in die 1970er-Jahre –, bevor man sich der Nazi-Vergangenheit habe stellen können. Doch in Österreich habe es viel länger gedauert. „Die Alliierten haben den Österreichern mit dem Mythos von der österreichischen Befreiung, von Österreich als ‚Opfer‘ deutscher Aggression, einen Schutzschirm gewährt“, meinte er.[63] Sie hätten ihnen ein Alibi gegeben und ihnen weitgehend den internationalen Druck nach Aufarbeitung ihrer Vergangenheit genommen. „Sie sahen Österreich als ein besetztes und erobertes Land an, das es ganz gewiss nicht war. Deswegen besaßen die Österreicher die Dreistigkeit und das Privileg, sich als Opfer und nicht als Mittäter des Hitler-Regimes zu betrachten."

Die Rehabilitierung der Nazis in Österreich erreichte im Juni 1986 einen Höhepunkt, als Kurt Waldheim zum Bundespräsidenten gewählt wurde, obwohl Beweise vorlagen, dass er über seine militärische Tätigkeit während des Krieges gelogen hatte. Als Offizier im Generalstab für „Spezialaufgaben" in Jugoslawien und Griechenland während der Jahre 1942 bis 1944 hat er sich in solcher Nähe zu den Massenmorden bewegt, dass er von ihnen gewusst haben muss.

Erst nach massiven internationalen Protesten und einem diplomatischen Boykott Waldheims begann eine Auseinandersetzung mit der Nachsicht, die man bisher gegenüber der eigenen nationalsozialistischen Vergangenheit geübt hatte. Das änderte allerdings nichts an dem Aufstieg Jörg Haiders, des rechtspopulistischen Vorsitzenden der Freiheitlichen Partei Österreichs, die im Jahr 2000 zum ersten Mal an einer Regierungskoalition beteiligt war.

George Mandler empfand einen fast physischen Widerwillen, als er seine Geburtsstadt besuchte. „Wenn ich heute die Leute auf der Straße sehe, die in Aussehen und Kleidung den Wienern gleichen, die mich aus ihrem Land geworfen haben und so daran gehindert waren, mir noch Schlimmeres anzutun", sagte er, „wird mir klar, dass ich nur in Österreich und durch Österreicher antisemitischen Äußerungen ausgesetzt war."

Bei einem weiteren seiner Wienbesuche in den 1970er-Jahren nahm George Kontakt zu einem Jungen auf, der in den 1930er-Jahren der schlimmste nationalsozialistische Agitator in seiner Schulklasse gewesen war. Er hieß Joseph und war in den Nachkriegsjahrzehnten zu einem der bedeutendsten Professoren an der medizinischen Fakultät der Universität Wien aufgestiegen.

Als George ihn aus heiterem Himmel anrief, konnte Joseph sofort etwas mit seinem Namen anfangen und lud ihn erfreut zum Kaffee ein. George fuhr zur angegebenen Adresse, wo ihn Joseph ins Haus bat. Die beiden alten Schulkameraden nahmen Platz und plauderten über Studenten und Professoren und wie es ihnen während des Krieges ergangen war. George wartete darauf, dass der andere auf die Vergangenheit zu sprechen kam und vielleicht ein Wort des Bedauerns über seine fehlgeleitete Jugend äußerte, aber es gab nicht den geringsten Hinweis auf Selbsterkenntnis oder Selbstzweifel.

George hatte erwartet, Joseph würde peinlich berührt sein, stattdessen fühlte er sich selbst unbehaglich. Er hätte Joseph nach seiner Vergangenheit fragen können, vermochte sich aber nicht dazu aufzuraffen. Wenn sein Gegenüber nicht die Initiative ergriff, was hatte es dann für einen Zweck? Als George aufstand und ging, blieb die Vergangenheit unangesprochen und ungeklärt.

Die gleiche bedrückende Last der Geschichte empfand Malci, wenn sie sich auf die Straße wagte. Ich erinnere mich, dass ich sie 1992 besuchte, etwa zu der Zeit, als die Präsidentschaft von Kurt Waldheim endete. Wie immer bewegten wir uns langsam in Richtung unseres Chinarestaurants, als Malci eine ihrer Pausen machte, um wieder zu Atem zu kommen. Böse schaute sie die Vorbeigehenden an, ihre Nachbarn.

„*Ils ne changeront jamais*", zischte sie. „*Ils sont toujours les mêmes.*" (Sie werden sich nie ändern. Sie sind immer noch die Gleichen.) Es waren die Leute, die sich gefreut hatten, dass sie und alle, die sie liebte, einfach verschwanden.

Trotzdem hatte sie beschlossen, unter ihnen zu leben. Ich hatte den Eindruck, dass es sie nicht mehr kümmerte, als hätte sie nach 1945 beschlossen, eine Existenz und kein Leben zu führen – eine Existenz, die längst jeden persönlichen Bezug zur Welt aufgegeben hatte. Ich begriff, dass ich nur die leere Hülle einer Frau kannte, deren Gefühle schon seit Jahren betäubt waren.

Malci starb im Februar 1994. Ich fand in den Archiven nur einen einzigen Hinweis auf ihren Tod. Er stand im Newsletter der österreichisch-kommunistischen Holocaust-Überlebenden, in dem schon vorher jährliche Glückwünsche zu ihrem Geburtstag erschienen waren.

„Die Bezirksgruppe Favoriten beklagt den Tod der Genossin Malvine Schickler, die im Alter von 94 Jahren verstarb. Sie war die überlebende Angehörige von Martin Sorger, einem Opfer rassischer und politischer Verfolgung, der am 17. Oktober 1944 in Wien als Häftling der Gestapo sein Leben verlor", hieß es in dem kurzen Nachruf.

Ich kam noch öfter in die Stadt zurück, selbst, nachdem Malcis Tod meine letzte lebende Verbindung mit der Stadt gekappt hatte. Ende

1994 wurde ich vom *Guardian* in Bosnien eingesetzt, daher packte ich in Warschau alle meine Besitztümer ein und fuhr nach Süden, wobei ich unterwegs in Wien haltmachte. In den folgenden Jahren war die Stadt für mich immer ein Ort, um innezuhalten, Pläne zu ändern und Vorräte zu besorgen. Der Umstand, dass ich nun zum Zeugen eines weiteren Völkermords im Herzen von Europa werden sollte, beantwortete die Frage, wie es möglich war, dass einmal so viele Menschen im Herzen Europas und inmitten aller Errungenschaften der Kultur und Zivilisation niedergemetzelt werden konnten. Der Amphetamincocktail aus Fahnen und Landkarten, Mythen und Ängsten wurde erneut gemixt.

2015 führte mich mein Beruf wieder nach Wien, wo ich von den internationalen Verhandlungen über das Atomprogramm des Iran berichten sollte, ein Auftrag, der mir genügend Zeit ließ, durch die Straßen zu schlendern. Jedes Mal, wenn ich in die Stadt zurückkam, besichtigte ich die Landstraßer Hauptstraße 103, in der sich Radio Borger einst befand, und jedes Mal, wenn ich dorthin kam, erschien das Haus noch ein wenig heruntergekommener.

Als ich das erste Mal mit der Familie dort war, befand sich ein Schreibwarengeschäft darin; als ich Malci als Journalist besuchte, war es ein Discount-Laden für Damenbekleidung; und als ich im Zuge der Recherchen für dieses Buch zurückkam, war es baufällig, mit Spanplatten vernagelt und bedeckt mit Plakaten für eine Zirkusrevue und exakt ausgeführten Graffitis, die verkündeten: „Jesus ist unser einziger Retter."

Der Ort schien seit der „Arisierung" verflucht zu sein, was mir eine gewisse Befriedigung verschaffte.

Bei meinem letzten Besuch im Sommer 2022 fühlte ich mich sehr viel entspannter in der Stadt, fast schon zugehörig. Zum einen lag es daran, dass ich dabei war, die Familienwurzeln freizulegen, zum anderen, dass ich zu einem österreichischen Pass gekommen war. Im September 2019 hatte das österreichische Parlament ein Gesetz verabschiedet, das den Nachkommen von Opfern nationalsozialistischer Verfolgung gestattete, die Staatsbürgerschaft zu beantragen. Anfang 2021 stellte ich den Antrag und am 13. Juli erhielt ich eine E-Mail von einer überaus freundlichen Dame im Konsulat, die mir mitteilte, dass ich ab sofort österreichischer Staatsbürger sei.

„Ich möchte Sie im Namen aller Botschaftsmitarbeiter beglückwünschen und Sie in unserer österreichischen Familie begrüßen!", schrieb sie.

Der Staat, der meinem Vater und meinen Großeltern einen wichtigen Teil ihrer Identität genommen hatte, hatte mir die Zugehörigkeit zu Österreich und Europa zurückgegeben, nachdem sie mir von Großbritannien, meines Vaters Zuflucht, mit dem Brexit entzogen worden war, als dieses seiner fremdenfeindlichen Ambivalenz erlag.

Während Großbritannien sich der Selbsttäuschung hingab, begann Österreich sich Wahrheiten zu stellen, die mir am Herzen lagen, Wahrheiten, die das Schicksal seiner Juden betraf. Die Auffassung, der „Anschluss" sei der Anfang eines österreichischen Martyriums gewesen, verlor, zusammen mit der Überzeugung, das Land sei Hitlers erstes Opfer gewesen, an Einfluss. Wiens jüdische Vergangenheit war nicht mehr unsichtbar. 2021 wurde in einem Park unweit der Universität eine ovale Gedenkstätte aus Marmormauern errichtet, in die die Namen der 64.450 ermordeten österreichischen Juden eingraviert wurden.

„Wir haben zu lange weggesehen, bis wir uns der Täterrolle und unserer daraus wachsenden historischen Verantwortung bewusst geworden sind", sagte Bundeskanzler Alexander Schallenberg bei der Einweihung.

Ich verbrachte einen Sommernachmittag damit, an der „Namensmauer" entlangzugehen, um meine Familienangehörigen und die anderen Kinder aus den *Guardian*-Inseraten zu finden, die Hand auszustrecken und sie zu berühren. Überall in der Stadt hat man dort, wo einst Juden wohnten, „Steine der Erinnerung" aus Messing in das Pflaster eingelassen, die die Namen der einstigen Bewohner tragen. Stolpersteine nennt sie der deutschen Künstler Gunter Demnig, der die Idee dazu hatte. Sie sollen verhindern, dass die Passanten unbekümmert über einen Boden gehen, auf dem solche Gräueltaten stattgefunden haben, ohne über eine unbequeme historische Wahrheit zu stolpern.

Auch George Mandlers Beziehung zu seinem Geburtsland verbesserte sich, als er Anfang 1998 entdeckte, dass der österreichische Staat es ihm ermöglicht hatte, die Staatsbürgerschaft zu beanspruchen, ohne einen Wohnsitz im Land zu haben. Allerdings machte ihn eine Anfrage in dem Antrag betroffen: Welchen Beweis er dafür habe, dass er Österreich tatsächlich im Jahr 1938 verlassen habe? Seine Antwort war einfach und spontan: „Ich bin noch da und lebendig!"

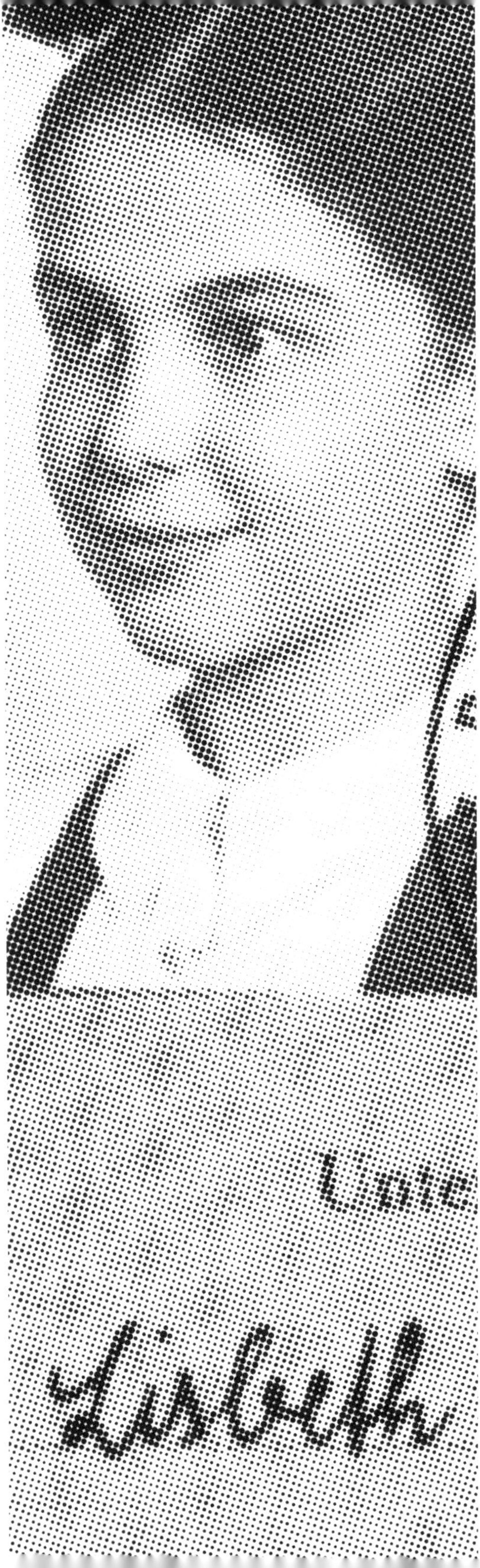

12

Lisbeth und der Wille zu leben

Im Juli 2015 fuhren meine Mutter, mein jüngster Bruder Bias und ich mit dem Zug nach Caernarfon zur Beerdigung von Nancy Bingley.[64] Sie war neun Jahre zuvor im Alter von hundertein Jahren in Surrey gestorben, aber es hatte so lange gedauert, eine Grabstelle neben ihrem Ehemann Reg zu finden. Dreiundsechzig Jahre hatte er einsam in seinem Grab auf einem Hügel über der Menai-Meerenge auf sie gewartet, wo an diesem Sommertag ein strammer Wind von der Irischen See her das lange, derbe Friedhofsgras beugte.

Am Grab standen ein Dutzend Trauergäste, überwiegend Achtzigjährige, die an der Kreisschule ihre Schülerinnen und Schüler gewesen waren, und Christine Robertson, die aus Neuseeland zu der Beerdigung angereist war.

Nachdem der Sarg in die Erde hinabgelassen worden war und die Totengräber sich um den Rest kümmerten, gingen wir in den Gemeindesaal und sprachen über die Bingleys und das offene, freundliche und gesellige Haus, das sie führten.

Ich bat Christine, ihre Mutter zu beschreiben, und sie antwortete: „Eine wirklich bemerkenswerte Persönlichkeit, freundlich, entgegenkommend, aber auch entschieden, mit einem ausgeprägten Sinn für Humor, rücksichtsvoll, loyal, zurückhaltend, aber nicht schüchtern, eine Agnostikerin, Sozialistin, Lehrerin, aber vor allem eine Menschenfreundin."

Die Bingleys hatten sich nicht nur bereit erklärt, Bobby Borger aufzunehmen, sie waren auch mit dem Zug nach London gefahren und hatten sich auf den Stufen des Innenministeriums häuslich eingerichtet, um alle Papiere für sein Visum rechtzeitig zusammenzubekommen.

Mir scheint, dass sie und alle, die Flüchtlinge aus den von Nazis beherrschten Gebieten aufnahmen und ihnen Unterkunft gewährten, ebenso für die „stolzeste Stunde" stehen wie die Spitfire-Piloten in der Luftschlacht um England. Was nützt das eine ohne das andere?

Erst lange nach Nans' Tod sollte ich begreifen, wie verstört Nans vom Suizid meines Vaters war. Ihr ganzes Leben lang war sie von dem Wunsch getrieben, so viele Leben wie möglich zu retten und zu bereichern. Stets handelten Reg und sie spontan, bevor sie sich überlegten, wie sie es sich leisten konnten. Aber Roberts Leben hatte sich letztlich jeglicher Rettung verweigert.

Keines der anderen Kinder, die ich in den Inseraten des *Manchester Guardian* finden konnte, nahm sich das Leben, aber bei der Durchsicht ihrer Erinnerungen und den Gesprächen mit ihren Nachkommen hat sich ein roter Faden abgezeichnet. Sie alle trugen eine Last aus Wien mit sich herum: das Gewicht des Verlustes und die Schuld des Überlebens.

George Mandler war von der Erfahrung der erzwungenen Emigration und der Notwendigkeit, sich auf Fremde zu verlassen, um zu überleben, jahrzehntelang gezeichnet.

„Immer wieder habe ich mir die Namen und Adressen aller Personen sorgfältig notiert, die ich kennengelernt habe und die eine Rolle in meinem Leben spielten – Kommilitonen und Lehrer, flüchtige (und dauerhaftere) Freundinnen und zufällige, aber bemerkenswerte Bekanntschaften", schrieb er.[65]

„Dieses Bedürfnis, an allen festzuhalten, die mir, wie flüchtig auch immer, begegneten, war zweifellos eine Reaktion auf all das, was ich verloren hatte. Ich versuchte verzweifelt, mir eine eigene Gemeinschaft zu schaffen", erklärte George. „Ich strebte nach einem neuen Leben und einem neuen sozialen Umfeld, indem ich mich an all diese Menschen klammerte, um den Verlust von Heim, Ort und Bezugspersonen zu ersetzen."

Was diese Erfahrungen auch immer für ihn bedeuteten, George war sich stets bewusst, dass er sie dem Luxus des Überlebens verdankte. Als er der ermordeten Angehörigen und Freunde gedachte, schrieb er: „Mir läuft es buchstäblich kalt den Rücken herunter, wenn ich an mein Entkommen denke."

In Tagträumen kehrte er seine persönliche Geschichte um: Er wurde von den Nazis gefasst, während andere entkamen: „Ich frage mich, wo ich mich wohl auf einer Skala von Tapferkeit bis feiger Kapitulation eingeordnet hätte, und ich weiß es nicht."

Am schwersten war die Last für die Kinder, die in Wiens Westbahnhof von ihren Eltern in den Zug gesetzt wurden, die selbst keine Möglichkeit hatten, zu entkommen und ihnen nachzufolgen.

Diese Jugendlichen kamen als junge Teenager nach Großbritannien und mussten trotzdem die Verantwortung übernehmen, die es bedeutete, in der Auseinandersetzung mit einem bürokratischen Apparat eines neuen Landes und einer fremden Sprache, die sie kaum beherrschten, ihre Mütter und Väter zu retten. Jeder Tag, an dem es ihnen nicht gelang, war ein Tag, an dem ein Elternteil zusammengeschlagen oder, möglicherweise ohne Wiederkehr, nach Dachau geschickt werden konnte. Sie mussten sich mit ihren Bemühungen gegen die unaufhaltsame Entwicklung in Hitlerdeutschland stemmen, und dafür standen ihnen nur einige wenige Monate zur Verfügung. Im September 1939, als Hitler in Polen einfiel und England und Frankreich daraufhin in den Krieg eintraten, war die westliche Fluchtroute gekappt, die Verbindung, die die Kinder noch zu ihren Eltern unterhielten, abgerissen und ihre Hoffnung, sie jemals wiederzusehen, gestorben.

Verzweifelt hatte Gertrude Batscha versucht, Förderer zu finden, die ihren Eltern Stellungen und finanzielle Garantien boten, und ihre Gastfamilie um Hilfe gebeten. In diesen entscheidenden Monaten des ersten Halbjahrs 1939, als die Fluchtmöglichkeiten stetig schrumpften, hat ihr niemand beigestanden. Adolf und Vally Batscha saßen in Wien in der Falle. 1942 wurden sie verschleppt und in einem Kiefernwald unweit von Minsk ermordet.

Gertrude, die in Israel Yehudith Segal wurde, hatte ein Leben lang Zeit, sich zu fragen, wie ganz anders sich die Dinge hätten entwickeln können, und musste die Schuld ertragen, noch zu leben, während „der Lebensfaden meiner Eltern so brutal zerschnitten wurde ..."

„Wir litten nicht an Kälte und Hunger, und deshalb war unser Leid nicht zu vergleichen mit dem, was die Kinder in den Gettos und Lagern ertragen mussten. Aus diesem Grund haben wir unsere Geschichte nicht oft erzählt", schrieb sie.

Dieses Empfinden der Unwürdigkeit war eine weitere Gemeinsamkeit der Kinder aus den Inseraten. Mit Ausnahme von Fred Schwarz waren sie nicht selbst in den Lagern gewesen, daher hatten sie das Gefühl, kein Recht zu haben, dem erlittenen Leid Ausdruck zu verleihen. George Mandler hat sich mit seiner Schwester Trudi darüber gestritten. Sie betrachtete ihren Bruder und sich als „Holocaust-Überlebende", aber er fand, mit dieser Behauptung schmälere man das Schicksal „der echten Leidtragenden, die die Lager überlebt haben".

Was allerdings nicht bedeute, dass sie selbst nicht gezeichnet seien, räumte George ein. „Wir anderen, die ihr Leiden nicht teilten, lebten ebenfalls im Schatten des Holocaust, und er hat bleibende Spuren in unserem Leben hinterlassen."

Eines der psychischen Vermächtnisse war für George ein Gefühl des Misstrauens, nicht nur gegenüber Menschen, sondern auch gegenüber einer größeren nationalen Gruppe.

„Nachdem ich vierzehn Jahre lang Österreicher gewesen war – ein Patriot mit einem Gefühl der Zugehörigkeit zu einem kleinen Land voller Symbole und Identifikationsmöglichkeiten –, wurde mir plötzlich mitgeteilt, ich sei nicht mehr erwünscht und nicht mehr Teil dieses Gebildes oder dieser Idee", schrieb er. „Ich fühlte mich verraten, belogen und abgelehnt. Dieser Eindruck des Verrats ist seither immer geblieben ... Und so ließ ich mein Land, meine Familie, meine Freunde zurück – und fasste nie wieder volles Vertrauen, fühlte mich nie wieder ganz zu Hause."[66]

Als seine erste Ehe 1956 in die Brüche ging, erkannte er, dass es wahrscheinlich an ihm gelegen hatte, und suchte einen Psychoanalytiker auf.

Er gelangte zu dem Schluss, dass er vermutlich dem Einfluss zweier tief verwurzelter Ängste unterlag, der Angst vor Verrat und der Angst vor Unzulänglichkeit.

„Zum Teil durchlebte ich eine Jugend, die die Nazis hinausgeschoben hatten. Zwischen den 1940er- und den 1950er-Jahren fing ich dann an, erwachsen zu werden", berichtete er und fügte hinzu, „das Gefühl der Unzulänglichkeit ergab sich teilweise aus meinem Status als Jude, als Staatsbürger zweiter Klasse, in Wien ... Nun begann ich, mich anderen gegenüber als ebenbürtig zu fühlen."

Wie bei so vielem, was er geschrieben hatte, fragte ich mich, ob er auch für meinen Vater sprach. Beide waren Psychologen, die an der Universität forschten und lehrten, und es ist nicht auszuschließen, dass sie sich auf einer Konferenz kennengelernt hatten. Ich denke gern, dass sie sich gut verstanden hätten – beide Atheisten und sozialdemokratische Psychologen, im selben Bezirk aufgewachsen und im Abstand von wenigen Tagen aus Wien geflohen.

Obwohl sie die gleiche analytische Haltung dem Leben gegenüber hatten, war der große Unterschied zwischen ihnen, dass Robert diese Analyse nie auf sich selbst anzuwenden schien und sich fragte, was die Erfahrungen des „Anschlusses" mit ihm gemacht haben mochten. Vielleicht war es ihm deshalb nie gelungen, das Gefühl der Unzulänglichkeit und des Verrats ganz zu überwinden oder seine gestohlene Jugend hinter sich zu lassen.

Wie George reagierte mein Vater besorgt auf Patriotismus und Nationalismus in seiner Wahlheimat. „Ich traue keinem Politiker, der versucht, mich über die Emotionen, statt über den Verstand zu erreichen", hat er einmal zu mir gesagt.

Dieses Problem veranlasste ihn, politisch aktiv zu werden, als Großbritannien 1975 sein erstes politisches Referendum zu der Frage durchführte, ob es in der Europäischen Gemeinschaft, der Vorläuferin der Europäischen Union, verbleiben wolle oder nicht. Er fühlte sich sicherer in einem Land, das nach außen blickte und sich auf gemeinsame europäische Werte berief, statt nach innen und zurückzublicken auf ein Zugehörigkeitsgefühl, das in Blut und Boden wurzelte.

Viele der Kinder in diesem Buch sahen ihre Eltern das letzte Mal auf dem Bahnsteig des Westbahnhofs und erlebten den Prozess, den Gertrude Batscha als „schleichende Verwaisung" bezeichnet hatte, das heißt, sie lebten mit der zunehmenden Wahrscheinlichkeit, dass ihre Familien ermordet worden waren, schon Jahre vor der endgültigen Bestätigung durch einen Brief, in dem Namen, Daten und Schauplätze aufgelistet wurden. Gertrude sprach von dem Gefühl der Verlassenheit, mit dem man in seine Trauer versank, weil man unter Fremden war, die diesen Kummer häufig nicht verstanden oder bemerkten.

„Man hat niemanden, der sich um einen kümmert, denen man die Sorgen und den Kummer und die Freuden mitteilen kann, von der unaufhörlichen Sehnsucht nach der Familie gar nicht zu reden", schrieb sie. „Man muss die Verantwortung für alle Entscheidungen über sein Leben selbst übernehmen."

Gertrude beschrieb dieses Gefühl, als eine Einsamkeit, „die einem unter die Haut geht".

In den frühen Jahren der Trennung empfand Gertrude gelegentlich einen Groll gegen ihre Eltern, weil sie das Gefühl hatte, von ihnen irgendwie im Stich gelassen worden zu sein, denn sie hatten sie gerettet, ohne für die eigene Rettung zu sorgen.

„In den schlimmsten Augenblicken sind wir wütend auf die Eltern, die uns in die Freiheit geschickt haben; und denken, dass wir gerne sterben würden, wenn wir dafür mit ihnen zusammen sein könnten", schrieb sie. Wenn sie sich besonders elend fühlte, dachte sie, ein gemeinsamer Tod wäre „ein Preis, den sie zu zahlen bereit wäre".

Paula Neumann sagte, danach habe das Leben immer auf des Messers Schneide gestanden. Auch sie und ihr Bruder Siegfried hatten beide Eltern verloren. Ihr Vater Karl war in Buchenwald gestorben. Ihre Mutter Berta, die sie auf dem Westbahnhof in den Zug gesetzt hatte, war im November 1941 nach Minsk transportiert und kurz darauf ermordet worden.

„Bis auf den heutigen Tag sehe ich meine Eltern, meine Großeltern, Tante und Onkel deutlich vor mir", schrieb Paula Neumann in ihr Tagebuch. „In all den Jahren habe ich entsetzlichen Schmerz über ihren Verlust empfunden, heute genauso wie damals, als ich sie als verstörtes, unglückliches Kind von neun Jahren verlor." Paula beschreibt ihr Leben als den Versuch, ein emotionales Gleichgewicht zu bewahren zwischen der Dankbarkeit, überlebt zu haben, und dem „Grauen, das mich nie verlassen hat ... Ich werde mich nie davon befreien können", schloss sie. „Der Tod wird meine einzige Erlösung sein."

Mit etwas Zeit und Glück setzte sich die Dankbarkeit schließlich bei vielen Kindern aus den Inseraten gegen das Grauen durch. Sie hatten ihre eigenen Söhne, Töchter und Enkel, womit jedes Mal die Zahl der Leben anwuchs, die ihre Eltern ermöglicht hatten. Gertrude hoffte, dass ihre Eltern, als sie durch den weißrussischen Kiefernwald zu einem Graben geführt wurden, Trost und Stärke aus dem Gedanken an die Generationen gewinnen konnten, die sie überleben würden. Sie glaubte, die Eltern, die diese Inserate in die Zeitung setzten und ihre Kinder aufgaben, seien keine Opfer, sondern Retter gewesen.

„Ich hoffe, niemals eine solche Verzweiflung zu erleben [wie die], die sie veranlasste, sich von mir zu trennen und mich alleine fortzuschicken", schrieb sie. „Die zahllosen jüdischen Eltern, die das taten, gehören zweifellos zu den unbesungenen Helden unserer Geschichte."

Als ich das las, dachte ich an Leo, meinen stillen, bescheidenen Großvater mit dem Strick, der ihm als Gürtel diente, wie er als jüngerer Mann auf dem Bahnsteig des Westbahnhofs stand und seine Frau und seinen Sohn in das Abteil eines Zugs nach Hoek van Holland setzte, und lernte, ganz neu, ihn als Helden zu sehen.

Am 3. August 1938 gab er im *Manchester Guardian* ein Inserat für seinen Sohn auf, meinen Vater, und es war eines der ersten dieser Inserate. Er hatte die Gefahr erkannt und reagierte lange vor anderen Wiener Juden darauf. Diejenigen, die zögerten, weil sie glaubten, die Situation würde sich noch irgendwie verbessern, bekamen noch einmal eine Möglichkeit, ihre Kinder zu retten, als Ende 1938 die Kindertransporte begannen, doch da war es schon viel wahrscheinlicher, dass sie zu Waisen wurden.

„Sie klammerten sich an die Möglichkeit wie ein Ertrinkender an einen Rettungsring. Sie brachten ihre Kinder zum Bahnhof, und dort trennten sie sich", schrieb Gertrude.

Wie Gertrude dachte ich an meinen eigenen Sohn – mit seinen elf Jahren noch mitten in der Entwicklung und ungeheuer verletzlich. Wie schrecklich wäre es für mich gewesen, ihn in einen solchen Zug zu setzen! Wäre ich fähig gewesen, meine eigene Angst vor ihm zu verbergen? Hätte er geweint und sich an mich geklammert, wenn ich versucht hätte, ihn in seinem Abteil zurückzulassen, oder hätte er Haltung bewahrt, entschlossen nach vorne geblickt und das Abenteuer dieser unbegleiteten Reise begrüßt? Ich stellte mir meinen Dad vor, noch fast im Kindesalter und in dieser Situation, und rief mir ins Gedächtnis, dass dieser Junge und der Mann, der den Abschiedsbrief geschrieben hatte, ein und dieselbe Person waren.

Meine Brüder und ich verstreuten meines Vaters Asche in dem Garten des Häuschens, das Leo in dem Dorf Grinshill in Shropshire gekauft hatte. Der alte Mann hatte sich damals vorgestellt, er habe seiner Familie für alle Ewigkeit ein Plätzchen englischer Landidylle reserviert. Nachdem wir das Stadthaus der Familie verkauft hatten, lebte meine Mum noch ein paar Jahre in Grinshill, dann wurde es ihr aber zu einsam und sie zog wieder in eine Wohnung in London. Da wir es uns nicht mehr leisten konnten, das Häuschen im Grünen zu behalten, wurde es samt seinem aschegedüngten Garten an einen Nachbarn verkauft.

Wir ließen ihn nicht gänzlich dort. Die Toten haben es nicht gern, wenn sie zurückgelassen werden, und seine Anwesenheit begleitete mich durch mein Leben; er gab ungebetene Kommentare über meine Fehler ab und weiterhin wenig von sich selbst preis. Ich fand es nicht leicht, genau zu beschreiben, wer er gewesen war oder in welcher Beziehung wir gestanden hatten. Als ich selbst einen Sohn bekam, wurde mir bewusst, dass ich versuchte, ein Vater anderer Art zu sein. Robert hatte seine väterliche Rolle im Endeffekt auf Wissensvermittlung und disziplinarische Maßnahmen beschränkt. An den meisten Wochentagen stieg ich abends die Stufen zu seinem Arbeitszimmer hoch, um ihm meine Hausaufgaben vorzulegen, und musste gelegentlich für Matheaufgaben, die falsch waren, Liegestütze machen.

Aber er war kein echter Leuteschinder. Er nahm ein paar Tennisstunden, damit er uns Kindern auf den örtlichen Plätzen Unterricht erteilen konnte. Als meine Schwester und ich einmal eine Party zu Hause geben wollten und die Toilette verstopft war, steckte er seinen Arm tief in das Abflussrohr und entfernte die stinkende Blockade, eine Tat, die so selbstlos war, dass sie in meinem Gedächtnis einen unauslöschlichen Platz einnimmt. Und als meine erste Freundin mich ins tiefste Unglück stürzte, weil sie mit mir Schluss machte, ging er mit mir in ein Pub und nutzte seine väterlichen und psychologischen Fertigkeiten, um meine Wahrnehmung zurechtzurücken, indem er mir klarmachte, dass ich nicht so jämmerlich war, wie ich mich fühlte, und dass meine Freundin viele Fehler hatte, die mir bis dahin entgangen waren.

Meist wurde er von einer unterschwelligen Ruhelosigkeit beherrscht, die sich häufig als Unmut über unsere vergleichsweise angenehmen und müßigen Lebensumstände äußerte. Er war in raueren Zeiten aufgewachsen, und wenn wir nicht für die Schule zu tun hatten, konnten wir uns sicher sein, dass er andere Arbeiten für uns fand. In Grinshill verbrachten wir als Kinder einen Großteil unserer Zeit mit schwerer Gartenarbeit. Beispielsweise mussten wir die Wurzeln morscher Bäume ausgraben, um sie entfernen zu können. Untereinander nannten wir den Ort *Grimshaw* – „Wald des Grauens“ –, was uns passender erschien.

Meinen damals elfjährigen Bruder Bias brachte er einmal in unseren Schrebergarten unweit der Universität und ließ ihn dort einen ganzen Tag allein, nachdem er ihm eine Liste mit Arbeiten übergeben hatte, die der Kleine erledigen sollte, während mein Vater an der Uni unterrichtete.

Ich nahm seine Fixierung auf schulische Leistungen widerspruchslos hin, aber wir gerieten über die Politik in Streit, besonders nachdem er 1981 die Labour Party verlassen hatte, um sich den neu gegründeten Sozialdemokraten anzuschließen, ein Schisma, von dem ich in meiner jugendlichen Gewissheit und idealistischen Gesinnung meinte, es schwäche die Linke gegenüber der rechten Regierung Margaret Thatchers.

Die Generationskonflikte waren vollkommen natürlich. Unnatürlich aber war die Art und Weise, wie er uns im Stich ließ, vor allem seine beiden jüngeren Söhne, Jugendliche, die noch mitten in ihrer Entwicklung steckten. Die Gründe, die er in seinem Abschiedsbrief nannte, erschienen damals fadenscheinig und nichtssagend als Rechtfertigungen für die Schockwellen, die sich auf Generationen und Jahrzehnte auswirkten und weiter reichten, als wir ahnten.

Wir hielten im Laufe der Jahre nur unregelmäßigen Kontakt zu unserem Halbbruder Alex, dessen Existenz unser Vater uns erst posthum offenbart hatte. Als Heranwachsender hatte er musikalisches Talent bewiesen – eine Begabung, die sich Robert von uns erhofft hatte – und wurde Musicaldarsteller, bevor er selbst eine Tochter bekam und sich für die gesicherte Existenz eines Lehrers entschied.

Während ich an diesem Buch arbeitete, schrieb ich Alex und bat ihn um seine Meinung. Die Heftigkeit seiner Antwort überraschte mich.

„Ich möchte nicht lügen, Julian, die Nachricht von dem, was unserem Vater zugestoßen ist, hat mich sehr, sehr hart getroffen. Ich hatte ehrlich das

Gefühl, es habe mein ganzes Leben über Nacht verändert, so merkwürdig das auch klingen mag, wenn man bedenkt, dass ich ihn nie kennengelernt habe", schrieb Alex in seiner E-Mail.

„Ich kann es nicht wirklich erklären, aber über meinem Leben hing immer eine große übermächtige Traurigkeit. Und als ich von Roberts Suizid erfuhr, ergab alles einen Sinn. Ich gebe zu, dass ich lange Zeit in meinem Leben mit Suizidgedanken und Depressionen zu kämpfen hatte; als ich das erste Mal Schluss machen wollte, war ich gerade einmal zehn Jahre alt. Zugegeben, es hing wahrscheinlich damit zusammen, dass meine Mutter ziemlich aggressiv und tyrannisch war und dafür sorgte, dass ich mich extrem unglücklich fühlte, als ich aufwuchs. Sie war eine sehr verbitterte und zornige Frau. Wie gesagt, als ich von Roberts Selbstmord hörte, sah ich auch in dieser Hinsicht etwas klarer."

Alex' E-Mail beschämte mich. Ich hatte noch nicht einmal versucht, mir vorzustellen, welche Last er mit sich herumschleppte. Als ich von meinen Auslandseinsätzen zurückkehrte, um eine Zeit lang in London zu arbeiten, besuchte er mich in meinem Büro im *Guardian* und fragte mich, wie ich seine Möglichkeiten für einen Berufswechsel in den Journalismus einschätzte. Später schrieb ich ihm und fragte, ob ich ihm hätte helfen können, erhielt aber keine Antwort und versäumte es, noch einmal nachzuhaken, höchstwahrscheinlich, weil ich befürchtete, es könnten Dinge zur Sprache kommen, die zu vermeiden ich mein halbes Leben lang versucht hatte.

In seiner E-Mail schrieb Alex: „Ja, ich war immer traurig, dass mein eigener Vater mich nie kennenlernen wollte, und wütend, dass er mich in dieser Welt im Stich gelassen hatte, aber ich denke, dass dieses Gefühl hundert Mal verstärkt wird bei den Kindern, die er tatsächlich gekannt und mit aufgezogen hat. Ich denke, es war eine Gnade, ihn nie kennengelernt zu haben. Doch obwohl ich weder religiös noch abergläubisch bin, habe ich mich oft gefragt, ob Traumen tatsächlich von Genen weitergetragen werden können."

Alex und wir vier, Roberts andere Kinder, hatten die gleichen Gene, und vielleicht wurden sie auch unter dem Einfluss seiner Schrecken und Traumen exprimiert. Wie Alex hatte ich den Eindruck, dass unter meinem alltäglichen Leben eine Falltür lauerte, die unsere unsichtbare Vergangenheit dort zurückgelassen hatte. In jungen Jahren verdrängte ich sie

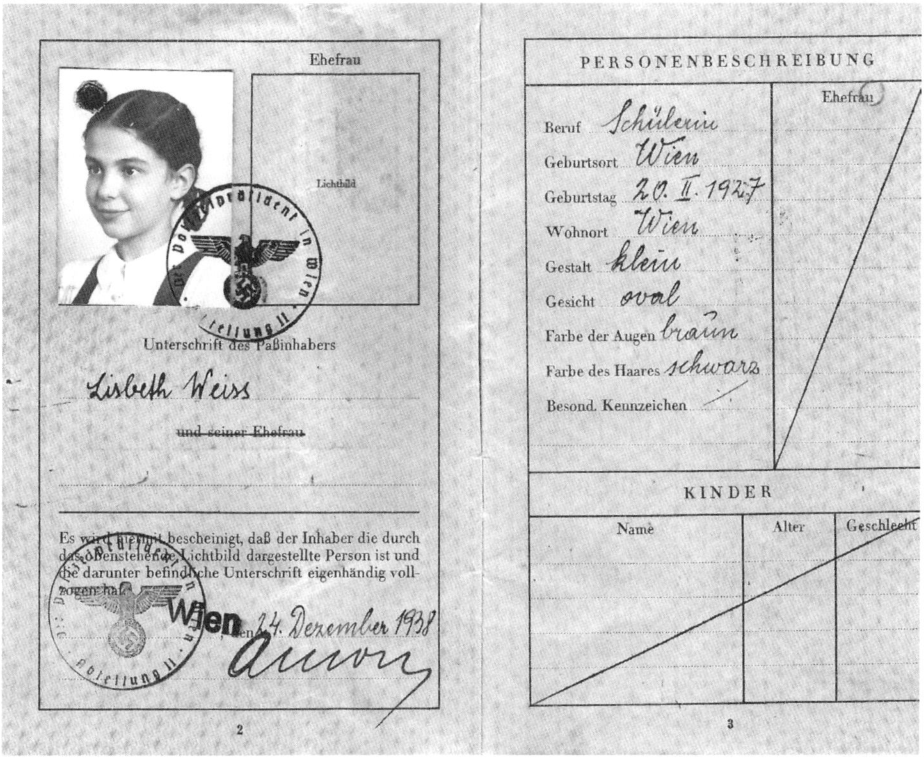

Ehefrau

Lichtbild

Unterschrift des Paßinhabers

Lisbeth Weiss

~~und seiner Ehefrau~~

Es wird hiermit bescheinigt, daß der Inhaber die durch das obenstehende Lichtbild dargestellte Person ist und die darunter befindliche Unterschrift eigenhändig vollzogen hat.

Wien, den 24. Dezember 1938

2

PERSONENBESCHREIBUNG

		Ehefrau
Beruf	Schülerin	
Geburtsort	Wien	
Geburtstag	20. II. 1927	
Wohnort	Wien	
Gestalt	klein	
Gesicht	oval	
Farbe der Augen	braun	
Farbe des Haares	schwarz	
Besond. Kennzeichen	–	

KINDER

Name	Alter	Geschlecht

3

Lisbeth Weiss' Pass.

durch Reisen. Als mein Dad im September 1983 starb, war ich im Begriff, mit einem Wirtschaftsstipendium nach Lesotho im südlichen Afrika aufzubrechen. Ich verschob meine Abreise um einen Monat, fuhr aber am Ende doch und verbrachte die nächsten acht Jahre überwiegend in Afrika, zunächst als Wirtschaftswissenschaftler und dann, nachdem das zweijährige Stipendium vorbei war, als Journalist. Die nächsten zwanzig Jahre hielt ich mich außerhalb Großbritanniens auf.

In der kleinen Gruppe von Männern und Frauen, die sich aus den Inseraten-Kindern des *Manchester Guardian* entwickelte, zeichnete sich ein Muster ab, nach dem die Angehörigen der Gruppenmitglieder, die sich zum Schweigen entschlossen, stärker zu leiden schienen. Alice Hess und Richard Schoen, ihr Mit-Überlebender aus Wien, wählten während des überwiegenden Teils ihres Erwachsenenlebens diesen Weg. „Mir wurde klar, dass auch ich vom Holocaust tief verwundet war. Ich empfand ebenfalls Angst und Depression", sagte ihr Sohn Dennis. Sein Bruder und er waren sich stets bewusst, dass ein fester Bestandteil ihrer Rolle war, verlorene Verwandte zu ersetzen.

Im späteren Leben sprachen Richard und Alice häufiger über ihre Vergangenheit. Als sie in ihren Sechzigern waren, konnte Dennis sie sogar dazu überreden, ein Treffen der Holocaust-Überlebenden in Washington zu besuchen. Wenn die Inseraten-Kinder lange genug lebten, kamen die meisten zu dem Schluss, dass Schweigen die Beziehung zu den eigenen Kindern erstickte und sie angesichts des schleichenden Holocaust-Revisionismus und der -Leugnung zur Ohnmacht verurteilte.

Gegen Ende seines Lebens begann George Mandler die Vergesslichkeit seines sozialen Umfelds zu bemerken und zu fürchten, der Schrecken dieser Jahre könne „dem sozialen Gewissen entfallen".

„Deshalb müssen diejenigen unter uns, die nur knapp entkamen, das Gedächtnis an das Geschehene immer wieder auffrischen und weiterhin Zeugnis ablegen", schrieb er.

Sobald Fred Schwarz sein Erinnerungsbuch geschrieben hatte, diese erstaunliche Erzählung vom Überleben in Theresienstadt und Auschwitz, ging er mit dem Buch auf Tour und las daraus in Schulen und Colleges vor. Er bemühte sich um das jüngere Publikum, weil er ein Bollwerk gegen die Strömungen errichten wollte, die uns wieder dem kollektiven Wahnsinn der 1930er-Jahre zutreiben könnten.

Gleichzeitig setzte er zusammen mit Carry, seiner Frau und Mit-Überlebenden, die Suche nach Unterlagen aus jener Zeit fort, unter anderem nach Zeugnissen für das stillschweigende niederländische Einverständnis mit der Vernichtung der jüdischen Gemeinde. So fand er einen Briefwechsel, in dem sich Königin Wilhelmina über den Bau eines Internierungslagers für jüdische Flüchtlinge beklagte, allerdings nur, weil es zu nah am königlichen Schloss Het Loo angelegt wurde.

Dieses Buch schrieb ich, als die Überlebenden nicht mehr lange zu leben hatten. George und Fred und fast alle anderen der *Guardian*-Kinder waren schon, wie die letzte Holocaust-Generation, Jahre zuvor gestorben. Ihre Stimmen, verstärkt durch die Kraft der Augenzeugenschaft, waren verstummt, und an ihre Stelle drängten sich andere Stimmen, eifrig bemüht, die moralischen Gewissheiten zu verwässern.

Ich hatte die Hoffnung bereits aufgegeben, noch lebende *Guardian*-Kinder zu finden. Doch als ich Anfang 2021 zur Vorbereitung eines Artikels über das Thema für den *Guardian* recherchierte, dachte ich, ich hätte in Karl Trommer einen Überlebenden gefunden, der sich in das unter britischem Mandat stehende Palästina begeben hatte, und sich als Akiva Trommer der Eliteeinheit Palmach angeschlossen hatte, um für die Gründung des jüdischen Staates zu kämpfen. Mit einundneunzig schien er, online zumindest, noch am Leben zu sein, mit Adresse und Telefonnummer. Ich rief an, und sein Sohn antwortete. Ich kam zwei Wochen zu spät. Akiva war gerade verstorben. Ich drückte ihm mein Beileid aus und schickte ihm per E-Mail eine Kopie seines *Guardian*-Inserats.

Dann sah ich mich für das Buch weiter in den Archiven um und fand wieder ein paar Namen, deren Spur ich nicht verfolgt hatte. Also ging ich auf verschiedenen genealogischen Websites auf die Suche, um festzustellen, ob ich irgendetwas übersehen hatte.

Bei der ersten Durchsicht hatte ich es nicht für sinnvoll gehalten, nach Leuten zu suchen, die Weiss hießen, weil der Name zu häufig vorkam. Doch als ich mir etwas mehr Zeit nahm, wurde deutlich, dass sich die Auswahl beträchtlich verkleinerte, wenn ich die Geburtsdaten etwas enger eingrenzte.

Am 27. August 1938 hatte Wilhelm Weiss ein Inserat in den *Guardian* gesetzt, das sich an eine englische Familie wandte, die bereit war, ein zwölfjähriges Kind aufzunehmen, ein „intelligentes Mädchen, das Unterstützung verdient“. Die Vereinbarung sollte „vorübergehend ohne Bezahlung“ gelten, doch der Vater versprach: Die „Eltern werden später nachkommen und den finanziellen Teil der Ausbildung regeln“.

Am ehesten entsprach dem Inserat ein Wilhelm Weiss, verheiratet mit Rudolfine, deren Tochter Lisbeth im Februar 1927 geboren war. Als das Inserat erschien, war sie noch elf, aber Wilhelm hatte vermutlich angenommen, sie wäre schon fast zwölf, wenn sie in Großbritannien ankäme.

Lisbeth Weiss machte die Reise, hinterließ in England dokumentierte Spuren und begab sich am 22. Mai an Bord der *Samaria*, eines Ozeanliners der Cunard-White Star Line, um den Atlantik zu überqueren. In den USA heiratete sie einen Mann namens George, wurde Lisbeth Ruderman und lebte im Großraum New York. Es gab keine Anhaltspunkte für Nachrufe.

Im Januar 2021 wandte ich mich per E-Mail an alle Rudermans, die ich im Raum New York finden konnte, und erhielt binnen eines Tages eine Antwort von Tom Ruderman, der in der Anti-Defamation League arbeitete, einer Organisation, die sich gegen die Diffamierung von Juden einsetzt. Er schrieb: „Ja, Lisbeth Weiss Ruderman ist meine Mutter. Wollen Sie mit ihr chatten?"

Er bestätigte, dass seine Mum, die von ihren Freunden und Angehörigen Lis genannt wurde, lebendig, gesund und bereit war, sich mit mir zu unterhalten. Und so kam es, dass sie am 23. Januar auf meinem Bildschirm erschien, und ich mich, schwindelig vor Glück, bemühte, zum Ausdruck zu bringen, wie dankbar ich war, sie zu sehen – ein Herz, das noch schlug, ein Verstand, der noch scharf war, und ein Gedächtnis mit ungetrübten Erinnerungen an eine Welt, in die mein Dad hineingeboren war und die ich mir angestrengt vorzustellen versuchte.

Lis war eine zarte Frau, die noch kleiner erschien, weil der Neigungswinkel ihrer Bildschirmkamera ihr Gesicht auf dem unteren Rand meines Monitors abbildete, doch zu dem Zeitpunkt, als unsere Gespräche nach drei langen Sitzungen vorüber waren, hatte ich das Gefühl, ihr Gesicht fülle den ganzen Bildschirm aus. Sie war gütig, würdevoll und einfühlsam, bescheiden und bestimmt zugleich. Nie habe ich erlebt, dass jemand beredter für die Macht der Hoffnung und Entschlossenheit eintrat.

Lis war drei Monate vor meinem Dad geboren worden und lebte auf der anderen Seite der Innenstadt, im neunten Bezirk, nur wenige Wohnblocks vom Donaukanal entfernt. Wie mein Vater war sie ein Einzelkind und der Mittelpunkt grenzenloser Anbetung. Die Kurzwarenhandlung der Familie hatte nach ihr den Namen Lisbeth bekommen. „Sie waren extrem auf mich konzentriert", sagte sie.

Als sie ihr *Manchester-Guardian*-Inserat erblickte und zum ersten Mal las, wie ihr Vater Wilhelm sie beschrieben hatte – „das intelligente Kind, das Unterstützung verdient" –, wurde sie von ihren Gefühlen überwältigt. Zweifellos hatte der Verfasser lange über den Wörtern gebrütet, bevor er sie zu Papier brachte. Als sie Jahrzehnte später wieder ausgegraben wurden, waren sie für die Tochter, die sie retten sollten, noch immer frisch und unverbraucht.

„Bis heute kann ich nicht verstehen, woher sie die Chuzpe nahmen, jemanden per Inserat zu bitten, mich aufzunehmen, und mich dann gehen zu lassen", sagte Lis, „ich habe mir einfach nicht vorstellen können, dass sie kämpferisch genug sein könnten, um so etwas zu tun. Daher staune ich und bin dankbar dafür."

Seit fünf Monaten herrschten die Nazis in Wien, als das Inserat erschien, aber sie sagte: „Niemand wusste, was kommen würde."

Niemand konnte wissen, was kommen würde, weil niemand es sich vorstellen konnte.

Welch ein Schatten ihr Leben verdunkelte, bemerkte die kleine Lisbeth zum ersten Mal am 20. Februar 1938, an ihrem elften Geburtstag, der von der Rede, die Hitler am selben Tag im Reichstag hielt, völlig verdorben wurde.

„Zum ersten Mal, seit ich mich erinnern kann, gab es keine Feier, kein gar nichts. Alle klebten am Radio, um die Rede zu hören", erinnerte sich Lis.

Als einziges Kind der Familie war sie es gewohnt, im Mittelpunkt zu stehen, aber an diesem Tag „stahl mir Hitler die Show".[67]

Hitler beschwor die gemeinsame Geschichte Deutschlands und Österreichs, wobei er seine brüderliche Rhetorik mit brudermörderischen Drohungen begleitete.

„Deutschland ist keine kriegslüsterne Nation. Es ist eine soldatische, was bedeutet, dass es den Krieg nicht wünscht, aber auch nicht fürchtet. Es liebt den Frieden, aber auch seine Ehre und seine Freiheit", verkündete der „Führer" in seiner gekünstelten, abgehackten Sprechweise.

Nach der Rede kam es zu einem familiären Disput im Haushalt der Familie Weiss. Martin Ziegler, Lisbeths Onkel, das inoffizielle, aber unbestrittene Familienoberhaupt, erklärte: „Es gibt keinen Grund zur Sorge."

„Hitler wird nie hierherkommen, und wenn doch, werden wir schon lange fort sein", versicherte Martin ihnen.

„Wie Sie sehen können, hatte man keine Vorstellung davon, wie weit die Dinge sich schon entwickelt hatten, wie groß die Gefahr zu diesem Zeitpunkt war", sagte Lis.

Für sie alle begann sich das Leben zu verändern. An Freitagen gingen sie gewöhnlich zum Familienessen bei der Großmutter, doch am 18. März, dem ersten Freitag nach dem „Anschluss", wurden sie von uniformierten Nazis angehalten.

„Sie fragten uns nicht, ob wir Juden waren. Ich weiß nicht, ob sie es erkannten oder nicht, aber sie wollten wissen, wohin wir gingen“, sagte sie. „Es herrschte eine Atmosphäre von Unheil, von Furcht, von Ungewissheit.“[68]

Zuerst wurden die Juden in ihrer Schule in ein besonderes Stockwerk verbannt, dann an eine andere Schule in einem anderen Bezirk. Sie sah, wie sie verhaftet wurden und wie Schilder an Schaufenster geklebt wurden, auf denen stand, dass die Geschäfte „dreckigen Juden“ gehörten.

Lis erinnert sich, dass sie mit ihrem Vater durch das klassizistische Eingangsportal des Hotels Metropol ging und die „Beklommenheit und Furcht“ spürte, die in der stickigen Luft des Gestapo-Hauptquartiers hing. Eines Tages habe ihre Mutter Rudolfine sie von der Schule abgeholt, so berichtete sie, und da seien sie an einer Gruppe von Juden vorbeigekommen, die gezwungen wurden, auf Händen und Knien über das Straßenpflaster zu rutschen und es sauber zu scheuern.

„Sie hatten kleine Bürsten. Ich weiß nicht mehr, ob es Zahnbürsten waren“, sagte sie. „Sie waren von Leuten umringt, die das mit Vergnügen beobachteten.“

„Augenblicklich erschienen überall in der Stadt die Hakenkreuze, die Naziflaggen, in den Fenstern und auf den Dächern“, sagte Lis. „Es war unglaublich.“ Aus ihrem Fenster im fünften Stock beobachtete sie, wie die deutschen Panzer durch die Straßen rollten und von der Menge begrüßt wurden. „Die Wiener jubelten begeistert. Das steht außer Frage.“[69]

Für die Familie Weiss begannen die Novemberpogrome mit einem kryptischen Telefonanruf von Onkel Martin. Es tue ihm leid, sagte er, dass Willi, Lisbeths Vater, so krank sei. Er rate ihm, Aspirin zu nehmen, zu Bett zu gehen und die Krankheit auszuschwitzen, da er möglicherweise mit Gästen rechnen müsse.

„Er wollte uns damit sagen, dass Nazis in jüdische Wohnungen kämen und dass mein Vater sich ins Bett legen und schwitzen sollte, damit er richtig krank aussah“, sagte Lis. „Das rettete ihn.“

Tatsächlich kamen die Braunhemden der SA später am Tag und fragten nach dem Herrn des Hauses. Wunschgemäß führte Lisbeths Mutter die Männer ins Schlafzimmer.

„Ich weiß es noch ganz genau. Ich erinnere mich an das Klopfen an der Tür. Ich erinnere mich an die braunen Hemden und die Hakenkreuze“, sagte sie. „Sie kamen, um ihn zu holen, aber er lag im Bett und schwitzte, weil er so viele Aspirintabletten genommen hatte. Da ließen sie ihn in Ruhe.

Ich denke, das war ein Wendepunkt. Nach diesen Erlebnissen und der Erkenntnis, dass Menschen tatsächlich in relativ großer Zahl in Konzentrationslager geschickt wurden – obwohl überhaupt noch nicht zu ahnen war, was noch bevorstand –, kam es jetzt häufiger vor, dass die Menschen über Emigration sprachen und nachdachten. Zwar hatte man hin und wieder darüber diskutiert, aber allgemein war man der Meinung: Das geht vorüber. Sie werden wieder fortgehen. Warum sollen wir fortgehen? Und wenn wir fortgehen, dann bleiben wir auf jeden Fall in der Nähe.“[70]

„Doch wie ich später herausfand, wollte uns niemand haben“, sagte Lis. „Niemand wollte uns hineinlassen ...“

„Ich habe viel an die Zeit zurückgedacht, und ich bin erstaunt, wie bereitwillig ich alles hingenommen habe, was geschah. Ich weiß nicht, ob es einfach mein Charakter war, oder ob die Situation mich dazu zwang. Aber ich nahm einfach hin, was geschah, oder nahm es nicht hin, sondern lebte damit: So war es eben.“

Die Eltern erzählten Lis nichts von dem Inserat im *Manchester Guardian*, bis eine Antwort von einer Familie in Oldham kam.

„Meine Mutter teilte es mir auf ihre übliche, sehr taktvolle Weise mit und sagte: ‚Du musst nicht gehen, aber wir meinen, du solltest es tun‘“, erinnerte sich Lis. „Ich weiß nicht, woher sie die Kraft nahmen, so zu handeln, aber ich finde es einfach unglaublich.“

Bevor sie überhaupt angefangen hatten, die nötigen Vorbereitungen zu treffen, um Lisbeth nach Manchester fahren zu lassen, meldete sich ein Verwandter aus Norwich bei ihnen, der dort bereits Zuflucht gefunden hatte. Er hatte mitgeholfen, fünfundzwanzig jüdische Familien zu überreden, je ein jüdisches Kind aus Wien aufzunehmen. Ob die Familie bereit wäre, Lisbeth zu schicken?

„Die Menschen in Manchester waren keine Juden, und alle waren der Meinung, es sei besser für mich, bei Leuten meiner Religion zu leben“, sagte sie. Also wurde das Angebot der Familie in Manchester freundlich abgelehnt und ein Bild nebst einigen Worten an die Familie Brenner in Norwich geschickt.

Das war Ende November 1938, und danach ging alles sehr schnell. In den Monaten Dezember und Januar stand die Familie Schlange, um einen

Pass für Lisbeth zu bekommen, sich darin den erforderlichen J-Stempel geben zu lassen und die anderen Dokumente zu verschaffen, die vorliegen mussten, damit Lis das Reich verlassen konnte. Einige Schmuckstücke, ein Armband mit Davidstern und ein Medaillon mit den Porträts ihrer Eltern wurden in die Jacke eingenäht. Am 1. Februar 1939, dem Tag der Abreise, aß die Familie bei der Großmutter gemeinsam zu Mittag, dann brachten die Eltern sie zum Westbahnhof.

Ihre Mutter sollte sie bis zur deutsch-holländischen Grenze begleiten, aber von ihrem Vater musste sie sich auf dem Bahnsteig verabschieden.

„Ich sehe meinen Vater heute noch vor mir. Er lief am Zug entlang, zog sein Taschentuch heraus und weinte. Ich erinnere mich genau", sagte sie.

In den wenigen Stunden, die sie noch im Zug zusammen waren, entfaltete Lisbeths Mutter Rudolfine so viel elterliche Fürsorge wie möglich „und versuchte, mir die Dinge des Lebens zu erklären", bevor sie an der Grenze aussteigen musste. Im selben Abteil saß eine Frau, die nach England fuhr, um eine Dienstbotenstelle anzutreten, und sie versprach Rudolfine, während der restlichen Reise auf Lisbeth aufzupassen und ihr nach der Ankunft zu helfen, Stellungen für ihre Eltern zu finden.

Schweren Herzens verließ die Mutter den Zug, um nach Nürnberg zu fahren, wo sie bei Verwandten übernachten wollte, bevor sie nach Wien zurückkehrte. Nachdem sie fort war, füllte sich der Gang mit deutschen Grenzschützern und Zollbeamten, die die Papiere kontrollierten, aber schließlich gingen auch sie, und der Zug setzte seine Fahrt fort. Lisbeth war in den Niederlanden.

„Ich stand draußen im Gang und empfand ein Gefühl der Freiheit", sagte sie. „Damals war es mehr Neugier als Furcht. Ich hatte das Meer noch nie gesehen, und nun würde ich ein Schiff besteigen und den Ärmelkanal überqueren."

Als Lisbeth Weiss an einem Februarabend ankam, holte sie Lily Brenner ab. Sie war mit einem deutsch-jüdischen Jungen gekommen, der bereits bei einer Gastfamilie in Norwich untergebracht war und der ihr als Dolmetscher dienen sollte. Lisbeth hatte vor ihrer Ankunft nur drei Monate Englischunterricht gehabt und Lily Brenner konnte kein Deutsch.

Zu dem Zeitpunkt, als sie das neue Heim in Norwich erreichten, in einer Straße mit dem bemerkenswerten Namen Unthank Road (Undankstraße), war es tiefe Nacht, Lisbeth fand es schrecklich kalt im Haus. Lily schaltete eine elektrische Heizung ein, doch die brachte kaum Besserung. Nachdem die Engländerin dem Mädchen in seinen Pyjama geholfen hatte, ließ sie sie in der ersten Nacht in ihrem Bett schlafen, damit sie nicht so fror und allein war.

Lily Brenner war eine neunundvierzigjährige Witwe, deren Mann Max einige Jahre zuvor bei einem Autounfall umgekommen war.

„Ich fand es dort toll“, sagte Lisbeth. Heimweh bekam sie erst drei Wochen später, aber dann litt sie schrecklich. Sie schrieb an ihre Eltern und bat sie, zurückkommen zu dürfen. „Es ist mir egal, was passiert“, schrieb sie. „Was euch passiert, soll auch mir passieren.“

Lisbeth war so verzweifelt, dass Lily einen Rabbiner anrief, damit er mit ihr sprach und sie beruhigte. Sie wandte sich auch an den Verwandten, der den Kontakt zwischen den Familien Weiss und Brenner hergestellt hatte. Die Krise ging vorbei. Weitere Wiener Kinder kamen nach Norwich, darunter eine von Lisbeths früheren Klassenkameradinnen. Sie ging in die Schule und lernte rasch Englisch. In diesem Sommer kamen auch ihr Onkel Martin, Tante Seraphine und Cousine Susie und mieteten sich in der Nähe ein.

Das Einzelkind Lisbeth war plötzlich Teil einer größeren Familie mit Lilys Sohn Victor, der zwei Jahre älter war, und der drei Jahre jüngeren Tochter Minda, mit der sie sich sofort anfreundete.

In Wien lebten fast alle in Wohnungen, aber ihre Gastfamilie hatte ein Haus mit Garten und einem Apfelbaum, auf den Minda und sie klettern konnten.

„Wir waren unzertrennlich und das war herrlich für ein Einzelkind und mehr als nur eine Entschädigung“, sagte sie. Die beiden Frauen schreiben sich heute noch, vierundachtzig Jahre danach.

Lisbeths vorübergehendes Gefühl der Sicherheit und Zugehörigkeit in der Unthank Road fand unvermittelt ein Ende, als der Krieg begann und Lily Brenners verheiratete Töchter mit ihren Ehemännern und Kindern von London nach Norwich zurückkehrten, um sich vor den deutschen Bombern in Sicherheit zu bringen. Kurzerhand wurde sie informiert, dass sie zu einer anderen Familie käme.

„Ich erinnere mich sehr deutlich, dass ich in der Schule war und ins Büro gerufen wurden, weil jemand in die Klasse kommen und fragen wollte, ob noch eine andere Familie bereit wäre, mich zu nehmen“, sagte sie.

Damals machte ihr die plötzliche Vertreibung nichts aus, aber in der Rückschau ist sie doch befremdet.

„Das durfte sie nicht tun. Wenn ich mich heute, als ältere Erwachsene, in ihre Lage versetze, hätte ich mich lieber auf dem Fußboden schlafen lassen, als mich vor die Tür zu setzen." Als Lis nach dem Krieg nach Norwich zurückkehrte, holten die beiden Töchter sie am Bahnhof ab und entschuldigten sich zuallererst bei ihr, weil sie sie damals aus dem Haus vertrieben hatten.

Eine Familie namens Nimmos nahm sie einige Monate bei sich auf, doch dann gelangte der Schwiegersohn der Brenners zu der Auffassung, Lis gehöre in einen jüdischen Haushalt, daher zog sie nur einige Häuser weiter – zu seiner Familie, in der es Kleinkinder gab.

„Ich freute mich, so kleine Geschwister zu haben, um die ich mich kümmern konnte, und fühlte mich absolut zu Hause", sagte sie.

Wie George Mandler bemühte sich Lisbeth Weiss, kaum dass sie angekommen war, um eine Möglichkeit, ihre Eltern zu retten. Sie schrieb Briefe, fragte jeden, den sie traf, ob er nicht irgendwelche Arbeitsstellen kenne, die für ihre Eltern infrage kämen.

„Sie hätten mich sehen sollen. Ich war aggressiv: ‚Wo sollte ich es versuchen? An wen sollte ich mich wenden?'", sagte sie. „Aber ich nehme an, ich hatte nicht die richtigen Verbindungen."

Ihr Onkel Martin Ziegler hatte für die ganze Familie Fahrkarten für die Reise in die USA gekauft, aber ihre Eltern mussten zunächst einmal aus dem Reich hinauskommen. Wilhelm war in Polen geboren, und die Warteliste für Visa polnischstämmiger Antragsteller war am längsten.

Für Visa nach Großbritannien musste man neue Fertigkeiten lernen. Lisbeths Mutter nahm an einem Lehrgang für die Herstellung von Korsetts und Büstenhalter teil – der Beruf, den mein Großvater zum Schluss ausübte.

„Sie versuchten es immer wieder. Es gab Leute, die illegal über die Grenze gingen, nach Jugoslawien und ähnliche Länder", sagte Lis. „Sie sprachen davon, so etwas zu machen, aber sie versuchten es nie. Ich glaube nicht, dass meine Eltern in irgendeiner Weise zu Abenteuern neigten. Sie waren ruhige, normale Bürger.

Ich denke, dass sie mich in die Fremde schickten, war eine der größten Taten in ihrem Leben – dass sie die Kraft und die Weisheit dazu hatten. Jetzt haben wir Urenkel, es ist unfassbar."

Die Risiken, die Lisbeths Eltern einzugehen bereit waren, hatten ihre Grenzen, teilweise hielten sie noch an der Vorstellung fest, die Naziherrschaft sei ein vorübergehendes Phänomen. Es war eine Hoffnung, die aus dem tief verwurzelten Glauben an Recht und Unrecht und an Normalität erwuchs.

„Sie hatten das fatale Gefühl, es sei eine sehr flüchtige Geschichte. Meine Eltern sagten: ‚Das wird nicht von Dauer sein. Es wird enden, und sie kommt zurück.'"

In der Zwischenzeit schrieben sich Lisbeth und ihre Eltern Briefe, und bei zwei Anlässen riefen sie an: einmal vergeblich, um ihrer Tochter ein frohes Pessach zu wünschen, aber sie war nicht da, sondern mit Minda in der Synagoge, doch beim zweiten Mal bekamen sie Lisbeth ans Telefon. Das war ihre letzte Unterhaltung und Lis zermarterte sich hinterher viele Jahre lang den Kopf, um sich ins Gedächtnis zu rufen, was gesagt worden war. Höchstwahrscheinlich waren es Auskünfte über Gesundheit und Wohlergehen und über ihr Verhältnis zu Minda und deren Bruder Victor. Natürlich wusste keiner von ihnen, dass es das letzte Mal war.

Doch als Hitler am 1. September 1939 die Wehrmacht in Polen einmarschieren ließ, erklärte Großbritannien Nazideutschland den Krieg. Lis' Eltern waren hinter den feindlichen Linien gefangen, es gab keine Möglichkeit mehr zur Ausreise.

Im Frühjahr wurden die US-Visa für Onkel Martin, Tante Seraphine und deren Baby, Lis' Cousine Susie, bewilligt. Zu diesem Zeitpunkt war Martin wie fast alle österreichischen und deutschen Flüchtlinge interniert, doch er wurde schon nach wenigen Tagen aus dem Lager auf der Isle of Wight entlassen, da er nachweisen konnte, dass er ein Visum und eine Schiffsfahrkarte für die Emigration in die USA hatte. Kindern war die Atlantiküberquerung ohne Eltern nicht gestattet, aber es war undenkbar, Lisbeth allein zurückzulassen. Sie gingen alle auf das US-Konsulat in London und trugen ihren Fall vor. Lisbeth brach vor dem Konsularbeamten in Tränen aus, und dieser machte eine Ausnahme.

Am 22. Mai 1940 gingen sie in Liverpool an Bord der *Samaria*. In den ersten Tagen trugen alle Passagiere und Mannschaftsmitglieder Schwimmwesten. Während sie die Irische See durchquerten und auf den offenen Atlantik hinausfuhren, folgten sie einem Zickzackkurs, um den deutschen U-Booten auszuweichen, wobei der ständige Kurswechsel sicherlich zu Lisbeths Seekrankheit beitrug.

Als die *Samaria* New York erreichte, stand Lisbeth früh am Morgen auf und betrachtete mit ihrem Onkel Martin die Freiheitsstatue. Die amerikanische Familie, die eine eidesstattliche Erklärung abgegeben hatte, um ihre Visa zu ermöglichen, und sie im Hafen erwartete, hatte für sie Zimmer in der Bronx besorgt, in denen sie ihre ersten Nächte in den Vereinigten Staaten verbringen konnten. Der Sommer war ungewöhnlich heiß, viel heißer, als es die neuen Einwanderer gewohnt waren, besonders in der überfüllten, düsteren Bronx.

Als sie ihre Patenfamilie in deren Haus in Laurelton, einem Vorort von Queens, besuchten, luden ihre Gastgeber Lisbeth ein, den Sommer bei ihnen zu verbringen. Martin und Seraphine mieteten ein Zimmer in der Nähe, und die Familie begann ihr amerikanisches Leben. Aber natürlich war es nur die halbe Familie.

Lisbeth konnte wieder Briefe mit ihren Eltern wechseln, da Amerika sich noch nicht im Krieg mit Deutschland befand, und ihr Onkel Martin setzte seine Versuche fort, ihre Eltern und Großeltern aus Österreich herauszuholen.

Einmal sah es so aus, als ob die Nummer von Lisbeths Vater für ein Visum an der Reihe wäre, nachdem er zu einer medizinischen Untersuchung ins Konsulat bestellt worden war. Doch dann schien er wieder ganz ans Ende der Warteschlange zu rutschen. Seine Nummer war, so schien es, an jemanden verkauft worden, der dafür bezahlen konnte, dass er in der Liste nach vorne sprang. Dann wurde Wilhelm Weiss in ein Arbeitslager geschickt und die Familie in New York musste umgehend eidesstattliche Erklärungen nach Wien kabeln, damit er freigelassen wurde. Ungeachtet all dessen brachten die Eltern in ihren Briefen weiterhin die Zuversicht zum Ausdruck, es werde ihnen irgendwie gelingen, zu fliehen und wieder mit Lisbeth und den anderen Angehörigen in Amerika zusammenzukommen.

Es gab eine teure Route über Kuba. 1941 hatte Martin Visa und Fahrkarten für sie besorgt, doch bevor ihre Eltern Wien verlassen konnten, bombardierten die Japaner Pearl Harbor, und Deutschland trat auf der Seite Japans in den Krieg gegen Amerika ein. Damit war die letzte Fluchtroute abgeschnitten.

Über das Rote Kreuz gingen noch einige weitere Briefe hin und her, doch dann versiegten auch sie. Am 27. Mai 1942 wurden Lisbeths Eltern, Wilhelm und Rudolfine, von Wien nach Maly Trostenez deportiert, einer

Kolchose vor den Toren von Minsk in Weißrussland. Lisbeth sollte nie genau herausfinden, wie sie umgekommen waren.

Viele starben während der Reise in den Viehwaggons. Nach Ankunft eines Zuges wurden den Häftlingen alle verbliebenen Wertsachen abgenommen. Einige wenige wählte man zur Zwangsarbeit im landwirtschaftlichen Betrieb aus, die anderen wurden sofort in einen nur wenige Kilometer entfernten Wald gefahren, am Rand einer Grube aufgereiht und durch Angehörige der Waffen-SS, den Todesschwadronen der SS, von hinten erschossen. Mehr als zehntausend österreichische Juden wurden dort ermordet.

Etwas später im selben Jahr wurde Lisbeths Großmutter aus dem Lager Theresienstadt nach Minsk deportiert und dort ebenfalls umgebracht. Erst viele Jahre später entdeckte Lis in groben Umrissen, was mit ihrer Familie geschehen war. Damals wusste sie zwar, dass sie in großer Gefahr schwebte, aber Onkel und Tante bewahrten sie doch vor den schlimmsten Nachrichten.

Martin und Seraphine (Finny, wie sie später in Amerika hieß) war es irgendwie gelungen, einen Koffer mit Besitztümern von Willi und Rudolfine aus Österreich herauszuschaffen – Bilder, Erinnerungs- und Kleidungsstücke –, die auf dem Dachboden in Laurelton verstaut wurden. Eines Tages begannen sie, die Kleidung wegzugeben.

„Viel mehr Beweise brauchte ich nicht für das, was geschehen war. Ich nehme an, sie versuchten, mich zu beschützen, deshalb sagten sie es mir nicht. Aber das war die Zeit, in der ich einen Zusammenbruch hatte. Besonders, als ich sah, dass sie das Lieblingskleid meiner Mutter fortgaben."

Der Vorfall schlug eine Bresche in Lis' Beziehung zu Onkel und Tante, die doch so viel für sie getan und die Elternrolle übernommen hatten. „Ich glaube, ich war zwischen verschiedenen Loyalitäten hin- und hergerissen", sagte sie später. „Irgendwo tief in mir muss ich den Wunsch verspürt haben, dass ich adoptiert würde und die Vergangenheit ganz vergessen könnte. Doch auf einer bewussteren Ebene war mir klar, dass ich die Loyalität meinen Eltern gegenüber nicht aufgeben konnte, und daher kam der Konflikt.

Doch damals herrschte der Wunsch vor, die Vergangenheit zu vergessen, sich zu assimilieren, assimilieren, assimilieren, mit Haut und Haar amerikanisch zu werden. Es gab keinen Stolz auf das Erbe ... Damals reichte es, Amerikanerin zu sein und zu vergessen. Das war eine Form der

Vergangenheitsbewältigung. Man kann es auch als Leugnung bezeichnen. Für die Überlebenden der Lager und ähnlicher Schrecken war es sicherlich Bewältigung, genauso wie die lange währende Unfähigkeit, darüber zu sprechen, und in unserem Fall, denke ich, war es nur das Bedürfnis und der Wunsch, ein neues Leben zu beginnen und die Vergangenheit zu verdrängen", sagte Lis. „Ganz gewiss sind uns nicht Ehrfurcht und Gefühl verloren gegangen, aber wir haben nicht viel darüber gesprochen. Ich erinnere mich nicht, dass wir uns in diesen Jahren öfter Bilder von Familienangehörigen angesehen haben. Ich denke, es wäre zu schmerzlich gewesen."[71]

In New York verdiente sich Lisbeth Geld mit Nachhilfestunden und Jobs in Kaufhäusern, um einen Teil der Kosten für den Besuch eines örtlichen Colleges aufzubringen, an dem sie Französisch und Psychologie studierte. Den Rest bezahlte ihr Onkel Martin. Mit dieser Ausbildung konnte sie damals aber keine Arbeit finden, deshalb besuchte sie eine Handelsschule und ließ sich zur Sekretärin ausbilden.

Sie zog näher an die City und mietete sich ein möbliertes Zimmer, erkannte aber, dass ihr das Dasein als Sekretärin nicht gefiel. Deshalb zog sie wieder zu Martin und Finny nach Laurelton, um sich das Geld für ein Lehramtsstudium an der New York University zusammenzusparen.

Als sie in den 1950er-Jahren an einer Grundschule in Stamford, Connecticut, unterrichtete, lernte sie George Ruderman kennen. Sie wohnte in einem Haus mit zwei anderen Lehrerinnen zusammen, von denen eine aus Montclair, New Jersey, Georges Heimatstadt, kam. Am 6. November 1956, am Tag der Präsidentenwahl, als Dwight D. Eisenhower sich anschickte, seinen demokratischen Herausforderer Adlai Stevenson zu schlagen, kamen die Eltern dieser Lehrerin zu Besuch; sie saßen alle zusammen, als die Mutter anfing, Lisbeth anzustarren, und nur „George!" sagte. Das war's. Nach New Jersey zurückgekehrt, rief diese Frau Georges Mutter an.

„Einige Wochen später waren George und ich verlobt", sagte Lis. Die Ehestifterin kam zu ihrer Hochzeit, starb aber wenig später. Kurz nach der Hochzeit gab Lis den Lehrberuf auf und widmete sich ganz der Mutterrolle. Während der nächsten fünf Jahre in Montclair brachte sie drei Söhne zur Welt.

Trotzdem war sie nie ganz gefeit gegen die Vergangenheit, wie sich Anfang der 1960er-Jahre zeigte, als sie eine Postkarte erhielt, auf der der Tag stand, an dem ihre Eltern nach Maly Trostenez deportiert wurden.

„Sie kam eines Tages ohne Vorwarnung. Das war eine schlimme, sehr schlimme Zeit. Mit einer Rückkehr nach Wien wartete ich, bis ich mich bereit fühlte“, sagte Lis. „Ich hatte ein wenig psychologische Hilfe, die ich von Zeit zu Zeit brauchte. Irgendwann kam ich zu dem Schluss, ich sei so weit. Meine Tante versuchte, mich an der Reise zu hindern. Sie fürchtete, es könnte zu viel für mich sein. Aber ich wusste, dass ich fahren musste.“

Das war 1980. Lis war dreiundfünfzig und seit dreiundzwanzig Jahren mit George verheiratet. Sie machten eine Europatour, aber als Wien an der Reihe war, bestand sie darauf, vorauszufahren und drei volle Tage allein in ihrer Geburtsstadt zu verbringen.

„Ich musste sie in mich aufnehmen.“ Sie ging zu ihrer Schule, schritt den Weg zu ihrem einstigen Zuhause ab und setzte sich in ein Café, das gleich um die Ecke von der alten Wohnung lag.

„Um ehrlich zu sein, es ging mir nicht sehr nahe. Keine Erinnerung an Angst oder dergleichen“, sagte sie und fügte hinzu, ihre Gefühlsarmut habe sie selbst „ein wenig bestürzt“. Als sie anschließend nach Großbritannien reiste und dort ihre verschiedenen Lebensstationen aufsuchte, verspürte sie abermals keine nennenswerten Reaktionen.

„Das war wahrscheinlich der Grund, warum ich hinterher etwas psychologische Hilfe brauchte. Ja, um tiefer zu graben, weil ich es unterdrückt hatte.“

Der Wohnblock, in dem die Familie gelebt hatte, war zerbombt und mit Geschäften im Erdgeschoss wiederaufgebaut worden, aber das gewölbte Eingangsportal und der Innenhof waren gleich geblieben. Auf einer ihrer Reisen nach Wien stand Lis mit ihrer Enkeltochter an der Stelle, von der aus sie früher zu ihrer Mutter hochgerufen und sie gefragt hatte, ob sie hinausgehen dürfe.

„Ich habe immer gehofft, ich würde jemanden finden, etwa den Hausmeister, mit dessen Sohn ich gespielt hatte – irgendjemanden ... Menschen, die ich gekannt hatte und denen ich zeigen konnte, dass ich amerikanische Staatsbürgerin geworden war. Aber die Gelegenheit bot sich nicht.“

All die anderen Menschen waren längst fort, die Steine waren neu, aber der leere Raum zwischen ihnen war noch der gleiche.

Wie meine Tante Malci war sie der Ansicht, dass keine magische Verwandlung stattgefunden habe. Es waren immer noch die Menschen, die sie einst gejagt hatten.

„Ich trat sehr herausfordernd auf. Mein Deutsch war akzentfrei, und da ich Amerikanerin war, verwirrte sie das. Ich habe nie irgendjemandem was erklärt", sagte sie. Ihre Haltung war: „Hier bin ich, zwar die einzige Überlebende meiner engeren Familie, aber ich habe es geschafft."

Sie fand die Wohnung in der Leopoldstadt auf der anderen Seite des Donaukanals in der Oberen Donaustraße, wo ihre Eltern, nachdem sie aus ihrer Wohnung vertrieben worden waren, sich ein Zimmer mit Verwandten geteilt und ihre letzten Tage verbracht hatten.

Als George nachkam, konnte Lis wieder zur Touristin werden, mit ihm die Stadt besichtigen und ihm die Orte zeigen, die für sie bedeutsam waren. Sie war entschlossen, den Aufenthalt als einen Abstecher in ihre glückliche Kindheit zu betrachten und nicht als eine Rückkehr in die Schrecken, die nach dem „Anschluss" kamen. Alles in allem scheint ihr das gelungen zu sein.

Wie unser Vater schien Lis Wien und ihre Vergangenheit in Schweigen gehüllt zu haben. So wie er sich bemühte, ein gutbürgerliches und britisches Leben zu führen, wollte sie nur die „typisch amerikanische Ehefrau und Mutter" sein. Zwar hatte sie Bilder ihrer Eltern im Schlafzimmer, aber über das, was mit ihnen geschehen war, wurde nie gesprochen, als ihre drei Jungen klein waren. Doch als sie erwachsen wurden, erkannten sie, dass sie etwas über ihre Herkunft erfahren mussten.

Ich frage mich, ob unser Vater zu demselben Schluss gekommen wäre, wenn er länger gelebt hätte, zumindest lange genug, um seine Enkelkinder kennenzulernen. Vielleicht hätte das seine Perspektive verändert und ihm den Blick auf den größeren Bogen unserer Familiengeschichte ermöglicht. Lis fand, dass dazu keine plötzliche Katharsis erforderlich war, sondern nur beharrliche Arbeit. „Wir ringen immer noch damit", erzählte sie mir.

Sie war Mitbegründerin eines Zentrums für Holocaust-Pädagogik der Jewish Federation in Bridgeport, Connecticut, und wurde dessen Vorsitzende. In dieser Eigenschaft besuchte sie örtliche Schulen und sprach über Möglichkeiten, das Thema im Unterricht zu behandeln.

„Auf diese Art brachte ich mich dazu zurückzublicken", sagte sie. Noch immer muss sie ihre Beziehung zur Geschichte kontrollieren, muss begrenzen, was sie liest oder im Fernsehen sieht.

„Zum Teil liegt es daran, dass ich immer noch nicht genau weiß, was mit meinen Eltern geschehen ist", sagte sie, daher besetze jede Schilderung auf dem Papier oder dem Bildschirm das Vakuum, welches das Ende ihrer Eltern bedeutete, und führe zu neuen Vermutungen: „Ist ihnen das zugestoßen – haben sie auf diese Weise gelitten?"

„Irgendwann hatte ich einfach beschlossen, dass ich mich nicht immer wieder und wieder quälen muss", sagte sie. „Ich möchte ein so normales Leben führen, wie es mir im vollen Bewusstsein meines Traumas und meiner Vergangenheit möglich ist, aber ich lasse nicht zu, dass es mein Leben bestimmt. Zu dieser Einstellung bin ich in den letzten Jahren gelangt."

Viele Kinder aus den *Guardian*-Inseraten haben sich um ein ähnliches Gleichgewicht bemüht, als ihnen bewusst wurde, dass die Vergangenheit drohte, sie zu vereinnahmen, wenn sie sich zu intensiv mit ihr beschäftigten. Oder sie zeit ihres Lebens versucht haben, die erlittenen Traumen zu verdrängen. Irgendwo zwischen den beiden Extremen wartete ein wenig Glück und Freiheit auf sie. Diesen Punkt zu finden, ist meinem Dad nie gelungen, und vielleicht hat er auch nie nach ihm gesucht, weil er bezweifelte, dass es ihn überhaupt gab.

Für uns war sein früheres Leben eine Leerstelle, eine dunkle Silhouette, die sich vor dem Hintergrund der 1930er-Jahre abhob. Die Gespräche mit Lis, die Erinnerungsberichte, die einige andere *Manchester-Guardian*-Kinder hinterlassen haben, liefern ein wenig Licht und Farbe und lassen zumindest eine imaginierte Version dessen zu, was in unseren Leben unerzählt blieb.

Was Nans mir sagte, als unser Vater sich das Leben nahm, erschütterte mich und ließ mich jahrelang verwirrt zurück – dass ich aufgewachsen war, ohne ihn wirklich zu kennen, und dass mir der Schlüssel fehlte, um zu verstehen, wie er seine Entscheidung traf. Er hatte beschlossen, nicht zu bleiben, um meinen Sohn und alle seine anderen Enkelkinder kennenzulernen. Seine Zeitgenossen, die Wien mit denselben Zügen verlassen und Schlimmeres erlebt hatten, hatten nicht denselben Weg gewählt. Lis' Sohn Tom schickte mir ein Foto von ihr: Sie sitzt mit ihrem Urenkel, der nach ihrem Vater Wilhelm heißt, am Strand und blickt aufs Meer hinaus. Mein erster Gedanke war, dass es solche Bilder auch von Robert hätte geben können. Früher hatte ich mir und anderen gesagt, ich nähme ihm nichts übel, aber das war gelogen.

Während ich dieses Buch schrieb, trat mein Groll auf ihn zutage, ich verdankte ihm aber auch das Gegenmittel. Die Leben der Kinder und

Jugendlichen, die in den Inseraten neben dem seinen beschrieben wurden, haben mir zu wichtigen Erkenntnissen über ihn verholfen.

Vor allem den Recherchen verdankte ich Informationen über seine letzten Tage, von denen ich nichts wusste. Sie erklärten, warum Nans, als ich sie an diesem Tag im Jahr 1983 anrief, um ihr mitzuteilen, dass ihr Pflegesohn tot war, mit so unerschütterlicher Gewissheit erklärte, er sei ein spätes Opfer Hitlers.

Nachdem mein Vater unser Haus zum letzten Mal verlassen hatte, war er auf direktem Weg zu Nans in Woking gefahren. Er war unangemeldet gekommen und stellte fest, dass sie nicht zu Hause war. Sie war zu einem langen Wochenende nach Wales gefahren. Robert war überrascht – Nans verließ nur selten das Haus –, daher beschloss er zu warten.

Als Nans' Schwiegertochter Doris vom Einkaufen zurückkehrte und aus dem Bus stieg, sah sie ihn in unserem alten dunkelblauen Familienauto in der Auffahrt parken. Sie bat ihn herein, bot ihm Tee und Kekse an, und er blieb. Offenbar war er nicht in Eile und wiederholte immer wieder, wie schade es sei, dass er Nans verpasst habe. Schließlich stand er auf, fuhr widerstrebend fort – ein paar Tage später war er tot.

Er hatte sich nicht an Freunde gewandt, die ihn nur als Robert kannten, den Engländer, Psychologen und Dozenten. Stattdessen hatte er Nans sprechen wollen, die ihn als den verschreckten Elfjährigen erlebt hatte, der gerade in Großbritannien angekommen war. Ich wurde die Vorstellung nicht los, wie er im Auto vor ihrem Haus saß und nicht wusste, wohin er sich wenden sollte.

Ein oder zwei Tage später kehrte Nans aus Wales zurück und erfuhr, dass sie seinen Besuch verpasst hatte. Was für einen entsetzlichen Kummer bereitete ich ihr, als ich sie zwei Tage später anrief und ihr nicht nur die Nachricht von Roberts Tod übermittelte, sondern womöglich auch klarmachte, dass sie, wäre sie zu Hause gewesen, ihm unter Umständen sein Vorhaben hätte ausreden können. Vielleicht hätte sie ihm vor Augen geführt, dass seine Probleme nicht so unüberwindlich waren, wie er meinte, und ihn wieder auf die Grundsätze von Durchhalten und Überleben verpflichtet.

„Sie war völlig verzweifelt, als ihr klar wurde, dass sie vielleicht hätte helfen können und dass er ihr irgendetwas – der Himmel weiß, was – hatte mitteilen wollen", sagte Doris.

Sie hätten sich gemeinsam an seine ersten Tage in Caernarfon zwischen der Irischen See und den Bergen erinnern können, an das neue Leben, die Erleichterung und das Glück des Überlebens. Wer weiß, ob das nicht etwas bewirkt hätte. Unstrittig ist, dass er am absoluten Tiefpunkt, in der dunkelsten Stunde vor seinem Ende instinktiv versucht hatte, die Verbindung zu der einzigen noch lebenden Person zu erneuern, die ihn als Bobby gekannt hatte, den jüdischen Jungen aus Wien.

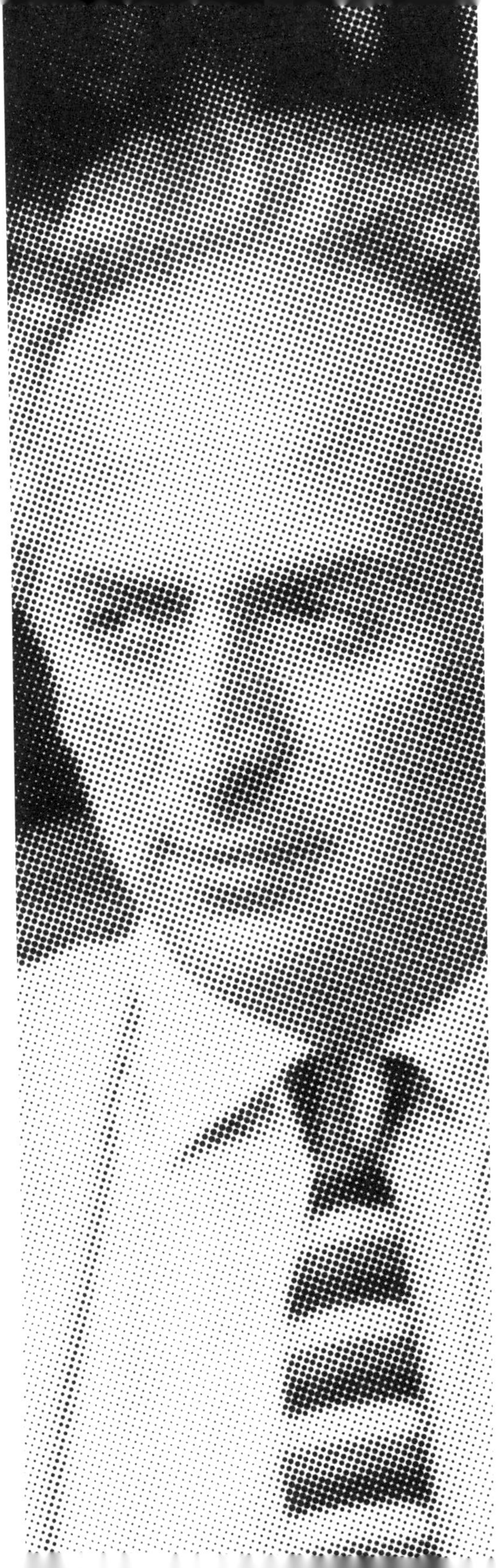

Epilog

Der Zentralfriedhof in Wien nimmt eine riesige Fläche im Südosten der Stadt ein und ist ein wahrhaft prächtiger Ort, um begraben zu werden. In seinem Mittelpunkt befinden sich die Ehrengräber, zu denen unter anderem die Ruhestätten von Beethoven, Brahms und Schubert gehören. In unmittelbarer Nachbarschaft steht die eleganteste Jugendstilkirche Wiens, die von einer grünen Kuppel überwölbte Friedhofskirche zum Heiligen Karl Borromäus.

Die beiden jüdischen Friedhöfe befinden sich an den beiden Enden dieser weitläufigen Nekropole und sind auffallend ungepflegt, was kaum wundernimmt angesichts des krassen Missverhältnisses zwischen lebenden und toten Juden. Es sind nicht genügend Nachkommen übrig, um die Gräber ihrer Eltern, Großeltern und anderen Angehörigen zu pflegen. Der Ort wird von langen Gräsern und wildlebenden Tieren beherrscht.

In der ältesten Gruppe, in die man durch die erste der vier Pforten des Friedhofs gelangt, sind viele Grabsteine unleserlich geworden, weil sie entweder mit der Vorderseite voran auf die Erde gekippt sind oder weil die Elemente ihre Inschriften ausgelöscht haben.

Auf der Website der Israelitischen Kultusgemeinde fand ich die Koordinaten meiner Großonkel Emil und Eugen Borger sowie meiner Großtante Marianne Borger, die nicht erwachsen werden durften. Ihre Grabsteine sind von der Zeit längst blank gewaschen worden.

Ihre Eltern, meine Großeltern, Johann und Hermine, lagen in der neuen jüdischen Gruppe, die 1917 eingerichtet wurde, hinter dem vierten und letzten Friedhofstor. Ihre gemeinsame Grabstelle war leichter zu finden, da der Grabstein noch intakt ist. Darauf steht in hebräischen Buchstaben *Pe Nun*, die Kurzform für *po nikbar*, „hier liegt", und dann „unsere geliebten" in Deutsch über ihren Namen und Daten. Unten ist ein einziges Wort eingekerbt: „unvergessen", ein Versprechen, das wir leider nicht gehalten haben.

Ich kratzte das Moos vom Grabstein ab, legte einen runden Stein darauf, entschuldigte mich stumm und versprach, dass wir es als Familie besser machen würden.

Meinen letzten Halt machte ich an Mordechaj Sorgers Grab. Auf dem kurzen Weg dorthin begegnete ich einem Rehkitz, das beim Äsen innehielt und mich nicht aus den Augen ließ, bis ich vorbeigegangen war. Ein paar Schritte weiter flatterte ein Fasanenhahn auf und verschwand zwischen zwei Steinen. Auf seinem Grabstein war er einfach Motti Sorger. Meine Großtante Malci war seit seinem ersten Lebensjahr seine Mutter gewesen, für sie war er immer Motti geblieben. Für die anderen Namen, die ihm als Tarnung gedient hatten – Martin und André Vandroux – hatte er keine Verwendung mehr.

Auf seinem weißen Grabstein lag eine dünne Schicht Tannennadeln und ein schwarzer Klumpen, den ich für eine Mischung aus Erde und Zweigen hielt. Als ich anfing, ihn abzutragen, sah ich, dass er aus kleinen Stücken Metall und Glas bestand, Überreste einer Laterne, die Malci anzündete, wenn sie ihn besuchte. Wie musste es gewesen sein, um einen Sohn zu trauern, der monatelang gefoltert worden war, bis sein Tod am Ende eine Erlösung war? Es sah aus, als habe sich niemand um das Grab gekümmert, seit Malci 1994 gestorben war.

Auf Mottis Grab gab es keine hebräischen Inschriften. Malci hätte nichts davon gehalten. Unter seinem Namen waren die Lebensdaten, die seine vierundzwanzigjährige Lebensspanne markierten, und ein einziger Satz: *Dein Opfer bleibt unvergessen.* Es wurde natürlich vergessen, jetzt aber wieder in Erinnerung gerufen. Besser spät als nie, hoffte ich.

Als ich zwischen den Gräbern entlangging, kam mir der breite baumgesäumte Hauptweg merkwürdig vertraut vor, obwohl ich noch nie dort gewesen war. Ich blieb stehen und schaute auf dem Handy nach. Da wurde mir klar: Der Weg ist die Kulisse für die Schlussszene im *Dritten Mann.* Harry Lime ist gerade auf dem Zentralfriedhof beigesetzt worden, Holly lehnt an einem Karren am Wegesrand und wartet auf die näher kommende Anna. Er hofft, sie werde ihm vergeben, dass er Harry verraten hat. Neunzig Sekunden verharrt die Kamera bewegungslos, während Anna langsam durch den laubbedeckten, von gestutzten Bäumen eingefassten Weg auf ihn zukommt. Wir warten auf ein Happy End, eine Art Versöhnung, doch Anna geht wortlos an ihm vorbei und aus dem Bild.

Unzählige Male habe ich mir die Szene angesehen und oft über sie nachgedacht, aber mir ist nie bewusst geworden, dass meine Vorfahren zu beiden Seiten dieser verlassenen Straße begraben waren, eine cineastische Metapher für Einsamkeit. Mir kam die unbewusste Sogwirkung dieser ganzen begrabenen, verleugneten Geschichte in den Sinn.

Als ich heranwuchs, dachte ich, meiner Familie sei es irgendwie auf wunderbare Weise gelungen, den Holocaust unbeschadet zu überstehen. Nichts hätte falscher sein können. Nur wurde über die, die zugrunde gegangen waren, wie Motti, nie gesprochen. Aus ihrem Leben wurde nie erzählt und ihre Bilder hingen nicht an unseren Wänden.

Omi, unsere Großmutter, hatte ihren Vater und ihre Schwester verloren, Markus und Marianne, unseren Großvater und unsere Großtante. Sie wurden Ende April 1942 im selben Zug deportiert, der sie nach Włodawa brachte, wo Polen, Weißrussland und die Ukraine zusammentreffen. Anschließend wurden sie nach Sobibór gebracht und starben dort wie eine weitere Viertelmillion Menschen in den Gaskammern.

Vally, unsere Stiefgroßmutter, verlor ihren ersten Ehemann Rudolf Klinger, der in Buchenwald ermordet wurde, und Malcis Ehemann, der geheimnisvolle Elias Schickler, verschwand einfach – wahrscheinlich ebenfalls ermordet, entweder von den Nazis oder seinen eigenen Genossen in der Kommunistischen Partei.

Als Kinder bewegten wir uns unter Menschen, auf denen tagtäglich die Bürde unsagbarer Verluste lastete. Unsere Familie entdeckte etwas, was jeder Wiener Psychotherapeut ihr hätte sagen können: Solche Bürden werden schwerer und bedrückender, je mehr man sie zu ignorieren versucht.

Ich erinnerte mich an ein Zitat des amerikanischen Schriftstellers James Baldwin, das scheinbar unmotiviert auf dem Schaufenster eines New Yorker Supermarktes stand: „Nicht alles, dem man sich stellt, lässt sich verändern. Aber nichts lässt sich verändern, dem man sich nicht stellt." Ich fragte mich damals, wie jemand hoffen konnte, damit Kunden zum Kauf von Lebensmitteln zu bewegen, aber vielleicht ging es gar nicht darum. Ich musste auch an meinen Vater denken und wie verlassen er sich am Ende seines Lebens gefühlt haben mochte.

Bei all den Recherchen in Archiven und persönlichen Aufzeichnungen entdeckte ich nichts, was seine Entscheidung, uns zu verlassen, hätte erklären oder entschuldigen können, aber ich verstand doch bis zu einem gewissen Grad, mit wie viel Schmerz und Angst er gelebt hatte, etwas, was ich in all den Jahren nicht erkannt hatte, bevor ich begann, seinen verwischten Spuren zu folgen. Mir wurde klar, dass er, sobald er sich entschieden hatte, alles zu unterdrücken und seine Kindheit aus seiner persönlichen Geschichte zu löschen, entwurzelt wurde und vereinsamte. Ich dachte an all die Gespräche, die wir hätten führen können.

Trotzdem war ich froh, dass ich mich auf die Suche nach ihm gemacht hatte und dabei so weit gegangen war, wie man es von einem Sohn vernünftigerweise erwarten konnte.

Das veranlasste mich, unter die Oberfläche seines und all der anderen Inserate zu schauen und herauszufinden, was sich unter den drei oder vier Zeilen Text verbarg. Natürlich gab es auch Tragödien und Schrecken, aber in fast jeder Geschichte ging es auch um die Freude zu überleben und um das Leben, das dadurch möglich wurde, wie das meiner Brüder und Schwestern. Unsere kollektiven Erinnerungen an Holocaust und Krieg weisen, so düster sie auch erscheinen mögen, alle eine Spur Optimismus auf. Die Geschichten, die wir hören, werden von Überlebenden erzählt, daher haben sie alle eine Art Happy End, das sie wie eine Perle in ihrem

Inneren umschließen. Der Tod kann sie nicht erzählen, und so ist ihnen allen ein zaghafter Hoffnungsschimmer eigen. Vielleicht wären sie sonst unerträglich.

Natürlich sind die Erzählungen, die von Bobby und George handeln, von den beiden Gertrudes, von Alice, Siegfried und Paula, Manfred und Lisbeth, ausnahmslos bestimmt vom Wunder des Entkommens und allen seinen Möglichkeiten. Mir erschienen ihre Schicksale und die verschiedenen Wege, denen sie von Wien aus folgten, wie Garnfäden, die durch den Zufall eines Zeitungsinserats miteinander verzwirnt wurden und dann wie eine aufbrechende Blüte von strahlender Farbenvielfalt in alle Richtungen auseinanderliefen.

Danksagung

Ich schulde Ruth Hargrove großen Dank. Hätten wir nicht online gechattet und hätte sie ihren familiären Hintergrund nicht erwähnt, wäre ich nie auf die Suche gegangen, und dieses Buch wäre nicht geschrieben worden. Das Gleiche gilt für Richard Nelsson, der das Inserat fand und mir die Voraussetzungen lieferte, alles Weitere zu recherchieren.

Mark Rice-Oxley redigierte den ursprünglichen *Guardian*-Artikel, der die Grundlage für das vorliegende Buch war, und machte einen weit besseren Text daraus. Kate Hewson von Two Roads schickte mir einen liebenswürdigen Kommentar dazu, den ich zunächst übersah. Als ich ihr dann mehr als vier Monate später antwortete, war sie souverän genug, meine Säumigkeit zu übergehen und mit mir zu erörtern, wie man ein Buch daraus machen könnte. James Pullen von der Wylie-Agentur steuerte mich geschickt durch alle Formalitäten.

Ich danke Richard Pollard und Gadis Arivia Effendi dafür, dass sie mir eine Bleibe am wunderschönen Strand der Chesapeake Bay für die Niederschrift des Buch-Proposals boten. Schon früh ermutigte mich Eric Schlosser, was zur Festigung meines Entschlusses beitrug. Philippe Sands machte mich mit dem Thema vertraut und sprach mir in den frühen Phasen Mut zu.

Viele Menschen in Wien waren sehr liebenswürdig zu mir, allen voran Nick van Praag und Nadja Zerunian, die mir wundervolles Essen vorsetzten, gute Ideen lieferten und mich mit Freunden zusammenbrachten, die noch mehr gute Ideen hatten. Bethany Bell hat sich viel Zeit für mich genommen, mir sogar geholfen, eine Gugelhupf-Backform für meine Mum zu finden, und mich mit Michael Heislbetz bekannt gemacht, der mir anfangs bei den Übersetzungen half. Wolf-Erich Epstein und seine Tochter Theresa haben ihre umfassenden Kenntnisse über jüdisches Leben in Wien mit mir geteilt. Dank auch an Clemens Coudenhove-Kalergi für einen wahrhaft aufschlussreichen Rundgang durch den zweiten Bezirk, die Leopoldstadt.

Martin Weiss, Ex-Botschafter Österreichs in Washington, hat mich ermutigt, mir geholfen und mich besonders ins Herz geschlossen, als ich sein Landsmann wurde. Von Oliver Rathkolb erhielt ich einen wissenschaftlich fundierten Überblick über die moderne österreichische Geschichte und er fand Unterlagen über Mordechajs Zeit in den Linzer Stahlwerken.

Ich hatte das Glück, in Ulrike Wiesner nicht nur eine kundige und einfühlsame Übersetzerin aus dem Deutschen zu finden, sondern auch jemanden, der in Washington unweit von mir und in Wien wohnte. Sie stellte mir weit weniger in Rechnung, als ich ihr tatsächlich schuldete, weil sie glaubte, diese Geschichte müsste erzählt werden. Ich stehe in ihrer Schuld.

Dank schulde ich auch Bernd Rest und Stephanie Kirchgaessner, denen ich spontane, aber eminent wichtige Übersetzungen verdanke.

Häufig war ich überrascht, wenn Menschen mir Hilfe anboten, weil sie den *Guardian*-Artikel gelesen hatten und mir ihre Kenntnisse und Erfahrungen zur Verfügung stellen wollten. Robert Wiener war bei den Archivrecherchen außerordentlich hilfreich. Matt Stein unterstützte mich bei der Arbeit mit den österreichischen Online-Datenbanken und ermöglichte mir mit seinen Tipps wichtige Entdeckungen. Shulamit Druckman stellte mir in großzügigster Weise ihre Zeit und ihre investigativen Fertigkeiten zur Verfügung und hatte entscheidenden Anteil an der Entdeckung der Familie Neumann, während Jona Cummings mich durch ihre frühzeitigen Ratschläge in die richtige Richtung lenkte. Yossi Melman half mit seinen Kenntnissen, einige Leute ausfindig zu machen.

Ohne Angelina Sutalo, die sich auf die befreundeten Rechercheure am Haager Kriegsverbrechergerichtshof und ihren untrüglichen Instinkt verließ, hätte ich Fred Schwarz nie gefunden. Iva Vukusic, einer anderen Kriminalexpertin, verdanke ich Hinweise, die mich zu Personen in den Niederlanden führten.

Bei den Recherchen zur Geschichte der Fußballmannschaft von Hakoah Wien habe ich die Hilfe von Jonny Gould, David Bolchover, Rony Dror und Katharina Lischka in Anspruch genommen. John Sipher wies mich auf die Legende der Ritchie Boys hin, die mir half, die Geschichte von George Mandler während des Krieges zu erzählen. Angel Cossigny von der Bibliothek der University of Manchester wurde ihrem Namen wirklich gerecht, als ich nach Spuren von Mike Fodor suchte, dem *Guardian*-Korrespondenten, der in den 1930er-Jahren in Wien arbeitete.

Als ich mit meinen Recherchen zur Shrewsbury-Ära kam, nahmen sich Ric Graebner, Virginia Greasley und Peter Lobbenberg die Zeit, mir wundervolle Anekdoten und Schilderungen meiner Großeltern mitzuteilen.

Sean Smith verbrachte viel Zeit damit, über dicken Jahresbänden des *Manchester Guardian* zu knien und die Inserate zu fotografieren, ein Unterfangen, das von seiner Großzügigkeit und Freundschaft zeugt.

Drei gute Freunde schauten sich einen frühen Entwurf an. Ed Pilkington war ebenso ermutigend wie Hooman Majd, der alle Stellen, an denen ich allzu rührselig wurde, mit einem diskreten „M" markierte. Alle Rührseligkeit, die im Text verblieben ist, nehme ich auf meine Kappe. Paul Hamilos brachte seine Fähigkeiten als einer der besten Langform-Redakteure ein. Er half mir, das Buch zu überdenken und neu zu konzipieren. Ich bin ihm zutiefst dankbar.

Doris Bingley, Claire Donaldson und Chris Robertson verdanke ich unschätzbare Hilfe bei den Porträts von Nans und Reg Bingley, zwei zentralen Figuren des Buchs. Ebenso dankbar bin ich Norah Davies, die gegenüber ihrem Haus aufwuchs, mich in Caernarfon herumführte und in der Überzeugung bestärkte, dass diese Ortschaft die Hauptstadt der Liebenswürdigkeit ist.

Sian Marian unterrichtete mich über das Leben ihrer Mutter Megan Stumbles, die zur selben Zeit wie mein Dad bei den Bingleys lebte. Mark Hainge bin ich aufrichtig dankbar, dass er mir den Kontakt zu seinem Vater Meurig ermöglichte, der in Caernarfon mit meinem Vater zusammen zur Schule ging, sodass ich ihn nach seinen Erinnerungen befragen konnte.

Lauren Howard und Joe Zigmond sorgten dafür, dass das Lektorat des Buchs zu einem entspannten und angenehmen Vorgang wurde. Ihre Eingriffe haben dem ursprünglichen Entwurf unendlich gutgetan.

Dieses Buch wäre sicherlich nicht zustande gekommen, wenn die Söhne und Töchter der anderen *Manchester-Guardian*-Kinder mir nicht so bereitwillig Einblick in ihre Familiengeschichten gewährt hätten. Besonderen Dank schulde ich Peter Mandler, Danny Segal und Ruthie Elkana, Rolf und Madelon Schwarz, dem Rabbiner Leslie Alexander, Dennis und Ronald Schoen, Gila Maroz Toth und Tom Ruderman. Unendlich dankbar bin ich für das Privileg und Vergnügen, dass ich mit Lis Ruderman sprechen durfte, die meines Wissens die letzte noch lebende Überlebende der *Guardian*-Kinder ist, ein wahrhaft hinreißender und inspirierender Mensch.

Peter Mandler war so freundlich, sich die ersten Fahnen anzusehen und Vorschläge zu machen. Gleiches taten Mary Lynch und Jonathan Freedland. Sie alle bewahrten mich vor peinlichen Fehlern.

Schließlich hatte ich das Glück, dass meine Schwester Charlotte und meine Brüder Bias und Hugo mich während des ganzen Arbeitsprozesses unterstützten und dass sie mir überhaupt erlaubten, das Buch zu schreiben. Aber mehr als anderen bin ich unserer Mum Wyn zu Dank verpflichtet, die bereit war, sich mit mir hinzusetzten und mich an ihren schmerzlichen Erinnerungen an schwierige Zeiten teilhaben zu lassen. Ihre einzige Sorge war, dass ich die Wahrheit schreibe. Das habe ich in diesem Buch versucht, und deshalb ist es ihr gewidmet.

Anmerkungen

Einleitung

1 Die „FBW“, die das Inserat aufgegeben hatten, gehörten zu den äußerst schwer aufzufindenden Protagonisten. Die Suche in Mietunterlagen bestätigte schließlich, dass Juda Leib Bajer und seine Frau Cyrel das Inserat für ihren Sohn Siegfried aufgegeben hatten. Am Ende teilte sich die Familie auf, um aus Nazideutschland zu entkommen. Siegfried erhielt einen Platz in einem Internat in Haifa, Palästina, und der Vater folgte ihm dorthin. Cyrel und ihre Tochter gelangten nach England und 1940 überquerten sie dann den Atlantik nach New York. Die beiden „sehr bescheidenen Schwestern“, die darunter beschrieben wurden, waren Alice Daisy und Sylvia Ellinor Mannheim, die entkamen und später in Großbritannien beziehungsweise in Kanada lebten.

2 Hilary Mantel, „Why I Became a Historical Novelist“, *Guardian*, 3. Juni 2017.

Kapitel 1

3 George Berkley, *Vienna and its Jews: The Tragedy of Success, 1880s–1980s*, Madison Books, 1988, S. XVI.

4 A.a.O., S. 29.

5 Stefan Zweig: *Die Welt von Gestern. Erinnerungen eines Europäers.* Fischer Taschenbuch Verlag 2012. S. 16.

6 Das beste Buch über Princip ist: Tim Butcher, *The Trigger: Hunting the Assassin Who Brought the World to War*, Chatto and Windus, 2014.

7 Greg Iles, *The Quiet Game*, Dutton, 1999. Deutsche Übersetzung: *Unter Verschluss,* beThrilled, 2021, Kindle.

8 Ich habe mich auf die ausgezeichnete Veröffentlichung von David Bolchover gestützt: *The Greatest Comeback: From Genocide to Footballing Glory*, Biteback Publishing, 2018. Dort erzählt er die unglaubliche Geschichte der Hakoah Wien und ihres berühmtesten Spielers, Béla Guttmann.

9 Naomi Mitchison, *Damals als der Galgen drohte*, Jungbrunnen, Wien 1961. Der Bericht einer Augenzeugin.

Kapitel 2

10 George Mandler, *Interesting Times: An Encounter With the 20th Century*, Lawrence Erlbaum Associates, 2002.

11 Ilana Fritz Offenberger, *The Jews of Nazi Vienna, 1938–1945: Rescue and Destruction*, Palgrave Studies in the History of Genocide, 2017, S. 2.

12 Mandler, *Interesting Times*, S. 39–40.

Kapitel 3

13 Bill Williams, *„Jews and other foreigners": Manchester and the Rescue of the Victims of European Fascism, 1933–1940*, Manchester University Press, 2011. Das Buch erklärt eingehend, wie wichtig die Stadt für die Rettung von Flüchtlingen vor der Naziherrschaft war.

14 *Manchester Guardian*, 17. März 1938.

15 Offenberger, *Jews of Nazi Vienna*, S. 50.

16 George E. R. Gedye, *Die Bastionen fielen: Wie der Faschismus Wien und Prag überrannte*, Danuba Verlag, Wien 1948, S. 292.

17 Doron Rabinovici, *Eichmann's Jews: The Jewish Administration of Holocaust Vienna, 1938–1945*, Polity, 2011. Ein umfassender Bericht über Eichmanns Zeit in Wien.

18 Joseph Goebbels, *Tagebücher 1924–1945*, Piper, München 1999, S. 1281 f.

19 Offenberger, *Jews of Nazi Vienna*, S. 176.

Kapitel 4

20 Tony Kushner, *Journeys from the Abyss: The Holocaust and Forced Migration from the 1880s to the Present*, Liverpool University Press, 2017, S. 71.

21 *Manchester Guardian*, 13. Juli 1938, S. 6.

22 Zu einer vollständigen Einschätzung der Rolle Rothmunds vgl. Alfred A. Häsler, *Das Boot ist voll: Die Schweiz und die Flüchtlinge 1933–1945*, Pendo, Zürich 1992.

Kapitel 5

23 Zur vollständigen Geschichte von Bunce Court vgl. Deborah Cadbury, *The School That Escaped the Nazis: The True Story of the Schoolteacher Who Defied Hitler*, Two Roads, 2022.

24 Mandler, *Interesting Times*, S. 58.

Kapitel 7

25 Simon Parkin, *Die Insel der außergewöhnlichen Gefangenen, Deutsche Künstler in Churchills Lager*, Aufbau, Berlin 2023, S. 105.

26 Parkin, *Die Insel der außergewöhnlichen Gefangenen*, S. 128. Parkins Buch ist ein exzellenter und umfassender Bericht über die britische Internierungspolitik in den

1940er-Jahren mit eindringlichen Beschreibungen des Hutchinson-Lagers. Im vorliegenden Kapitel habe ich mich ausführlich auf seine Arbeit gestützt.

Kapitel 8

27 Feng-Shan Ho, *My Forty Years as a Diplomat*, Dorrance Publishing, 2010.

28 Jonathan Kaufman, *The Last Kings of Shanghai: The Rival Jewish Dynasties that Helped Create Modern China*, Penguin, 2020, S. 147. Kaufmans wunderbarer Bericht über die Juden in Shanghai und insbesondere die Geschichten der Sassoon- und Kadoorie-Dynastien war für mich die wichtigste Quelle, als ich für Gertrude Langers Kriegserlebnisse den Kontext liefern musste.

29 Kaufman, S. 41.

30 Oral-History-Interview mit Rabbiner Theodore Alexander, Mai 2022, United States Holocaust Memorial Museum Collection.

31 Walter Schellenberg, *Hitlers letzter Geheimdienstchef*, Moewig, Rastatt 1987.

32 Rena Krasno, *Strangers Always: A Jewish Family in Wartime Shanghai*, Pacific View Press, 1992. Ein eindringlicher Augenzeugenbericht aus dem Getto.

Kapitel 9

33 Elisabeth Boeckl-Klamper, Thomas Mang und Wolfgang Neugebauer, *Gestapo-Leitstelle Wien 1938–1945*, Edition Steinbauer, Wien 2018, S. 65.

34 Fred Schwarz, *Züge auf falschem Gleis*, Verlag Der Apfel, Wien 1996, S. 19.

35 Doron Rabinovici, *Eichmann's Jews.*

36 Fred Schwarz, *Züge auf falschem Gleis*, S. 152.

37 Anna Hájková, *The Last Ghetto: An Everyday History of Theresienstadt*, Oxford University Press, 2020. Die beste Darstellung jüngeren Datums.

38 The United States Holocaust Memorial Museum zeigt auf seiner Website einen Videoclip dieses außerordenlich grausigen Films, in dem Theresienstadt als „Kurort" gezeigt wird, in dem ältere Juden einen „sicheren Ruhesitz" finden.

39 Salmen Gradowski, *Die Zertrennung: Aufzeichnungen eines Mitglieds des Sonderkommandos*, Jüdischer Verlag im Suhrkamp Verlag, Berlin 2019. Gradowski gehörte zum Sonderkommando in Birkenau. Er nahm an dem Aufstand teil und wurde hingerichtet, aber der Bericht über sein Leben und seinen Tod im Lager, auf Jiddisch geschrieben, wurde in der Asche unweit des Krematoriums III gefunden.

Kapitel 10

40 „Holocaust Memories Stir Polish Prejudice", *Guardian*, 12. April 1993.

41 Ludwig Hevesi, Kunstkritiker, 1907, zitiert in: Leslie Topp, „Otto Wagner and the Steinhof Psychiatric Hospital: Architecture as Misunderstanding", *The Art Bulletin*, 87, S. 1, 2005.

42 Am Spiegelgrund befand sich eine Kinderklinik, die zum Steinhofkomplex gehörte: 789 Patienten wurden

im Rahmen jener Politik ermordet, die man als Kinder-Euthanasie bezeichnete.

43 *La Lanterne*, 17. Februar 1928, S. 2.

44 *Le Matin*, 17. Februar 1928, S. 2.

45 Manès Sperber, *Wie eine Träne im Ozean*, dtv, München 1993.

46 Ottilie „Tilly" Spiegel war nach ihrer Heirat mit Franz Marek, einem führenden Mitglied der Résistance-Gruppe Travail-Allemand, auch unter ihrem ehelichen Namen bekannt. Nach dem Krieg hat sie maßgeblich am Aufbau des „Dokumentationsarchivs des österreichischen Widerstandes" (DÖW) mitgewirkt und zwei Bücher zum Thema Widerstand in der NS-Zeit veröffentlicht.

47 Dolly Steindling, *Hitting Back: An Austrian Jew in the French Résistance*, University Press of Maryland, 2000.

48 Steindling, *Hitting Back*, S. 60.

49 So steht es in einem Bericht, den der Historiker Willi Kroupa nach einem Besuch bei Malci kurz vor ihrem Tod auf einer Postkarte an das Dokumentationsarchiv des österreichischen Widerstandes notiert hatte.

50 Steindling, *Hitting Back*, S. 182.

51 Boeckl-Klamper, Mang und Neugebauer, *Gestapo-Leitstelle Wien 1938–1945*, Edition Steinbauer, Wien 2018, S. 400 f.

52 „Survivors of Sobibor Remember Great Escape", *Guardian*, 14. Oktober 1993.

53 Interview mit Kurt Ticho Thomas, USC Shoah Foundation Institute.

Kapitel 11

54 Mandler, *Interesting Times*, S. 93.

55 Leah Garrett, *X Troop: The Secret Jewish Commandos of World War II*, Mariner Books, 2021, S. 247.

56 Mandler, *Interesting Times*, S. 103.

57 A.a.O., S. 104.

58 Frank Manuel, *Scenes from the End: The Last Days of World War II in Europe*, Steerforth Press, 2000.

59 Mandler, *Interesting Times*, S. 104.

60 A.a.O., S. 111.

61 A.a.O., S. 66.

62 Oliver Rathkolb, *Die paradoxe Republik: Österreich 1945 bis 2015*, Paul Zsolnay Verlag, Wien 2005, S. 367.

63 Mandler, *Interesting Times*, S. 68.

Kapitel 12

64 „Refugees Bring Hope, Not Trouble – My Father's Story is Proof of That", *Guardian*, 7. September 2015.

65 *Interesting Times*, S. 59.

66 A.a.O., S. 45.

67 Interview mit Lisbeth Weiss-Ruderman, USC Shoah Foundation Institute.

68 Ebd.

69 Ebd.

70 Ebd.

71 Ebd.

Bildnachweis

Familienfotografien mit freundlicher Genehmigung von Leslie Alexander: Seiten 150 und 155; Julian Borger: Cover, Seiten 11, 12, 27, 28, 43, 48, 57, 100, 112, 136, 206, 216 und 288; die Mandler-Familie: Seiten 234 und 239; die Ruderman-Familie: Seiten 258 und 269; die Schoen-Familie: Seiten 84 und 91; Rolf und Madelon Schwarz: Seiten 172, 180 und 196; Danny Segal und Ruthie Elkana: Seiten 64 und 73; Gila Maroz Toth: Seiten 116, 120 und 125.

Weitere Quellen: Cover und Seite 9 Manchester Guardian, Seite 53 Österreichische Lichtbildstelle / ÖNB-Bildarchiv / picturedesk.com; Seite 87 Austrian Archives / brandstaetter images / picturedesk.com; Seite 161 Mary Evans / picturedesk.com

Liebe Leserin, lieber Leser,

hat Ihnen dieses Buch gefallen? Dann freuen wir uns über Ihre Empfehlung! Weil jede gute Geschichte davon lebt, weitergetragen zu werden.

Erzählen Sie in Ihrem Freundeskreis davon, in Ihrer Buchhandlung, oder bewerten Sie es online.

Wollen Sie weitere Informationen zum Thema? Möchten Sie mit dem Autor in Kontakt treten? Wir freuen uns auf Austausch und Anregung unter post@styriabooks.at

Inspiration, Geschenkideen und unseren Onlineshop finden Sie auf www.styriabooks.at

/Styriabuchverlage

#sucheliebevollenmenschen
#iseekakindperson

Titel der englischsprachigen Originalausgabe:

I Seek a Kind Person. My Father, Seven Children and the Adverts that Helped Them Escape the Holocaust

Erstveröffentlichung bei John Murray Press (Publisher), Hodder & Stoughton Limited, Hachette UK Limited, London 2024

Übersetzt aus dem Englischen von Hainer Kober

STYRIA
BUCHVERLAGE

ISBN 978-3-222-15131-6

Projektleitung: Stefan Schlögl
Mitarbeit: Kate Reiserer
Lektorat: Johannes Sachslehner, Stefan Schlögl
Korrektorat: Joe Rabl
Coverdesign, Layout und Satz: Emanuel Mauthe, Thessa Schönegger, Extraplan
Druck und Bindung: Florjančič, Maribor
Printed in the EU
7 6 5 4 3 2 1

ZukunftsFonds
der Republik Österreich